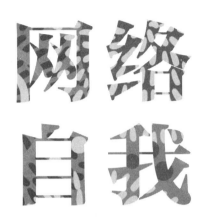

网络自我

网络空间中的
自我认同与展现

谢笑春　牛更枫◎著

北京师范大学出版集团
BEIJING NORMAL UNIVERSITY PUBLISHING GROUP
北京师范大学出版社

图书在版编目(CIP)数据

网络自我：网络空间中的自我认同与展现/谢笑春，牛更枫
著.—北京：北京师范大学出版社，2022.10
（互联网心理学）
ISBN 978-7-303-28007-0

Ⅰ.①网… Ⅱ.①谢… ②牛… Ⅲ.①互联网络－青少年－
自我意识－研究 Ⅳ.①B844.2

中国版本图书馆 CIP 数据核字(2022)第 144000 号

营 销 中 心 电 话 010-58807651
北师大出版社高等教育分社微信公众号 新外大街拾玖号

出版发行：北京师范大学出版社 www.bnup.com
　　　　　北京市西城区新街口外大街 12-3 号
　　　　　邮政编码：100088
印　　刷：保定市中画美凯印刷有限公司
经　　销：全国新华书店
开　　本：730 mm×980 mm 1/16
印　　张：17
字　　数：287 千字
版　　次：2022 年 10 月第 1 版
印　　次：2022 年 10 月第 1 次印刷
定　　价：68.00 元

策划编辑：沈英伦　　　　　　责任编辑：宋　星
美术编辑：李向昕　　　　　　装帧设计：李向昕
责任校对：陈　荟　陈　倩　　责任印制：马　洁

前　言

　　"自我"是心理学研究中的一个历久弥新的话题。从詹姆斯区分了"主我"（I）和"宾我"（me）开始，在一个多世纪的漫长岁月中，心理学家采用不同的方法从不同的侧面对其进行了深化和拓展：有的从结构的角度探讨什么是自尊，什么是自我同一性；有的从发展的角度研究自我在人的一生中是怎样发生、发展和演变的；有的从认知、行为、人际的角度考察人们是如何加工自我的相关信息、如何在社交场景下完美地展示自我，以及如何调节行为的。近年来，认知神经科学家利用功能性磁共振成像等先进的脑成像技术努力探索自我的认知神经基础。心理学家对"自我"探索的过程正是人类对自身认识不断深化的过程。

　　在信息化时代的今天，互联网已经在人类社会生活中烙下了深深的印记。从"谷歌改变人类记忆模式"到阿尔法围棋（AlphaGo）对人类智慧的挑战，从社交网站到大数据、云计算，互联网正在全面、深刻地影响并改变着人类生活的方方面面，并且这种趋势将会愈加广泛和深刻。在中国，第 49 次《中国互联网络发展状况统计报告》显示，截至 2021 年 12 月，我国网民规模达 10.32 亿，互联网普及率达73.0％。互联网的视觉匿名、文本沟通、空间穿越、时序弹性、身份可塑、地位平等、多重社交、存档可查等特点为人们的社交生活提供了便利。人们可以在社交媒体上根据喜好设置网名、上传头像、更新留言，还可以随时对自己上传的信息进行修饰、编辑和删除。说到这里，或许有人会问，为什么有些人会频繁更新朋友圈的状态，而有些人的朋友圈却"静如止水"；为什么有些人在社交媒体上看到酷男靓女就会对自己的外貌很不满意，而有些人却毫不在意；为什么有些人喜欢在社交网站上发自拍，而有些人却不这么做。

为了澄清这些问题，并使读者更好地理解互联网与自我的关系，本书将通过十个章节的内容来阐述互联网与自我的关系。前两章是绪论和相关理论，第三章到第十章采用"内容"与"结构"相嵌套的方式。此外，本书每节后均附有一个二维码，二维码内容多数涉及互联网心理学，也包括工作、家庭、发展、人际、生命意义等方面。希望这些"饭后甜点"能够为读者打开心理学的另一扇窗，激发读者对心理学的兴趣，勾起读者探寻人类心灵奥秘的好奇心。

全书是集体智慧的结晶。书稿的发起和整体架构由谢笑春提出，各章节的架构和具体内容由各章撰写者拟定后与本书负责人谢笑春、牛更枫以及丛书主编雷雳教授协商后确定。谢笑春、牛更枫负责全书的统稿、校对和修订。本书的顺利完成得益于多位研究者的通力合作。本书的各章节撰写者均有多年的互联网心理学研究背景，撰写者所负责的章节均为本人曾经或现阶段关注的研究领域，这不仅可以保证各位作者尽其所长，而且能保证书稿内容的完备性和前沿性。具体分工如下：谢笑春（东北师范大学）撰写第一章、第二章（部分）、第三章、第八章，牛更枫（华中师范大学）撰写第二章（部分）、第七章、第九章，连帅磊（长江大学）撰写第四章，陈武（武汉大学）撰写第五章，王玉慧（北京工业大学）撰写第六章，杨秀娟（华中师范大学）、刘庆奇（北京师范大学）撰写第十章。

在此特别感谢为互联网与自我这一研究领域做出贡献的各位专家学者，感谢为本书的出版付出辛劳的出版社编辑，感谢关注互联网与自我领域的读者。此书是我们毕业后独立主持撰写的处女作，各位作者也是我们在硕士、博士期间的同门。在此由衷感谢丛书主编雷雳教授对我们的信任与支持，并代表各位作者向我们攻读研究生学位期间的各位导师——雷雳教授、周宗奎教授、陈红教授和孙晓军教授——致谢！最后，感谢国家自然科学基金（61907006）、教育部人文社会科学研究青年基金（19YJC190024）和博士后科学基金面上项目（2018M631846）对本书的支持。

"互联网"和"自我"是两个外延极其广泛的概念，因此，本书无法做到将所有涉及这两个概念关系的研究成果纳入进来。一方面，尽管"互联网"和"自我"各自的研究浩如烟海，但是在涉及两者的关系时还有诸多目前研究者尚未涉足或探讨不深入的领域；另一方面，有些领域(如自我调节与在线学习)尽管已经有了一定数量的研究，但是由于研究内容尚不丰富，无法进行系统性的总结。这既反映了本书的局限性，也表明了在这一领域仍有大量内容有待探索和研究。同时，对于书中可能存在的不足之处，恳请各位读者不吝赐教，给予指正。

谢笑春　牛更枫

2022 年 5 月

目 录

第一章 绪 论

开脑思考

1. "数字移民"的网络技术就真的不如"数字土著"吗？

2. 你认为未来互联网的发展趋势是什么？

3. 网络自我是个体真实的自我吗？

关键术语

互联网，数字土著，社交网站，互联网心理学

第一节 互联网的发展状况与趋势

从 20 世纪 60 年代末诞生的阿帕网（ARPANET），到时下的虚拟现实与人工智能，网络深刻地影响了人类的社会生活。本节主要介绍国内外互联网的发展状况和特征。

一、互联网的诞生与发展

雷雳（2016）认为互联网的发展可以分为四个阶段：初步形成阶段（1966—1985 年）、渐进发展阶段（1986—1994 年）、高速扩张阶段（1995—2002 年）、媒体融合阶段（2003 年至今）。下面我们简单回顾一下这四个阶段中的一些关键事件。

（一）初步形成阶段（1966—1985 年）

1969 年 11 月，阿帕网创立，它一开始仅仅是美国军方为了远距离共享数据而开发的计算机网络，现在成了当今互联网诞生的主要

标志。

1971 年年末，雷·汤姆林森（Ray Tomlinson）用自己编写的程序发送了世界上第一封电子邮件，他也是"@"符号标志的创立人。

1984 年，互联网先驱乔纳森·波斯塔尔（Jonathan Postel）引入了顶级域名的概念，并推出了如 .com、.org、.edu、.gov 等顶级域名。与此相关，1998 年国际互联网协会为纪念波斯塔尔的贡献以及表彰为互联网发展做出杰出贡献的个人或组织，以他的名字设立了"乔纳森·波斯塔尔奖"。该奖为国际互联网界的最高殊荣。清华大学吴建平教授在 2010 年获得了该奖。

（二）渐进发展阶段（1986—1994 年）

1986 年，美国国家科学基金会建立了一个连接各个大学的校园网。

1987 年 9 月，北京计算机应用技术研究所的王运丰教授等人发送了中国第一封电子邮件到卡尔斯鲁厄大学计算机中心。这封邮件是我国互联网发展史上的一个重要标志。邮件内容是："Across the Great Wall we can reach every corner in the world."（越过长城，走向世界。）

1990 年，基于蒂姆·伯纳斯-李（Tim Berners-Lee）的贡献，万维网初步形成，并在同一年阿帕网"退役"。

1990 年 11 月 28 日，中国顶级域名 .cn 注册完成，标志着中国在国际互联网的大家庭中有了自己的身份标识。

1993 年，第一款真正意义的网络浏览器（Mosaic）诞生，推动了万维网的普及。

1994 年，雅虎诞生。

1994 年 4 月 20 日，中国被国际上正式承认为真正拥有全功能互联网的国家。

（三）高速扩张阶段（1995—2002 年）

1995 年，亚马逊（Amazon）网站建立。

1995 年 7 月，微软公司推出 IE 浏览器；9 月，易贝（eBay）网开拍，拍卖的第一个物品是一支旧的激光笔。

1996年1月，中国公用计算机互联网全国骨干网建成并正式开通，全国范围的公用计算机互联网开始服务。

1996年11月，全球第一款即时通信工具ICQ正式发布。

1997年6月，丁磊创立网易公司。

1997年11月，中国互联网络信息中心发布第一次《中国互联网络发展状况统计报告》。截至1997年10月31日，中国网民为62万。此后每年的1月和7月中国互联网络信息中心都会发布该报告。

1997年12月，乔恩·巴杰(Jorn Barger)首次提出"Weblog"，即后面我们所熟知的"blog"(博客)。

1998年2月，张朝阳创立搜狐公司。

1998年8月，谷歌(Google)公司成立。

1998年11月，马化腾、张志东、许晨晔、陈一丹、曾李青共同创立腾讯公司。

1998年12月，王志东创立新浪公司。

1999年，阿里巴巴正式运营。

2000年1月，李彦宏创立百度公司。

2001年1月，维基百科(Wikipedia)诞生。

2002年，社交网站(Friendster)诞生。

(四)媒体融合阶段(2003年至今)

2003年，"MySpace""LinkedIn""Skype"等社交网站先后上线，苹果公司推出"iTunes"和"Safari"浏览器。

2003年10月18日，淘宝网推出"支付宝"功能。

2004年2月4日，脸书(Facebook)上线。

2005年2月，"YouTube"上线。这一年国际互联网用户突破10亿。

2006年1月1日，中华人民共和国中央人民政府门户网站(www.gov.cn)正式开通。

2006 年 6 月，推特(Twitter)网建立。

2008 年，谷歌推出"Chrome"浏览器。

2010 年 1 月，中国互联网络信息中心发布第 25 次《中国互联网络发展状况统计报告》。截至 2009 年 12 月，中国网民增至 3.84 亿，居全球第一。

2011 年 1 月 19 日，12306 正式运营使用，中国人民开始步入网络购买火车票的时代。

2011 年 1 月 21 日，腾讯公司推出微信(WeChat)。

2013 年 1 月，中国互联网络信息中心发布第 31 次《中国互联网络发展状况统计报告》。截至 2012 年 12 月，中国网民数量达 5.64 亿，手机网民规模达 4.2 亿，使用手机上网的网民人数首次超过使用台式机上网的网民人数。

2013 年 6 月，"棱镜门"事件引发全球众多国家开始重视网络信息安全的保障。

2014 年 9 月，阿里巴巴在纽约股票交易所挂牌交易，成为仅次于谷歌的第二大互联网公司。

2014 年，戴威、薛鼎、张巳丁、于信共同创立共享单车 ofo。

2016 年 3 月至 2017 年 5 月，谷歌公司开发的阿尔法围棋先后战胜世界围棋冠军李世石和柯洁，成为第一个击败人类职业围棋选手、第一个战胜围棋世界冠军的人工智能程序。这一事件被看成人工智能对人类智能的挑战。

2016 年，"魏则西"事件、"罗一笑"事件等网络群体性事件的出现，让国家和社会再一次重视网络集群行为对社会的影响。

2016 年 11 月 7 日，《中华人民共和国网络安全法》正式颁布，于 2017 年 6 月 1 日起正式实施。《中华人民共和国网络安全法》的颁布，标志着我国网络安全正式步入法制化管理。

2022 年 2 月，中国互联网络信息中心发布第 49 次《中国互联网络发展状况统计报告》。截至 2021 年 12 月，中国网民规模达 10.32

亿，互联网普及率为 73.0%，其中手机网民规模达 10.29 亿，占网民总人数的 99.7%。

二、中国互联网发展状况与趋势①

(一)我国互联网发展的总体趋势

中国互联网络信息中心于 2022 年 2 月发布的第 49 次《中国互联网络发展状况统计报告》显示，我国互联网的发展呈现以下趋势。

1. 中国网民规模达 10.32 亿，互联网惠及全民取得新进展

截至 2021 年 12 月，我国网民规模达 10.32 亿，互联网普及率达 73.0%。互联网商业模式创新不断，线上线下服务融合加速，公共化在线服务发展迅猛。广大人民群众在共享互联网发展成果上体验到更多的获得感。

2. 手机网民占比达 99.7%，移动网络接近全民覆盖

截至 2021 年 12 月，我国手机网民规模达 10.29 亿。手机成为网民上网的最主要工具，台式电脑、笔记本电脑、平板电脑使用率分别为 35.0%、33.0%、27.4%。以手机为中心的智能设备为"万物互联"提供了基础。移动互联网服务场景不断丰富，移动终端规模加速提升。移动数据量持续增加，为移动互联网产业创造了更多潜在价值。

3. 网络支付规模庞大，网络购物增长明显

我国网络支付用户的规模持续扩大，达 9.04 亿，占网民整体的 87.6%。我国网络购物规模达 8.42 亿，占网民整体的 81.6%。

4. 农村网络覆盖率显著提升

截至 2021 年 12 月，我国农村地区网民人数达 2.84 亿，占网民

---

① "中国互联网发展状况与趋势"这一部分主要内容节选自中国互联网络信息中心于 2022 年 2 月发布的第 49 次《中国互联网络发展状况统计报告》。有改动。

整体的 27.6%，农村地区互联网普及率为 57.6%，较 2020 年 12 月提升 1.7 个百分点，城乡普及率差异逐渐缩小。

(二)中国网民结构特征

从图 1-1 我们可以看出，我国的互联网普及率在持续稳步增长，我国移动互联网的普及率也处于一路高升状态(见图 1-2)。截至 2021 年 12 月，我国的手机网民占总体网民的比例已经高达 99.7%。尽管如此，我国的互联网普及率与发达国家的互联网普及率相比仍有较大差距。这其中有我国庞大人口基数的严重制约，也与我国经济发展与发达国家的差距密不可分。我国的互联网发展在近五年一直处于稳步上升状态，也反映了国民经济的持续增长，以及国民对互联网接入和使用需求的增加促进了我国互联网事业的发展。由此可见，我国的互联网事业前景可观、任重道远。

在网民结构中，城乡差距逐步缩短，但仍存在明显差距。我国城镇网民占比 72.4%，农村网民占比 27.6%。网民的性别比例均衡，与整体人口中男女比例基本一致，男性网民占比 51.5%，女性网民占比 48.5%。我国网民年龄结构差异明显，总体上中青年网民的比例高于儿童和老年人(见图 1-3)。其中 30~39 岁网民所占的比例最大，为 19.9%。

图 1-1 网民规模和互联网普及率

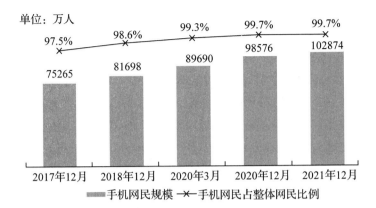

图 1-2 手机网民规模及其占网民比例

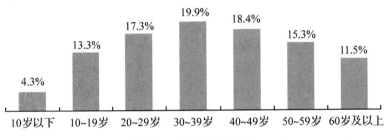

图 1-3 网民的年龄结构

各类非网民不上网的原因中不懂电脑/网络的比例最大,其次是不懂拼音等文化程度限制(见图 1-4)。由此说明网络教育和全面文化素质的提升对于网络的进一步普及具有决定意义。从非网民上网的促进因素看(见图 1-5),"方便与家人或亲属的沟通联系"的比重最高,达到 30.7%,其次是"方便获取专业信息,如医疗健康信息等"以及"提供可以无障碍使用的上网设备",分别占比 29.4% 和 29.3%。由此反映出网络使用对人们社会交往和生产生活的重要意义。

各类网络应用中即时通信是我国网民使用率最高的网络应用,使用率为 97.5%。此外,使用率超过 80% 的网络应用还包括网络视频(含短视频)、网络支付、网络购物、搜索引擎使用。

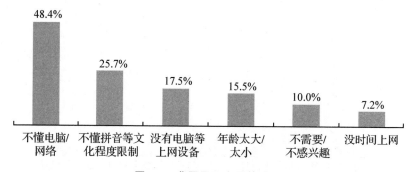

图 1-4 非网民不上网的原因

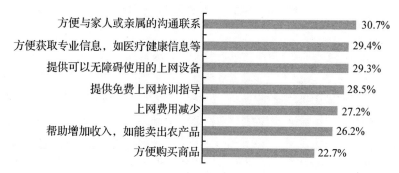

图 1-5 非网民上网的促进因素

拓展阅读

数字土著、数字移民与数字难民

　　数字时代的到来，既促进了社会的飞速发展，也催生了社会结构的分化。学者根据个体出生的年代和数字时代的重合度对人进行了分类。他们把 1980 年到 2000 年之间出生的一代称为数字土著 Y 一代，把 2000 年以后出生的一代称为 Z 一代，而把 1980 年之前出生的一代称为数字移民 X 一代（Coombes，2009）。在此我们暂且将"Y 一代"和"Z 一代"均看成数字土著。研究认为数字土著有两个特点：①他们对信息技术有较为丰富的知识技能；②由于他们出生时媒体技术已经围绕在身边，因此他们的学习风格和偏好与数字移民有着显著差异(Bennett，Maton，& Kervin，2008)。然而有一些研究者认为，年轻的数字土著的媒体素养并不高，对媒体信息获取、分析的技能尚不成熟，如果不进行媒体素养方面的训练，他们在将来会成为数字难民(Coombes，2009)。从这一点看，出生时间只是一个标准，更重要的是媒体信息方面的技能和素养。其他研究者也持有相同的观点，如牛津大学的研究者认为，如果从年龄上区分，用数字技术区分年长者和年幼者就毫无意义，因为从技能上看，老师的技能和经验普遍多于学生；如果从媒体接触时间上看，那些年长者也可以从与年轻人的互动中学会使用媒体技术或提高媒体技能(Helsper & Eynon，2010)。因此，我们对数字的划分更应该关注的是个体媒体素养和媒体使用的技能，而非单一的年龄指标或媒体暴露程度。例如，研究者从出生年代、媒体多任务的使用、图像化交流、即时性满足与回馈四个维度来评价数字土著(Teo，2013)。尽管我们认为这一划分也存在争议或者也有明显缺陷，但是这至少反映了一个信号——多维度、多视角地分析数字土著，而不仅仅是一个出生年代。这在某种意义上给了那些以往被划分到数字移民的人以希望，即他们可以通过学习获得和提高媒体使用技术，甚至有望达到或超越数字土著，从而有利于数字鸿沟的流动与跨越。

本着这种观点，本文将那些拒绝使用甚至排斥新兴技术的人定义为数字难民。根据第 49 次《中国互联网络发展状况统计报告》，非网民不上网的最主要因素是不懂电脑/网络(占 48.4%)。由此我们可以看出，尽管导致数字难民形成的原因既有环境因素也有个体因素，但是重要的还是个体因素中关于网络或者数字媒体的素养

扫描拓展

过滤噪声，高效搜索

和技能。有研究者将媒体素养教育看成现代教育的重要组成部分（Ivanović，2014），这体现了媒体素养的重要意义。

了解了这些之后，年轻的朋友们，你们属于数字土著、数字移民、数字难民中的哪一个呢？

第二节　互联网中的心理与行为

很多人用"有人的地方，就有心理学"来形容心理学在人类社会生活中的普遍性和重要性。心理学作为研究人类心理与行为的特点与规律的学科，当与互联网相遇时会出现什么奇迹？研究者曾将网络空间视为除物理空间和精神空间之外的"第三空间"，而互联网心理学也可以被看成在"第三空间"中探索人类心理与行为的特点与规律的新兴学科（周宗奎，刘勤学，2016）。网络空间有什么样的特点？网络空间的特点与个体在网络中的心理与行为又有着什么样的联系？

一、网络空间的特点

许多研究者分析总结了网络空间的特点。周宗奎和刘勤学（2016）认为网络空间具有跨越性、非同步性、匿名性、去抑制性四个特点。这四个特点分别对应个体在网络空间中的四个心理特性——空间特性、时间特性、人际特性、自我特性。雷雳（2016）在已有研究的基础上总结提出了网络空间的特性。

（一）视觉匿名

视觉匿名指的是在线互动时人们在很大程度上是看不到对方的。尽管我们现在可以采用语音聊天和视频聊天的网络沟通方式，但是仍有许多物理线索被过滤了。视觉匿名的本质是社会线索的过滤。所谓社会线索，是指那些反映社会环境和个体（身份）特征的物理环境、个体非言语性信息（Walther，1992），如语调、语音、表情、姿势等。

网络沟通时的社会线索过滤导致网络沟通与线下的面对面沟通存在诸多差异(Kiesler，Siegal，& McGuire，1984)。视觉匿名或社会线索过滤可以让人们在网络沟通时任意地展示或修饰各种信息。雷雳(2016)还认为视觉匿名会导致一种知觉转变，即人们在网络沟通时会有一种自己的心智与他人混合的体验，一种超现实的、类似于梦境的体验。

(二)文本沟通

文本沟通指的是人们的网络沟通主要通过打字完成。尽管现在可以使用表情符号甚至语音、视频等方式，但是使用文字仍然是主要的网络沟通方式。也正是由于网络沟通的这一特点，研究者认为网络自我表露的数量比面对面自我表露的数量多，但是内容本质没有差异(Walther，1996)。

(三)空间穿越

唐代著名诗人王维曾用"海内存知己，天涯若比邻"来形容朋友间的情谊。互联网的出现让这句诗更具有现实意义。空间穿越的特点指的是网络互动几乎不会受地理位置的影响。互联网的出现让地球真正变成了一个"村"。互联网的空间穿越特点给人类的生活提供了便捷。在互联网到来之前或者个体没有接触互联网时，我们可能无法在身边找到"志同道合"的人来分享情感、体验。互联网的出现让人们可以很轻松地在网络上找到许多"志同道合"的人来分享信息、交流体会。

(四)时序弹性

空间穿越体现了互联网的空间特点，时序弹性则体现了互联网的时间特点。所谓时序弹性，指的是在网络互动中人们对时间的感知与在传统线下活动中对时间的感知可能存在差异。这种差异既体现在同步沟通中，也体现在异步沟通中。在即时通信中，人们可以立即回复收到的信息，这与面对面沟通一致；也可以延迟几秒钟、数分钟甚至更长时间回复，这样沟通的时间也就延长了。诸如电子邮件、社交网站上的留言，人们可以在数日甚至几个月后回复。人们可以在被延长的沟通时间中充分地思考如何回复。时序弹性也可以和空间穿越相结合。例如，人们和国外的朋友沟通，由于时差的影响，我们要想及时沟通，就要协调好时间，或者采用留言的方式，等待对方在其合适的时间回复信息。雷雳(2016)还认为，时序弹性的另一个特点是网络空间中的时间被压缩。在自然环境中 60 岁以上的人才会被认为是老人，而在网络空间中可能只需要几年甚至几个月的时间就可以被他人认为是"老人"。此外，网络空间中事物变化的速度远远快于物理环境中事物的变化，这也会影响人们对网络环境中时间的知觉。

(五)身份可塑

身份可塑指的是在互联网中，人们可以根据自己的需要任意地展示自我。身份可塑实际上是视觉匿名特点下所产生的现象。例如，内向羞怯的人可以在网络中展示成活泼开朗的人；男性可以展示成女性，女性也可以展示成男性。网络空间中的身份可塑对于青少年而言实际上是一种自我认同的探索(雷雳，陈猛，2005)。身份可塑可以减少人们在网络活动中的阻碍，方便人们的网络活动，但它也是网络诈骗等违法行为的帮凶。

(六)多重社交

多重社交指的是人们在网络沟通时可以同时与多个人聊天。在面对面沟通时，通常情况下我们只能在一段时间内同一个人聊天，但是在网上聊天时我们可以同时开多个聊天窗口，在几乎同一时刻和不同的人聊天。此外，人们可以在网络聊天室或聊天群中与多人一起沟通，在发送邮件时也可以群发。多重社交大大降低了人们沟通的时间成本，提高了工作效率。

(七)存档可查

存档可查指的是我们上传到互联网上的信息都被永久保存在网络终端中，这些信息会很容易地被找到。存档可查的特点可以减轻人们记忆和保存文件的负担，人们只需记住我们在网络上把信息存到了哪里，便可以找到信息。但是存档可查也有其危害，即个体或组织的隐私甚至国家的机密被互联网记录下来，这些信息一旦被非法利用会对个体、组织甚至国家造成严重的危害。存档可查告诉每一个网络使用者不仅要注重保护个人隐私，而且不能在互联网上发布非法言论，甚至恶意制造或传播谣言。非法言论一旦被互联网记录下来，将会成为司法审判的依据。

二、互联网与心理行为的相遇

(一)互联网心理学的界定

在解释互联网心理之前，让我们先了解一下什么是网络行为。网络行为是人们在与互联网连接或交互活动中发生的身体活动、社会活动、心理活动。这些活动既包括人们直接的活动，也包括人们客观观察到的活动(Yan，2012)。关于互联网心理学的定义，目前尚未有一个明确清晰的界定。我国心理学家雷雳在总结大量网络心理学理论和研究成果的基础上对互联网心理学提出了一个操作性的界定。互联网心理学又称网络心理学，是对人们在网络中表现出的及受网络影响而表现出的心理与行为的特点和规律进行研究的学科。这种界定体现了互联网心理学研究的两大内容：个体在网络中表现出的心理与行为以及个体受互联网的影响而表现出的心理与行为。下面以两个研究为例，分别介绍互联网心理学研究的两大内容。

第一个研究关注社交网站中的点赞行为和大五人格的关系，被发表在美国国家科学院院报上(Wu，Michal，& David，2015)。研究者选择了86000多名志愿者，让他们填写大五人格问卷，然后获得了其中70000多人的脸书点赞行为的数据。研究者以脸书上的点赞行为数据为自变量，以大五人格为因变量进行回归分析，用于探究脸书上的点赞行为对人格预测的准确性，结果发现脸书上的点赞行为与大五人

格的平均相关 $r = 0.56$。研究者还让这些被试的配偶、家人、朋友、同事分别用简版大五人格问卷评价这些被试的人格，然后用他评得分与自评得分做相关，发现除了配偶评价的相关系数外，通过脸书上的点赞行为对人格预测的准确性要高于其他人对人格预测的准确性。研究反映了社交网站行为痕迹是个体心理特质或心理活动的表现，同时也是个体心理特质与活动的有效预测源。该研究反映的是个体在网络中表现出的心理与行为。

第二个研究关注网络行为对人类记忆模式的影响，被发表在《科学》(Science)上(Sparrow，Liu，& Wegner，2011)。在这项研究中，研究者让被试在电脑上看一些信息，将这些信息分类命名并保存在一个文件夹中，然后要求被试回忆所看到的信息内容和信息存储的位置。结果发现被试对那些要求只记住存储位置而不记内容的信息回忆的准确率高于要求记住内容而不记位置的信息，同时要求记住内容和位置的信息回忆的准确率最低。该研究反映了人们在互联网和计算机使用时对位置的记忆优于对内容的记忆。这项研究反映的是个体受互联网的影响而表现出的心理与行为。

(二)互联网心理学的学科特点

互联网心理学是一门交叉学科，与之相关的主要学科包括心理学、传播学、社会学、电子与计算机科学等。根据雷雳给出的定义，互联网心理学是心理学大家庭中的一个分支，这是毋庸置疑的。

互联网心理学与传播学的关系可以从两个角度说明。第一，从理论上看，互联网心理学中的一些常用经典理论，如用且满足理论(Katz，Blumler，& Gurevitch，1973)、社会信息加工理论(Walther & Burgoon，1992)、超个体的计算机中介沟通模型(Walther，1996)等最初都是传播学领域的理论。后来互联网心理学借用了这些理论，并使这些理论在互联网心理学研究中得到广泛使用。第二，从核心期刊上看，一些传播学的经典刊物上有大量互联网心理学的相关研究，这些刊物也是互联网心理学研究者所关注的。

对于社会学，互联网心理学的很多研究问题也是社会学关注的问题，如网络群体性事件。目前很多互联网心理学的研究也都从社会学的宏观视角着眼，分析社会现象，解决社会问题(如网络欺负)。

作为技术支撑的电子与计算机科学，互联网心理学与之密不可分。像现在互联网心理学中的大数据分析、虚拟现实技术、增强现实技术、人工智能这些领域都与计算机科学密切相关。互联网的特点和心理学研究的需求导致了互联网心理学必然是一个覆盖多学科的交叉学科，但其所交叉的领域也并非局限在上述提到的领域。随着互联网对人类社会生活影响的深入、互联网心理学研究问题的深入，相信互联网心理学会与越来越多的学科发生碰撞，相互融合。

(三)互联网心理学的研究类型

从互联网与心理学研究的关系上，周宗奎和刘勤学(2016)认为互联网心理学的研究分为三种类型：基于网络的研究、源于网络的研究和融于网络的研究。

基于网络的研究将互联网看成研究人们心理与行为的工具，是收集数据和测验模型的平台。例如，在问卷星上收集数据。此外，互联网大数据、云分析等技术也可以高效地发现科学研究关注的热点问题，为研究选题提供技术支撑。互联网可以为科学研究的数据收集、行为检测、结果分析等提供便利。通过互联网，科学家可以发现利用传统技术难以发现的新现象、新结果。

源于网络的研究将互联网视为影响个体心理与行为的因素，并研究互联网是如何对个体心理与行为产生影响的。例如，网络行为对人类记忆模式的影响，以及网络成瘾的相关研究便属于这种研究类型。周宗奎和刘勤学(2016)认为互联网给人类心理与行为增加了新的动因，成为人类演化过程中的全新影响因素，对人类心理与行为有着深刻的影响。

融于网络的研究将互联网看成可以寄存和展示个体心理与行为表现的独立空间，探讨网络空间中个体与群体独特的心理与行为的规律，以及网络内外心理与行为的相互作用。例如，探讨网络社会支持与线下社会支持的异同、网络自我表露的特点、青少年在网络空间中的自我展示和自我认同等。人类在互联网中所展示的新的心理与行为的特点与规律，展示了人类的潜能，升华了行为的意义，拓展了生命的意义，对这些问题的揭示为建构更合理的网络世界提供了科学依据（周宗奎，刘勤学，2016）。

(四)互联网心理学的研究范畴

雷雳（2016）根据"个体—人际—群体—文化—健康上网"的线索总结出了当今互联网心理学的研究主要包括五大范畴：网络与个体、网络与人际、网络与群体、网络与文化、健康上网。下面我们分别简要介绍一下这五个研究范畴。

1. 网络与个体

网络与个体主要包括网络与认知、自我、人格、性别四个方面。网络与认知主要涉及的是网络如何影响个体的认知活动，既包括记忆、思维等"冷"认知，也包括社会认知等"热"认知。例如，网络使用对人类记忆模式的影响（Sparrow，Liu，& Wegner，2011）就是典型的网络与认知领域的研究。这个领域的研究还有网络游戏与个体的认知灵活性（Dobrowolski et al.，2015）、媒体多任务与儿童执行功能（Magen，2017）、媒体使用与儿童的抑制控制（Li et al.，2017）、视频游戏训练与执行功能（Oei & Patterson，2014）等关系的研究。社会认知方面的研究涉及社交媒体、网络成瘾与青少年自我中心性的关系等（郭菲，雷雳，2009）。网络与自我主要关注的是个体的网络使用如何影响自我发展，以及不同自我特征的人在网络使用上存在哪些异同，包括自尊、自恋、自我认同、自我呈现、自我表露、身体映像等。网络与人格主要关注的是不同人格特质的个体在使用互联网时有哪些差异，以及个体在互联网中表现出的人格——虚拟人格。这部分研究包括外向的人有更多的网络自我表露（Chen & Marcus，2012）、不同人格类型的个体在网络—现实自我表露倾向上存在差异（Chen et al.，

2017)、自拍与人格知觉的关系(Qiu et al.，2015)，以及社交网站点赞行为与人格知觉的关系(Wu，Michal，& David，2015)等。网络与性别主要关注的是人类网络行为的性别差异、个体在互联网上表现出的虚拟性别等（Fisher & Barker，2001；Hussain & Griffiths，2008；Kotlyar & Ariely，2013；Kowalski et al.，2014；刘勤学，陈武，周宗奎，2015）。

2. 网络与人际

网络与人际包括网络与人际关系、网络与亲社会行为、网络偏差行为。网络与人际关系主要分析网络人际关系形成的机制、表现形式以及网络人际关系与线下人际关系的异同。这里面的研究包括网络友谊与个体的焦虑和孤独感的相关（Amichai-Hamburger，Kingsbury，& Schneider，2013）、网络沟通与亲密关系的相关等（Kotlyar & Ariely，2013）。网络与亲社会行为主要研究网络亲社会行为/网络利他行为是如何发生和发展的，以及影响网络亲社会行为/网络利他行为的因素（Khang & Jeong，2016；刘勤学，陈武，周宗奎，2015；郑显亮，赵薇，2015）。网络偏差行为主要关注网络偏差行为的形式、测量、发生机制、影响后效以及干预方式，包括对网络歧视、在线偏见、网络拒斥以及备受关注的网络欺负与网络攻击等方面的研究（Kassner et al.，2012；Kopecký & Szotkowski，2017；Lev-On & Lissitsa，2015；Mattila et al.，2013；Wang et al.，2017b）。

3. 网络与群体

网络与群体的研究主要涉及网络社会认同、网络群体性行为、网络社会支持三个部分。网络社会认同分析了传统社会认同在互联网中是如何演变和发展的，其中一个很经典的理论模型就是去个体化的社会认同模型（Reicher，Spears，& Postmes，1995）。该理论模型认为在网络沟通的环境下由于视觉匿名，个体的自我认同下降，社会认同凸显。人们更喜欢模仿网络群体中他人的行为表现。网络群体性行为主要分析网络群体性行为是如何发生和发展的，以及网络群体性行为对社会的影响(Alberici & Milesi，2013；路俊卫，秦志希，2011；乐国安，薛婷，2011)。例如，路俊卫和秦志希(2011)认为网络群体性行为一方面提高了人们的社会责任感，另一方面容易导致社会混乱，如不良言论的散播。网络社会支持的研究关注网络社会支持的发生机制与传统社会支持的区别，以及网络社会支持对个体身心健康、积极发展的影响(Hwang et al.，2014；LaCoursiere，2001；Li & Feng，2015；Oh & LaRose，2016；孙晓军等，2015；郑显亮，2013)。

4. 网络与文化

网络与文化主要包括网络游戏、网络音乐、网络学习、网络咨询、网络购物等方面。网络游戏方面的研究关注人们玩网络游戏的动机、网络游戏对人们心理与行为的影响，以及对网络游戏成瘾的干预等(Buelow，Okdie，& Cooper，2015；De Grove，2014；Dobrowolski et al.，2015；Granic，Lobel，& Engels，2014；Mitra，Poddar，& Sayeed，2015)。网络音乐方面的研究主要关注人们对网络音乐的偏好，网络音乐对情绪释放、压力缓解的作用，以及网络音乐的教育意义(雷雳，2016)。网络学习方面的研究关注学习者的动机、行为表现、反馈、批判性思维，教师对网络学习(移动学习)的态度，以及网络学习的社区感、卷入度等(Admiraal et al.，2017；Chang，Hajiyev，& Su，2017；Halpern et al.，2012；Luo，Zhang，& Qi，2017；Patchan & Puranik，2016；Tarhini，Hone，& Liu，2014)。网络咨询方面的研究主要涉及网络咨询的技术、效果、伦理问题等(雷雳，2016)。网络购物方面的研究主要包括网络消费者之间的关系、网络消费者与电商的关系等，如消费的动机、信任、网络口碑等(Li & Du，2011；王财玉，雷雳，2013)。

5. 健康上网

健康上网部分包括消极方面的网络成瘾以及积极方面的网络与幸福、网络安全等。网络成瘾主要研究网络成瘾的界定、测量、影响因素、作用机制、干预五个方面。随着智能手机的普及和移动互联网的发展，手机成瘾成为网络成瘾领域研究的重要内容。例如，已有研究发现不良的学校氛围、自我控制、父母冲突等是青少年上网的重要因素(Li et al.，2013；Young & de Abreu，2011；Zhou et al.，2017)。一项研究发现青少年媒体使用与幸福感的关系呈倒 U 形曲线，其中较少使用媒体对幸福感有积极作用，而过度使用媒体则对幸福感有消极作用，但是积极作用大于消极作用(Przybylski & Weinstein，2017)。健康上网主要分析青少年健康上网的形态以及如何做到健康上网。例如，雷雳(2016)提出青少年健康上网的四种类型——健康型、成长型、满足型、边缘型。网络安全主要涉及人们如何在网络上保护信息安全和个人安全，核心问题是隐私的保护。研究发现，现在越来越多的人开始关注个人网络隐私，对网络隐私的保护措施也越来越完善(Acquisti，Brandimarte，& Loewenstein，2015)。有大量研究关注个人网络隐私、网络隐私安全措施，以及隐私与个体网络行为的关系(Chen & Chen，2015；Hofstra，Corten，& van Tubergen，2016；Jeong & Kim，2017；Kang & Shin，2016；Thomson，Yuki，& Ito，2015)。

此外，目前媒体素养和青少年媒体素养教育也越来越受到重视，并成为现代教育的重要组成部分(Ivanovic，2014)。所谓媒体素养，是人们在各种媒体平台上获取、分析、评价和创造信息的能力(Livingstone，2004)。大量研究发现媒体素养教育可以有效减少青少年的吸烟、酗酒、不良饮食、物质滥用等不良行为(Austin et al，2015；Bier，Zwarun，& Sherblom，2016；McLean，Paxton，& Wertheim，2016；Scull，Kupersmidt，& Weatherholt，2017；van Koningsbruggen et al.，2016)。

扫描拓展

看到变老，心情更糟

第三节　互联网与自我概述

本节包括两部分内容：首先，回顾传统心理学中对自我的经典界定，以及介绍传统心理学中的自我与互联网心理学中新兴的网络自我的关联；其次，通过互联网与自我的研究范畴这一部分介绍本书的结构框架，即各章节的主要内容。

一、自我与网络自我

(一)传统心理学的自我观

自我是人类探索的一个永恒话题，历久弥新。中西方古代和近现代的思想家、哲学家都对自我进行了独到的探索。例如，我国先秦儒家思想中"见贤思齐焉，见不贤而内自省也""克己复礼""四十而不惑，五十而知天命"等都是有关自我控制、自我发展的论述，反映了儒家思想中内外兼修的自我观(刘华，2005)。在西方哲学中，笛卡儿的"我思，故我在"成为现代主体性哲学的肇始(林少敏，2010)。詹姆斯最先认识到了自我的二元性，即主我和宾我。詹姆斯认为主我是人们正在思考或感知的意识，而非生理、心理过程本身；宾我是人们将自己看成一个客体，反映了人们对自己是谁、是什么样的人的思考。

对于主我，西方哲学家、心理学家将分析的焦点放在了同一性的问题上，并且各自持有不同的观点。洛克认为同一性是一种记忆，它与人们的记忆产生联系，并且可以追溯到记忆发生之时。休谟认为同一性是一种虚幻的假象。詹姆斯认为同一性是一种持续感，当下的状态都是对先前状态的继承，反映了对已有想法、觉知的延续。对于宾我，詹姆斯将其分成三个部分：物质自我、社会自我、精神自我。物质自我指的是可以承载"我"的有形的客体、人或地点。它既包括躯体自我，也包括超越躯体的自我，如"人名自我效应"，即人们偏好自己

名字中包含的字母。社会自我指的是他人如何认识和看待我们。精神
自我指的是我们所感知到的心理品质，是我们对自己主观体验的
代表。

从研究的范畴上，心理学对自我的探究范围十分广泛。从认识自
我的角度上，有对自我认同（自我同一性）、自我概念清晰性的研究；
从发展的角度上，有如米德、皮亚杰、埃里克森关于自我发展历程和
发展特点的经典理论，也有从比较心理学的角度上分析人类和非人类
对自我认识的差异，反映自我认识的进化历程；从认知的角度上，有对
自我信息加工的探讨；从行为的角度上，有对自我调节、自我控制的论
述，以及自我展示的探讨；从评价的角度上，像自尊、自我效能感是心
理学研究的经典话题。此外，心理学对自我与人格的关系（如自恋就是
一种人格特质）、自我与健康的关系也有着广泛而深刻的研究。

(二)网络自我

1. 网络自我的相关概念

随着互联网在人们社会生活中的渗入，自我逐渐成为互联网心理学
研究的主要内容。关于网络自我，我们首先了解一下有关网络自我的相
关概念及其特点。网络自我也被称为虚拟自我，是在网络环境中，人际
交流或人机互动过程中表现出的人格、体验或身份（Waskul ＆
Douglass，1997）。苏国红（2002）认为虚拟自我是网络时代的特殊产
物，有别于传统的现实自我。她将虚拟自我界定为"在网络空间中存
在并被认可的自我察觉、自我形象或自我感情"。另有研究者认为虚拟
自我是一种网络双重人格，是个体根据喜好、兴趣凭空制造的，有别于
现实人格的另一种人格表现（彭晶晶，黄幼民，2004）。阿特尔（Attrill，
2015）根据希金斯的自我差异理论（Van Lange，Kruglanski，＆ Higgins，
2012）中的现实自我、理想自我、应该自我的思想提出了离线/在线自我
模型（见图1-6），将传统现实物理世界中的自我与网络空间中的虚拟自
我联系在一起（雷雳，2016）。阿特尔认为个体离线和在线自我有着相
同或相似的发生过程，我们应该将其看成一个相互影响的共同体。共

同建构理论(Subrahmanyam et al.，2009)也支持了这一观点。共同建构理论认为，对于青少年发展关键问题的探索，互联网提供了良好的平台，青少年的网络行为是对线下重要发展任务的探索。青少年的在线和离线生活模式有着很大程度的相似性，两者相互影响，密不可分。

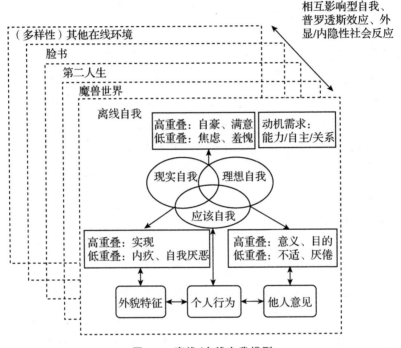

图 1-6　离线/在线自我模型

2. 网络自我的特征

通过总结已有研究(雷雳，2016；苏国红，2002)，本文认为网络自我有匿名掩蔽性、主动建构性、角色多元性和灵活可变性四个特征。

匿名掩蔽性本质上源于网络空间视觉匿名的特点。匿名掩蔽性是形成网络自我或虚拟自我的前提。由于在网络空间中用户的物理线索被大大削弱，因此，用户可以在网络中展示带有任何特征的自我形象。匿名性的特点为用户尤其是青少年用户探索自我提供了安全的环境。匿名性的特点还可以帮助用户掩蔽一些不愿意公之于众的信息。

　　主动建构性是用户匿名性的衍生属性，是指用户可以根据自己的意愿在互联网上创造形象。这种形象建构行为是一种主动行为，源自用户的内心体验和内在需求。除了外貌、名字等，能力、性格等也可以任意创造。根据用且满足理论，用户在网上任意创造自我形象可以被看成对线下生活中某种缺失的补偿。这种补偿有利于个体的社会适应，但是过度沉迷于虚拟自我、逃避现实会严重危害个体的社会生活（雷雳，2016）。

　　角色多元性指的是个体在网络空间中可以创造和扮演多个角色。例如，在游戏中，每个人都可以注册多个身份账号，尝试扮演不同的角色。

　　现实中的自我会随着时间、情境的变化发生改变，网络环境中的虚拟自我比线下的自我更容易发生改变，即灵活可变性。例如，我们可以很容易地装饰或改变我们的微信头像。不仅是虚拟自我的形象容易改变，而且人们对虚拟自我的态度也比对线下自我的态度更容易改变。这一特点是网络空间中"时序弹性"的体现。

二、互联网与自我的研究范畴

　　"互联网"和"自我"均是心理学研究中的顶级概念，两者均具有广泛的外延。但是由于互联网心理学兴起的时间并不长，在这有限的时间内，即使有大量的研究同时关注了互联网和自我，也难以覆盖这两个概念的各个方面。本书的撰写重点着眼于通过重要且已有研究较为丰富的领域向读者展示互联网心理学中关于自我话题的探讨。具体到各个章节，本书共分十章，第一章是绪论，第二章是互联网与自我的理论观。从第三章到第十章我们从不同自我内容的角度分别介绍互联网心理学与自我的相关研究。本书的章节安排思路源自心理地图（Milton，2010)的观点，采用内容视角和结构视角相结合的方法编排各章节。从内容上看，第三至第九章是互联网与自我的一般内容的关系阐述；自恋作为"黑暗三人格"的一种，被放在第十章，是对互联网与自我的特殊内容关系的阐述。这样就形成了由一般到特殊的结构安排。

从结构上看，第三至第九章遵循"由内到外"的安排。"内"强调指向自我的、个体内部的活动，"外"强调自我与他人、社会环境的互动。从具体章节上看，生命发展阶段论（埃里克森，2000）认为自我认同的发展并非青少年阶段突然产生的，而是从个体生命初期就开始逐渐形成的。此外，自我认同对个体的毕生发展具有重要影响，因此被放在前面。第四、第五章分别涉及自我评价和自我控制，即自我概念中有关高级认知、情感的评价和控制。第六章身体映像关注的是个体对自己外貌的认知、情感与态度。因此上述四章可以被看成"内"的部分。第七、第八章所涉及的自我呈现和自我表露关注的是个体向外界展示和表达自我的过程。第九章中的自我扩展则是个体将外部信息整合到自我之中的过程。这三章可以被看成自我与外部环境的互动，即属于"外"的部分。

从各章节内容上看，本书关注互联网与自我之间相互影响的机制。第三章介绍不同自我认同水平的个体在网络使用上的差异，以及个体网络使用对自我认同发展的影响。第四章关注自尊和自我效能感，同样是两个角度，既分析了互联网对个体自尊和自我效能感的影响，也分析了自尊和自我效能感对个体网络心理与行为的影响。第五章关注网络使用对个体自我控制的削弱作用，以及不同自我控制水平的个体在不良网络使用（如网络成瘾）上的差异。第六章介绍已有研究中个体在网络背景下身体建构的理论和实证研究，同时也介绍如何在网络背景下建构和维持合理的身体映像。第七章和第八章关注作为典型网络社交行为的网络自我呈现和网络自我表露会受到哪些因素的影响，以及它们会对个体的心理与行为产生什么影响。第九章介绍虚拟自我与网络自我扩展的关系，同时介绍网络自我扩展会带给个体什么影响。第十章介绍社交网站使用和网络成瘾如何影响个体的自恋水平，以及不同自恋水平的个体在网络使用上存在的差异。

　　综上所述，本书关注互联网与自我概念下的自我认同、自我评价、自我控制、身体映像、自我呈现、自我表露、自我扩展、自恋八方面的内容。正如上文所说，这八方面的内容远远不能涵盖自我研究的全部，但这是目前互联网心理学中关于自我研究的重点和热点。在此，我们也试图做一个小的展望，即在今后互联网与自我相关的研究中，研究者不仅要关注本书中所介绍的这些与自我相关的概念，而且要关注传统自我研究的重点。由于已有研究数量的局限，有些尚未被纳入本书。例如，自我调节是自我研究中的重要内容，对个体的社会性发展有着重要影响，尤其体现在学业领域（王国霞，盖笑松，2011）。目前也有一些研究关注了自我调节与青少年网络成瘾、网络学习的关系（Gökçearslan et al.，2016），但是由于研究数量的局限，本书没有涵盖这一部分内容。在未来研究中，尤其是网络教育领域的研究者可以试图关注自我调节。

扫描拓展

沉迷网络，孤单生活

第二章　互联网与自我的理论观

开脑思考

1. 传统心理学中关于自我的经典理论在网络心理学中是否适用？

2. 网络心理学的一些常用理论是对传统心理学相关理论的扩展还是取代？

3. 结合自己的互联网使用经历，想一想有关网络与自我相关研究的理论是如何体现在我们日常网络使用上的。

关键术语

自尊，生态—技术子系统，技术接受模型，共同建构理论

　　一个领域的经典理论是学习和研究这一领域必不可少的"利器"。理论是设计研究的指南针，是阐释结果的金钥匙。本章我们将用三节的篇幅分别介绍传统心理学中与自我相关的经典理论、互联网心理学的常用理论、互联网与自我的相关理论。

第一节　传统心理学中与自我相关的经典理论

　　心理学中有关自我的理论种类繁多。本节我们主要介绍有关自我认同、自尊、自我差异、自我建构、自我呈现等方面的经典理论。了解这些经典理论有助于读者对相关问题的理解。

一、自我认同的相关理论

从 20 世纪 50 年代埃里克森首次提出自我认同的概念至今已有七十余年。在这七十多年中，研究者深化、拓展了自我认同的相关理论，并在埃里克森生命发展阶段论的基础上提出了新理论和新假设。在所有相关理论中有三个理论被大量研究者关注、应用，它们分别是埃里克森的生命发展阶段论、马西亚的自我认同状态理论、博赞斯基的自我认同风格理论。

(一)生命发展阶段论

自我认同(self-identity)也称自我同一性。埃里克森于 1950 年首创了自我认同的概念，并提出了生命发展阶段论来系统阐述自我认同的内涵及发展，因此他被誉为"自我认同之父"(俞国良，罗晓路，2016)。生命发展阶段论将个体的毕生发展分为八个阶段，并提出在每一个阶段个体都会面临危机，但是这些危机并不是阻碍发展的障碍，而是促进发展的动力。个体通过克服各个阶段的危机来完成发展任务，获得生命发展的动力(埃里克森，2000)。如果个体不能克服危机，尽管发展过程仍在继续，但是后期的发展会受到前一阶段发展的不良影响。埃里克森认为在青少年阶段，认同完成是该阶段的主要任务，青少年要努力避免出现认同混乱。埃里克森的这一观点主要是根据青少年自我意识凸显的发展特点提出的。处于青少年阶段的个体更加关注自我，关注自我与周围环境的关系，会产生理想自我与现实自我的矛盾。如果个体不能顺利克服各种矛盾、化解危机，就会产生认同危机，影响认同的顺利完成(俞国良，罗晓路，2016)。青少年个体完成自我认同任务后便会体验到一种认同感，具体表现在觉得自己是一个独立且与众不同的个体；会体验到自己的动机、需要及行为反应的统合感；会感到自我评价与他人对自己的评价具有一致性，自己的目标是社会允许的，且得到了社会的接纳(俞国良，罗晓路，2016)。

从更长时程的视角看，生命发展阶段论中并没有将认同完成仅仅看成青少年阶段的任务，而是将认同完成渗透到个体生命发展的各个阶段中，即认同发展的渐成观（安秋玲，2009）。例如，认同的合法延迟便是青少年认同任务在成年初期的体现（埃里克森，2000）。这种渐成观源自童年阶段的内投与认同。个体只有发展到青少年阶段才有能力整合并协调自己的兴趣、人际关系、价值观，并把童年阶段所获得的认同体验和认同对象重新整合成一个新形象（安秋玲，2009）。

此外，埃里克森认为自我认同影响个体人格的发展，个体只有将时间洞察与混乱、自我确信与疑惑、角色体验与固着、工作意愿与懈怠、性别分化与混乱、主从明确与权威混乱、价值承诺与价值混乱七个方面进行整合，才能促进人格的健全发展（埃里克森，2000）。

(二)自我认同状态理论

埃里克森对于自我认同的描述主要基于个人经验，缺乏系统性和可操作性。基于此，马西亚将自我认同的概念进一步可操作化并提出自我认同状态理论（安秋玲，2009）。马西亚（1966）从探索（exploration）和承诺（commitment）两个维度将埃里克森的生命发展阶段论具体化和可操作化，并提出了自我认同状态理论。探索指的是对目标、价值观、信仰等进行有意识的思考；承诺指的是对上述思考的整合，整合结果可以成为人生发展的可行性方向（Lerner & Steinberg，2009）。马西亚通过探索和承诺的高低水平区分出四种自我认同状态：自我认同的获得、自我认同的延迟、自我认同的早闭、自我认同的扩散。具体而言，自我认同的获得是指个体在深度探索后做出了适合自己的承诺（高探索—高承诺）；自我认同的延迟是指个体一直处于探索阶段尚未做出承诺（高探索—低承诺）；自我认同的早闭是指个体在探索之前便过早地做出了承诺（低探索—高承诺）；自我认同的扩散是指个体既没有探索也没有承诺，处于混乱的状态（低探索—低承诺）（Morsunbul et al.，2016）。马西亚认为这四种认同状态的发展既相互联系又有所区别，某些状态是单向发展的，而某些状态则是双向发展的。延迟期是个体认同获得的必经阶段，一旦进入延迟期，个体就不会出现早闭。早闭与获得的区别在于早闭个体的承诺是没有经历过认同危机的（安秋玲，2009）。早闭的个体所做出的承诺主要是被动接受了重要他人（主要是父母）的态度和价值观。例如，父母把他们的认同强加到青少年身上会降低青少年对自我认同的探索，不利于青少年自我认同的完成（Wiley & Berman，2012）。

马西亚的四分类模型对自我认同的量化研究有很大的影响，并被广泛认可（安秋玲，2009）。随着研究的深入，马西亚的观点也受到了质疑。谭等人基于自我认同的本质特征——连续性和一致性——认为自我认同的发展应该是一个连续状态而非各自独立的（Tan et al.，1977）。这一观点也得到了许多研究者的认可（刘庆奇，孙晓军，周宗奎等，2015；张国华，雷雳，邹泓，2008）。另外，缪斯对自我认同状态理论能否代表和描述自我认同的发展提出了怀疑（Meeus et al.，1999），并在马西亚理论的基础上提出了自我认同发展的三维度理论，即自我认同发展包括承诺、深度探索（in-depth exploration）和对承诺的反思（reconsideration of commitment）。承诺是指个体从多个认同领域中做出的确定性选择，以及个体从这些选择中获得的自信；深度探索是指个体对已有认同的主动思考，并探索其他新信息；对承诺的反思是指个体放弃或修正那些自己并不满意的承诺。这一观点也得到了许多研究者的支持（Meeus et al.，2012）。

（三）自我认同风格理论

马西亚的四分类模型从自我认同状态的角度阐述了个体自我认同发展的不同水平，但是这种分类方法只关注了自我认同发展的结果，忽略了这一过程中的认知成分。博赞斯基从社会认知的角度提出了自我认同风格理论，在一定程度上弥补了已有研究的不足（Lerner & Steinberg，2004）。博赞斯基认为自我认同包括三个层面：实际的行为模式和认知反应、社会认知策略、认同风格（安秋玲，2009）。所谓认同风格，指的是一种社会—认知策略，个体依靠它进行决策、加工自我认同相关信息，并形成认同承诺（Berzonsky，Branje，& Meeus，2007）。认同风格反映了个体在加工自我认同相关信息时的差异，即个体在面临有关建构、维持或重构认同的挑战时，选择主动参与还是回避（Berzonsky et al.，2013）。博赞斯基（1989）提出了三种认同风格，分别是信息加工风格、规范遵从风格和弥散—回避风格。信息加工风格的个体会在决策之前主动搜寻、加工和评价相关信息。信息加工风格一般对应自我认同的获得和延迟两种发展状态。规范遵从风格的个体往往不会加工足够的信息，他们的决策主要基于对重要他人（主要是父母）的规范和期望的服从，这类个体往往会产生早闭的认同状态。弥散—回避风格的个体会回避和拖延问题的解决，既不对信息做出加工，也不做出合适的决策，往往处于一种"听天由命"的状态，只有在环境的迫使下才会被动做出选择。这类个体的自我认同一般没有发展，属于自我认同的扩散。

青少年在自我认同发展过程中需要对外部环境做出有效应对，这既包括对外部环境复杂信息的反应，也包括基于自身利益和价值观对外部环境提供的信息做出选择和决策。博赞斯基从社会建构的角度所提出的自我认同风格理论恰恰是对青少年这种有效应对的理论性解释（安秋玲，2009）。因此，自我认同风格理论被许多研究者采纳。多数研究发现认同风格对青少年的社会性发展有着重要的意义。例如，研究发现自我认同风格与心理幸福感密切相关，信息加工风格与个人成长、自我接纳、良好的人际关系、生活目标等呈正相关；弥散—回避风格与这些呈负相关（Berzonsky & Cieciuch，2016）。信息加工风格可以正向预测青少年的公民行为（Crocetti，Erentaitè，& Žukauskienè，2014）。人际冲突的研究发现信息加工风格的个体冲突发生的频率低，个体卷入冲突的程度低，而弥散—回避风格的个体则与之相反（Missotten et al.，2011）。自我认同风格与青少年的学业也有密切关系，如研究发现信息加工风格与教育目标的建立和学业自主性的发展呈正相关；弥散—回避风格与这两种发展任务呈负相关；规范遵从风格与教育目标的建立呈正相关，规范遵从风格的学生更具有目标定向（Berzonsky & Kuk，2000）。

二、社会计量器理论

社会计量器理论（sociometer theory）从进化心理学和符号互动的角度对自尊的本质与功能进行了系统阐释（张林，李元元，2009）。社会计量器理论的核心观点认为，自尊是个体人际关系好坏的一种内在反映。正如疼痛是身体受到伤害的信号，当被他人接纳和喜欢时，个体的自尊水平就会上升；当被他人拒绝和排斥时，个体的自尊水平就会下降。那么，当个体的人际关系出现问题时，自尊作为社会计量器就会发出一种信号，使得个体的自尊水平下降并引起个体的焦虑、沮丧等情绪反应，进而促使个体必须采取某种行为去获得、维持和恢复人际关系的和谐感（Leary & Baumeister，2000）。社会计量器理论指出，个体对高自尊水平的追求就是对被他人接纳的追求。如果个体感受到被他人接纳的程度提高，其自尊水平就会随之上升，从而带来积极的情感体验。

基于以上观点，该理论对自尊的理论假设主要体现在以下三个方面。①维持自尊动机的理论假设。人们维持自尊的目的是维持一定程度的社交接纳，避免社交排斥，而不是维持他们的自尊本身。②追求高水平自尊的理论假设。人们倾向于将获得的高水平自尊与许多积极的心理体验联系在一起，而这种关系是由个体所感知到的社交接纳程度决定的，因此，人们对高水平自尊的渴望，实际上就是对社交接纳的渴望。③提高自尊结果的理论假设。心理幸福感的提高并不是自尊水平提高本身导致的，而是提高个体对他人包容、接纳和重视程度的感知，即个体感受到被他人接纳时，其自尊水平提高，从而带来积极的情绪体验（张林，李元元，2009）。以上三个假设也得到了相关实证研究的证实。

社会计量器理论自提出之时就得到了许多实证研究的支持。它从人类进化和符号互动论的角度对自尊的功能进行了阐释，并对自尊的特性和自尊的现象给出了独特的解释。该理论还具有重要的临床治疗和实践意义，甚至有的研究者认为它是自尊研究领域中最富革命性的理论之一。但是，这一理论对自尊的研究主要是从社会学角度出发的，对于自尊的深层心理含义没有给予更多关注和重视。因此，该理论还存在需要进一步完善的地方（Leary，2005；张林，李元元，2009）：①关于自尊作为人际关系的假设显得有些过于片面和狭隘；②过多地强调他人的评价对个体自尊的影响，而忽略了个体自身评价的作用，忽视了个人的主观能动性在自尊系统中的作用；③该理论的跨文化一般性有待更深入的研究。

三、自我差异理论

自我差异理论（self-discrepancy theory）主要关注不同的自我信念表征之间的差异及其与情绪体验的关系。希金斯定义了三种不同的自我：现实自我、理想自我和应该自我。现实自我是对个体自己或他人认为个体实际具备的特性的表征。现实自我有两类，一类是以自己的角度表征的现实自我，另一类是以他人的角度表征的现实自我。理想自我是对个体自己或他人希望个体理想上应具备的特性的表征。理想自我有两类，一类是以自己的角度表征的理想自我，另一类是以他人的角度表征的理想自我。应该自我是对个体自己或他人认为个体有义务或责任应该具备的特性的表征。应该自我有两类，一类是以自己的角度表征的应该自我，另一类是以他人的角度表征的应该自我。在这三种自我的基础上产生了自我差异的概念。其中，理想自我和应该自我被称为自我导向或自我标准。自我差异指现实自我与自我导向之间的差距。

　　自我差异理论的基本观点和假设（Higgins，1989）包括以下几个方面。①理想自我和应该自我是引导现实自我的标准，当现实自我与这些自我标准有差异时，就会产生要减少这种差异的动机，这种动机推动着人们达到现实自我与自我导向相匹配的目的。②人们在被推动以达到某种自我标准的方面存在个体差异。因此，人们减少自我差异的动机倾向性是有个体差异的。③每种类型的自我差异反映一种特定类型的消极心理情境，而这种特定类型的消极心理情境又与特定的情绪问题相关联。具体而言，现实自我与理想自我的差异表示个体没有达到自己的理想状态，反映了"积极的结果没有出现"（absence of positive outcomes）的消极心理情境，这种心理情境会导致个体产生沮丧类情绪，如抑郁、失望、挫折感、羞耻等；现实自我与应该自我的差异表示没有尽到自己的责任或者义务，这将预示着"消极结果的出现"（presence of negative outcomes），这种心理情境会导致个体产生焦虑类情绪。从这一假设出发，自我差异理论预期，现实—理想差异单独与沮丧类情绪有关，现实—应该差异单独与焦虑类情绪有关，这被称为自我差异的情绪效应。④自我差异的情绪效应受到一些调节变量的影响，如自我差异的大小、自我差异的触接性（accessibility）、在现实的情境下自我差异的可用性（availability）和相关性，以及自我差异对本人的重要性。自我差异理论将不同类型的自我差异与情绪类型建立联系，特别是将自我差异看作一种情绪性的认知结构，具有重要的理论价值（杨荣华，陈中永，2008）。

四、自我的社会建构理论

　　社会建构主义（social constructionism）是现代西方社会科学领域的一个重要思想流派，是随着后现代主义哲学的兴起而产生的一种理论观点。其核心观点是将人们对外界事物的认识或者本身所拥有的看作一种社会建构而非科学发现，并指出认识或知识的产生过程不是由个体理性决定的，而是在社会协商的过程中产生的（叶浩生，2009）。

在这种背景下，研究者提出了自我的社会建构理论，作为个体心理核心的自我也被进行了重新界定。该理论认为，自我并不是一个客观存在的精神实体。所谓自我，仅仅是在社会人际互动和社会交往的过程中逐渐建构和形成的，反映了社会文化对个体的基本要求。自我的产生依赖话语环境中同他人的关系，在某种程度上自我是关系性的，即在社会交往及个体与他人的关系中建构或"创造"出来的（Gergen，1985）。换言之，自我并不是一个稳定的实体，会随着个体社会经验的积累、语言能力的发展而变得越来越复杂和深入。在社会建构的理论视角下，自我具有四种重要的特性：关系性、多元性、变化性和去中心性（姜飞月，王艳萍，2004）。关系性是指自我是由外部的人际或社会关系来界定的，可以被看作我们自身具有的应对多种关系的能力（如我们在家庭中有在自己家人面前的"自我"，在工作中有在同事面前的"自我"）；多元性是指由于社会生活中个体拥有多种不同性质的社会关系，因此形成与之相对应的多种自我；变化性是指由于社会和人际交往环境的变化，自我能够不断改变以适应现存的环境；去中心性是指没有固定不变的自我，自我是在社会互动和人际交互的过程中不断被重新界定的。

除了上述观点，格根（Gergen，1988）在当时的社会背景下以极具前瞻性的理论视角阐述了科技与自我的关系。他认为科技的不断发展会导致个体所拥有的社会人际关系变得复杂化；在频繁、多变的人际交往过程中，人们的身份、角色和相应的观念会相应地发生改变，在这种背景下，保持稳定的自我概念几乎是不太现实的。因此，在科技高速发展且不断融入人们生活的时代背景下，我们要注重的是不断解构、重建的自我，并且形成一种与之相对应的动态的自我观念。在米德的符号互动论的基础上，自我的社会建构理论进一步强调了人际关系和社会互动在自我形成和变化中的作用，为自我的研究指明了新的方向。

五、拟剧理论

拟剧理论由社会学家戈夫曼（Goffman，1959）提出，是他通过对戏剧表演的观察而获得灵感，从而提出的一种社会学理论，也被称为自我呈现理论或印象管理理论，用于探讨个体自我社会性的一面。自我呈现或印象管理是指任何旨在创造、修改和保持别人对自己印象的行为，即当我们试图引导别人按照特定的方式看待我们时，我们就是在进行自我呈现或印象管理（刘娟娟，2006）。在自我呈现或印象管理概念的基础上，戈夫曼（1959）进一步把社会中的人看作舞台上表演的演员，他们利用各种道具—符号（如语言、文字、肢体语言或者表情等）预先设计或者展示自己的形象，并努力获取好的效果。这种通过虚拟戏剧的方式来研究社会互动的理论就叫作拟剧理论。拟剧理论从社会互动论中发展出来，具有自身的特点，能说明日常生活中人与人之间的相互作用。它以"自我表现"为中心概念，与行动者的主观世界有关。在人际互动过程中，行动者总是有意无意地运用某些技巧塑造自己给人的印象，选择适当的言辞、表情或动作来制造印象，使他人形成对自己的特定看法，并据此做出符合行动者愿望的反应。

拟剧理论的主要观点包括：①人通过符号进行表演，目的是赢得观众的认可；②个体在社会中的表演主要分为"前台行为"（公开情境中的行为，符合社会情境要求和社会角色期待的理想化、社会化的行为）和"幕后行为"（私人情境中自发的行为）。拟剧理论的实质是有关人们如何在他人心目中塑造理想形象的策略。戈夫曼据此提出了印象管理的几种策略，具体如下。①表演者要掩饰那些与社会公认的价值、规范、标准不一致的行为，而努力表现出一致性。②使别人产生错觉的表演，如为了获得社会尊重或社会地位，一个本来没有学问的人装得很有学问，这种欺骗有时是善意的，有时是恶意的。③神秘化表演，也就是与别人保持一定的距离，从而使他人对自己产生一种崇敬的心理。戈夫曼发现，对一个人越熟悉，就越容易轻视他。④补救表演，即个体在做出一些不符合社会期待和自我建构的形象的行为后，及时地做出一些改正或补救的行为。

拟剧理论虽然揭示了个体在社会互动中的一些重要特征，但是也有一定的局限性。例如，该理论过于静态地考察自我，正如一些社会学家所指出的，我们的自我观念在各种互动中实际上是略有不同的。另外一些批评者认为该理论过于把人们描绘成一种玩世不恭的和不道德的形象。

扫描拓展

工作家庭，可否融合

第二节　互联网心理学的常用理论

随着互联网心理学研究的兴起和发展，研究者认识到适用于互联网心理特异性的理论的重要性，并在传统心理学、传播学理论的基础上衍生、总结出众多互联网心理学的理论。本节我们主要介绍五个互联网心理学的常用理论。

一、生态—技术子系统理论

生态系统理论认为个体的发展与其所处的环境密不可分（Bronfenbrenner，1977）。该理论将个体所处的环境按照与个体的距离和接触程度划分为微观系统、中间系统、外部系统、宏观系统、时间系统。随着互联网在人们生活中的渗入，个体的发展已经与它们密不可分。约翰逊等人在生态系统理论的基础上提出了生态—技术子系统理论，阐述了媒体技术对个体发展的影响（Johnson & Puplampu，2008）。如图 2-1 所示，生态—技术子系统理论认为儿童的发展嵌套在多层环境中，其中最近的一层，即第一层，是技术子系统。该系统是距离儿童最近、对儿童影响最大的环境层。技术子系统主要包括儿童经常使用的各种媒体工具。从目前移动互联网和手机的使用率看，手机也被纳入技术子系统中。第二层是微观系统，这也是直接影响儿童发展的环境，主要包括学校、同伴、家庭等。良好的校园环境、同伴关系和亲子关系是儿童发展的重要保护性因素，而不良的校园环境、同伴关系和亲子关系则会阻碍儿童的积极发展。第三层是中间系统。中间系统描述了微观系统之间的联系，如家校联合有利于提高儿童的社会适应能力和问题解决能力（Kratochwill et al.，2009）。第四层是外部系统。外部系统是儿童并未直接参与，但却对其发展有影响的系统，如父母的工作单位是否使用电脑会影响到儿童家中是否安装电脑（Johnson & Puplampu，2008），或社区暴力对青少年适应不良的影响（Proctor，2006）。第五层是宏观系统，即社会意识形态和文化价值观。宏观系统决定了人们更愿意把电脑看成学习工具还是造成社会偏差的罪魁祸首（Johnson & Puplampu，2008）。第六层是时间系统。时间系统反映了环境的发展、社会的变迁对个体发展的影响，如 20 世纪 90 年代的人们用录音机和随身听听数量有限的音乐，而现在拥有一部智能手机就可以听到几乎想听到的所有歌曲。约翰逊还认为技术—子系统是由网络的功能和网络使用环境两个维度构成的。网络的功能包括社交功能、信息功能、娱乐功能、技术功能等，网络使用环境包括家庭、社区、学校等。

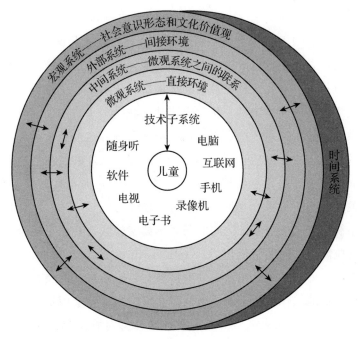

图 2-1　生态—技术子系统

二、用且满足理论

用且满足理论最早是传播学用来分析传统媒体对人类需求的满足的，后来互联网心理学的研究者借用这个理论分析了人们为什么使用互联网以及互联网为何受到青睐。该理论的主要思想是，社会性和心理需求使得用户对大众传媒和其他媒体产生期望，进而导致用户使用各种媒体满足需求（Katz，Blumler，& Gurevitch，1973）。这个理论包括五个假设。①用户是具有主动性的。该理论强调使用者的能动性，认为使用者是媒体作用的来源，并且可以激发媒体满足人们多样化的需求和角色需要。②在大众传媒的作用过程中，许多需求满足和媒体选择的主动性都基于用户自身。③媒体可以满足对其他资源的需求。④从方法学上看，大众传媒使用的目的源自使用者自身的各种数据。⑤当使用者的目的或目标尚未确定时，我们不能急于对大众媒体的文化价值做出评论。用且满足理论认为大众传媒有四种功能：转移（包括规避日常规范、压力性问题、情绪释放），个人关系（对陪伴和社会共同体的替代），个人认同（个体关联、现实性探索、价值观强化），监督（如对安全感的强化和对好奇心的满足）。

用且满足理论在互联网心理学的研究中被广泛使用。人们使用社交网站的目的就是满足需求（Oh & LaRose，2016）。从积极方面看，有研究发现脸书带给使用者的好处，如增加社会资本、获得社会支持、帮助认同管理等，可以促进人们在脸书上有更多的社交行为，如网络自我表露（Dienlin & Metzger，2016）。那些有进食障碍或者肥胖的人们可以通过使用社交网站或网络互助平台获得社会支持，从而缓解病症（Aardoom et al.，2014；Hwang et al.，2014）。从消极方面看，追求享乐主义会提高人们手机成瘾的可能性（Leung，2007）。总之，用且满足理论认为人们根据自身不同的需求选择不同的媒体，媒体上的不同内容会满足使用者的不同需求。这种需求既有积极方面，也有消极方面。该理论也反映了媒体对使用者的应用价值。

三、取代理论与激励理论

取代理论与激励理论是一对竞争理论（见图 2-2a 和图 2-2b），由威肯伯格和彼得提出，主要针对的是互联网使用与幸福感的关系（Valkenburg & Peter，2007a）。取代理论的思想源于零和理论，它认为人们的总体时间是有限的，用一定的时间做一件事情，那么做其他事情的时间就会被相应压缩。取代理论的总体假设就是人们使用互联网会占用和朋友相处的时间，进而削弱友谊质量，最终降低幸福感水平。激励理论则正好相反，认为网络使用可维持及扩大个体的社交圈，使人们与朋友相处的时间并没有减少，反而增多。因为人们可以利用互联网随时随地和身处不同地域的朋友保持沟通，真正做到"天涯若比邻"。互联网的使用还可以扩大社交范围，增加新的社会资本。
这些都会提高使用者和朋友的友谊质量，进而让使用者感受到更高水
平的幸福感。

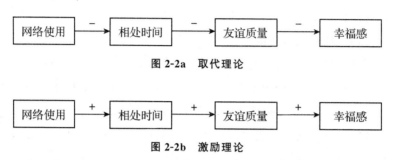

图 2-2a 取代理论

图 2-2b 激励理论

在实证研究上，早期的一些研究支持了取代理论，如克劳特等人
(Kraut et al.，1998)的研究发现人们使用网络的时间越多，和家人、
朋友的相处时间也就越少，这样就增强了孤独感和抑郁。之后的一些
研究也发现手机的过度使用，如"低头症"会削弱亲密关系，增加伴侣
之间的冲突(Ahlstrom et al.，2012)。王兴超等人的研究发现伴侣之
间的"低头行为"会通过削弱关系满意度增强使用者的抑郁。也有很多
研究支持了激励理论，如研究发现网络使用可以通过维持和提高人际
关系促进心理健康(Desjarlais & Joseph，2017；Valkenburg &
Peter，2007b；谢笑春，雷雳，牛更枫，2016)。

通过上述分析，我们认为应该从社交对象和使用者所处的情境来
看待这一组竞争理论。换言之，如果在家庭聚会或朋友聚会上频繁地
使用手机，那就会给其他聚会者留下冷漠的印象，从而削弱线下的人
际关系，也就不利于获得幸福感体验。如果换一种情境，一个人利用
闲暇时间和异地的情侣、父母、朋友进行视频沟通，那这就是一种维
持和增进人际关系的有效途径。从这一点上看，对于网络使用是增强
还是削弱使用者的幸福感，我们不能一概而论，应该辩证地看待。一
项研究发现，媒体使用和幸福感的关系呈倒 U 形曲线，即中等程度的
使用对幸福感的促进作用最大，一旦过度使用会显露出消极作用

(Przybylski & Weinstein，2017)。

四、技术接受模型

技术接受模型(Davis，1989，见图 2-3)是用来解释个体如何接纳和使用新兴技术的一个理论。技术接受模型中的两个核心概念是感知有用性和感知易用性。感知有用性指的是个体是否使用某种技术取决于其认为这个技术可以帮助他完成工作的程度；感知易用性指的是尽管潜在使用者认为该技术可以帮助其更好地完成工作，但是他们同时也会考虑使用该技术的难易程度以及使用该技术所得到的利益是否超过其使用时所付出的努力(雷雳，2016)。

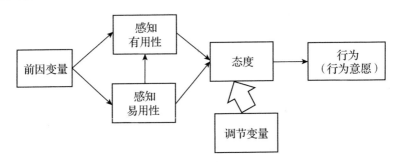

图 2-3　技术接受模型

技术接受模型认为个体对新技术的接纳和使用是以对这项技术的有用性和易用性程度感知良好为前提的。感知易用性会影响感知有用性，即人们倾向于认为那些好用的技术是有用的。感知易用性和感知有用性会首先影响个体对技术使用的态度，进而通过态度改变使用行为。随着对技术接受模型的深入研究，研究者发现使用者对技术的有用性和易用性感知会受到数十种前因变量的影响(Abdullah & Ward，2016)。其中，网络自我效能、社会规范、计算机焦虑、经验、感知愉悦性是最常见、最受关注的前因变量。此外，技术接受模型还受到使用者的性别、年龄、受教育程度等因素的调节(Tarhini，Hone，& Liu，2014)。

技术接受模型被研究者广泛使用，尤其体现在网络教育领域。大量研究发现，学生对网络教育技术或移动学习平台的接受程度会直接影响他们继续使用该技术或该平台学习的行为（Mohammadi，2015；Nikou & Economides，2017；Tarhini，Hone，& Liu，2014）。

后续这一模型又有了一定的发展。研究者综合了技术接受模型、计划行为理论、社会认知理论等相关理论，在原有模型的基础上提出了技术接受与使用理论（Venkatesh et al.，2003）。该理论认为个体的表现期望、努力期望、社会影响、促进条件会通过个体的行为意愿影响个体对技术的使用行为。其中表现期望是指个体对技术使用可以提高工作表现的期望，类似于感知有用性；努力期望反映的是技术的易用性程度，类似于感知易用性；社会影响是指个体感知到的重要他人认为使用者会使用新技术；促进条件是指环境中的基础设施会帮助使用者使用新技术。与传统的技术接受模型相似，该模型也受到使用者的性别、年龄、受教育程度等因素的调节。

五、沟通隐私管理理论

随着网络使用的深入，人们对自己网络隐私的关注和保护意识逐渐增强（Acquisti，Brandimarte，& Loewenstein，2015）。在诸多互联网心理学理论中，沟通隐私管理理论被称为互联网交往中最有价值的隐私理论（Trepte & Reinecke，2011；雷雳，2016）。该理论分析了使用者在网络环境下是如何管理自己的隐私的。沟通隐私管理理论将隐私边界看成一个从完全开放到完全封闭的连续体。完全开放是指隐私拥有者愿意通过自我表露或授权访问的形式将个人隐私告知他人，代表展示的过程；完全封闭则是指信息完全私有化且他人无法获取，代表隐藏和保护的过程（Trepte & Reinecke，2011）。

沟通隐私管理理论有五个理论命题。

第一，当个人认为某个信息属于他自己时，他便将这条信息看成隐私信息。

第二，由于个人将隐私信息看成自己的所有物，因此他有权决定该信息的扩散程度。

第三，个人可以依据信息对自己的重要程度来设定和使用隐私规则，依此来控制隐私信息的传播。隐私规则可以影响人们对个人隐私和集体隐私的管理。一般而言，个人隐私规则基于文化价值观、性别取向、动机需求、情境和风险—收益比等来设定。

第四，个人隐私信息一旦被传播，集体隐私边界便随之诞生，所有获取隐私信息的其他个体也就成为该隐私信息的共同所有者。从隐私原始所有者的角度来看，隐私共同所有者应该有义务和责任依据原始所有者的隐私规则来保护和管理隐私信息。隐私的原始所有者和其他共同所有者通过协商的方式协调隐私规则，协商的焦点是隐私的渗透性、共同所有者责任和链接三个问题。其中渗透性决定了他人可获取隐私信息的程度，共同所有者责任决定了共同所有者在多大程度上可以管理隐私信息，链接则规定了什么样的人可以成为隐私的共同所有者。

第五，当隐私规则在隐私的原始所有者和共同所有者中无法达成一致时，隐私边界就会出现动荡。出现这一现象的原因是人们已经无法一致地、有效地或积极地协商隐私规则。当隐私的共同所有者无法有效地控制隐私信息向第三方传播时，隐私边界动荡也就随之发生。

在实证研究中，沟通隐私管理理论被大量应用，很多关于网络隐私的研究也都可以用这一理论来解释。例如，一些研究发现人们对网络隐私的关注程度会影响他们的网络自我表露行为，网络信任和有效的隐私保护会增加使用者的网络沟通行为(Chen & Chen, 2015；Child, Haridakis, & Petronio, 2012)。

扫描拓展

口罩一戴，立刻变帅

第三节　互联网与自我的相关理论

前两节已经介绍了互联网心理学的一些经典理论和自我的内容。本节我们将两者结合，介绍互联网心理学中有关自我方面的一些理论。这些理论将是本书核心内容的重要理论基础。

一、共同建构理论

萨布拉玛妮安等人将青少年的上网行为看成个体与媒体（网络）相互作用的整体，并用共同建构理论解释青少年与媒体的互动（Subrahmanyam et al.，2009）。共同建构理论最早由格林菲尔德提出并用来解释青少年的在线聊天行为（Greenfield，1984）。用户在使用社交网站、即时通信工具、聊天室等在线社交平台时，实际上是与这些平台共同构建了整个互动环境（Subrahmanyam & Šmahel，2011）。格林菲尔德和严认为互联网是一种包含无穷级数应用程序的文化工具系统（Greenfield & Yan，2006）。在线环境也是文化空间，它同样会建立规则，向其他用户传达该规则并要求其共同遵守。由于在线文化呈周期性变化，因此用户会不断设定并传达新的规则。青少年不只是被动地受到在线环境的影响，他们在与其他人联系的同时也参与了在线环境的建构。青少年与在线文化之间是一种相互影响的关系（Subrahmanyam et al.，2009）。

如果青少年也参与了在线环境的建构，那么就可以认为他们的在线世界和离线世界是彼此联系的。相应地，数字世界也是他们发展的一个重要场所，因而青少年会通过在线行为来解决离线生活中遇到的问题和挑战，如性的发展、自我认同、亲密感和人际关系等。此外，青少年在线世界和离线世界之间的联系不仅体现在发展主题方面，而且体现在青少年的行为、交往的对象和维持的关系等方面，甚至包括问题行为(Subrahmanyam et al.，2009)。基于此，萨布拉玛妮安和斯迈赫（2011）认为青少年的身心发展与数字环境是密切联系的。青少年的线上行为与线下行为紧密相关，甚至在他们的主观经验中"真实"与"虚拟"是可以混为一谈的。由此萨布拉玛妮安和斯迈赫建议使用"物理/数字"和"离线/在线"来表示从在线世界到离线世界这一连续体的两端，避免使用"真实世界"与"虚拟世界"这种容易产生混淆的概念。青少年可以通过在线世界拓展他们的离线物理世界，同时在线的匿名性也会让青少年摆脱各种限制，做出各种尝试，并以此完善青少年的自我认同(Subrahmanyam & Šmahel，2011；雷雳，2016)。

二、策略性自我认同理论

塔拉莫和利乔里奥提出了策略性自我认同理论(Talamo & Ligorio，2001)，用于解释在以计算机为中介的沟通中的沟通者根据交互情境，使用策略性的"定位"来表现与建构自我。他们提出，网络空间中的自我认同与技术工具和网络社区提供的资源有关。网络用户在网络空间里以"化身"的形式表征自己的身份，这种化身可以在虚拟空间里运动、跟他人交谈，随着用户的目的和情绪状态不断发生变化(Talamo & Ligorio，2001)。由于沟通者在同一个互动环境里可以以多种不同的身份出现，与现实生活中稳定的和可辨认的身份相比，这样的"定位"拓宽了自我角色的概念(Hermans，1996)。个体表现什么样的自我取决于当时互动情境中的策略性位置的变动(Harré & Langenhove，1991)。个体如何定位自己在网络中的位置与其对沟通情境的感知和什么位置更能有效促进交流有关。

从这个角度来看，沟通者在网络情境中的身份和角色只是在某些特殊时刻的社会建构。沟通者共有的情境和他们各自某种特定的社会建构非常相关。也就是说，在网络团体的互动情境中，用户策略性地选择使用特定的身份特征表现自己，以增强他们参与团体行为的有效性。究竟表现何种身份和个体的自身特征以及参与网络群体的状态、目的有关。网络社会互动中所建构的身份取决于用户想表现自己的什么方面及其在交流背景中的榜样和引导作用如何。

塔拉莫和利乔里奥(2001)指出，网络自我认同的建构过程看起来与心理学中的对话法具有高度的一致性，这主要是因为不同的身份在概念化的过程中是多样性的、被定位的、可以使用多种形式进行表达的，以及与背景联系在一起的。不难看出，这种策略性的自我认同是与以计算机为中介的沟通中的文本化信息或副言语联系在一起的。个体如果长时间使用网络空间，其自我认同一定会受到影响。自我认同在网络空间中是动力性的，并与背景密切联系，以计算机为中介的沟通中的沟通者不断建立与重新建立自我认同(雷雳，2016)。

三、自我效能与在线互动模型

利文斯通等人认为现有的一些理论无法解释青少年网络交往的人口学差异(Livingstone，Bober，& Helsper，2005)，因此他们提出了自我效能与在线互动模型。模型包括人口学信息和网络使用信息两部分内容：人口学信息(包括性别、年龄)和网络使用信息(包括网络使用频率、日平均上网时长、网龄、自我效能、上一周浏览的网页数量和网络活动的数量)。自我效能与在线互动模型包括四个假设。

①人口学信息对青少年与网站交互的程度和青少年对网站的浏览有直接影响。

②网络使用信息对青少年与网站交互的程度和青少年对网站的浏览有直接影响。

③人口学信息还可以通过网络使用信息对青少年与网站交互的程度和青少年对网站的浏览产生间接影响。

④青少年与网站交互的程度和青少年对网站的浏览之间存在正相关。

利文斯通等人（2005）的研究发现，12~15岁的青少年有较低水平的自我效能感，网龄短，日平均上网时间少，网络活动参与量不多；与女性青少年相比，男性青少年的上网频率更高、网龄更长、拥有更高水平的自我效能感，浏览网页的数量和参与网络活动的数量更多。

四、聊天室印象管理模型

贝克和斯塔姆发现印象管理的现象在聊天室里是特别突出的，并在实证研究的基础上构建了印象管理模型（Becker & Stamp，2005；见图2-4）。社交网站聊天室的印象管理包含三种动机：社会接纳愿望、关系发展与维持愿望和自我认同实验愿望。社会接纳愿望是指在聊天室文化中被社会接纳的愿望，如在聊天室中会表现出和其他成员类似的行为，以便被他人接纳；关系发展与维持愿望是指通过网络聊天维持与熟人的人际关系，并同陌生人建立新的人际关系；自我认同实验愿望是指在线构建理想自我，印象管理是尝试新自我认同的中心（雷雳，2016）。

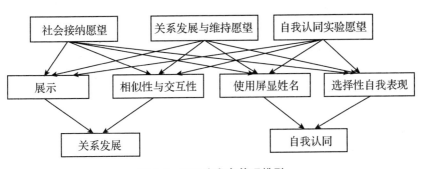

图 2-4　聊天室印象管理模型

这三种动机组成了影响印象管理的必然条件，而社交媒介本身所提供的背景环境特点，也会对行为策略产生影响，成为障碍。必然条件和障碍影响四个行动/互动策略：展示、相似性与交互性、使用屏显姓名和选择性自我表现。展示是指用户为了获得一个积极的印象，表现自己对网络聊天文化的掌握，显得经验丰富、技巧纯熟，如使用网络流行语、表情符号等。相似性与交互性是指用户在网上聊天时喜欢寻找与自己相似的人进行交流。不确定性降低理论认为，相似性与交互性是人际沟通维持的重要条件（Berger & Calabrese，1975）。在互联网环境下，用户和那些与自己相似的人交流是建立和发展人际关系的重要手段。使用屏显姓名是指用户聊天时使用自己个性化的网名。网名是个人性格、爱好的表征，也是自我认同的体现。选择性自我表现是指用户在聊天时可能故意引导谈话内容，故意表现出某种个性，而这些可能是其在现实生活中不具备的，目的是使自己更有吸引力（雷雳，2016）。

通过这些策略，聊天室的研究对象期望达到两个目标：关系发展和自我认同（Becker & Stamp，2005）。所有人都把自己塑造为社会所期望的、取得不同程度成功的人。利用先前描述的印象管理的互动策略，人们试图制造对自己有利的印象。其结果是，通过聊天室至少发展出了一种关系。这些关系有短暂的，也有持久的；大多数关系是短暂的、柏拉图式的，也有些是长期的和/或浪漫的。聊天室让人们能够展示与面对面互动完全不同的自己。例如，有些人在面对面互动中很害羞，但是聊天室的匿名性让他们在网上更具有表现力（雷雳，2016）。在实证研究中，许多研究都发现社交网站的使用与使用者的自我认同密切相关（Coyne，Padilla-Walker，& Howard，2013；Wilson，Gosling，& Graham，2012）。

五、自我概念的碎片化假设和整合性假设

研究者认为互联网对青少年自我概念清晰性的影响可能存在相互对立的两种形态，就此提出了自我概念的碎片化假设和整合性假设

（Valkenburg & Peter，2011）。自我概念的碎片化假设认为青少年可以在互联网中很方便地建立虚拟身份，而这种虚拟身份的建立会使他们在现实世界中的人格碎片化。此外，在互联网中，他们有更多的机会接触更多的人和思想，这些都会使本来已经碎片化的人格结构更加不稳定。青少年处在自我认同建立的时期，互联网的使用会破坏青少年自我认同的建立（雷雳，2016）。自我概念的整合性假设则与之相反，该假设认为，互联网给青少年提供了比以往任何情境都多的机会来接触不同背景的人。网络活动可以帮助青少年更好地检验他们所形成的自我认同，进而影响他们的自我概念清晰性。

　　针对青少年网络使用和自我概念清晰性关系的实证研究，其结果并不一致。两个研究（Mazalin & Moore，2004；Matsuba，2006）认为频繁的互联网使用或在线自我认同实验会使青少年的自我概念清晰性更不稳定。但是，更严格的多因素分析表明这种关联会很快地与其他变量，如孤独感和社交焦虑，被包括进一个模型中（Valkenburg & Peter，2008）。因此，目前的研究都无法说明互联网使用对青少年自我概念的影响是积极的还是消极的，其他关键因素，如孤独感，对青少年自我概念清晰性的影响可能比互联网更大（Valkenburg & Peter，2011）。

六、自我表露的网络增强模型

　　随着网络技术的发展，人们尤其是青少年越来越多地使用即时通信、社交网络与朋友沟通。青少年也越来越愿意在社交媒体上进行自我表露。威肯伯格和彼得提出了自我表露的网络增强模型，用于解释网络沟通是如何提高使用者的幸福感的（Valkenburg & Peter，2009）。如图 2-5 所示，自我表露的网络增强模型表明在线沟通通过网络自我表露、人际关系质量间接影响使用者的幸福感。这个模型共有三个假设。

假设 1：在线沟通会提高人们的自我表露水平。这一假设主要基于网络的匿名性。网络的匿名性让个体有更低水平的抑制性，同时线索过滤也让网络使用者感知到更低水平的线下传统约束。因此，人们有更高水平的网络自我表露。

假设 2：自我表露水平高的人会有更良好的人际关系。这一假设源于表露—喜欢模型（Collins & Miller，1994）。表露—喜欢模型认为自我表露是一个互动过程，个体与朋友间的表露互动会提高自身的吸引力，让对方更喜欢自己，进而促进对方的自我表露，最终形成一个表露—喜欢的良性循环模型。

假设 3：高质量的人际关系能提升幸福感。良好的人际关系可以提升幸福感，这是心理学中一个众所周知的话题。自我决定理论（Ryan & Deci，2000）认为关系需求的满足是促进个体积极发展和获得幸福感的重要前提。良好的人际关系就是关系需求得到满足的重要体现。

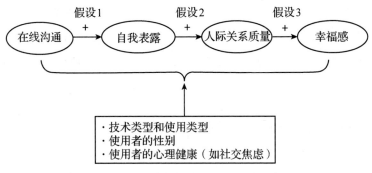

图 2-5 自我表露的网络增强模型

这一模型还强调，网络环境对自我表露的增强作用受到技术类型和使用类型、使用者的性别以及使用者的心理健康（如社交焦虑）等因素的影响。一项元分析发现不同的亲密程度会影响个体在沟通时的技术选择。换言之，我们与亲密程度高的人采用打电话等沟通方式对幸福感的促进作用应该大于与陌生人通过电子邮件沟通的方式对幸福感的促进作用（Liu & Yang，2016）。从性别来看，一般男性网络沟通对幸福感的增益效果比女性好（Valkenburg & Peter，2009）。对有社交焦虑的个体的网络沟通与幸福感之间关系的解释可能有两种：一种是补偿效应；另一种是富者更富效应。补偿效应认为有社交焦虑的个体倾向于在网络中进行人际沟通，用于补偿自己在现实生活中社交技能方面的缺陷。富者更富效应指的是有社交焦虑的个体在线下环境中不愿与人交往，他们的社交范围相对狭窄，在网络中他们也同样难以扩大社交范围。该效应认为网络对那些线下人际圈广的个体来说会让他们的社交圈变得更大。

七、社会媒体的自我效应

所谓社会媒体的自我效应，指的是媒体信息如何影响信息发布者/接收者的认知、情感、态度和行为（Valkenburg，2017）。社会媒体的自我效应的四个相关理论从不同的角度对媒体信息如何影响信息发布者/接收者的认知、情感、态度和行为进行了解释。

（一）自我说服理论

自我说服是个体有目的地劝说自己改变态度、信念和行为的现象。例如，当一个人面对反态度情境时，自我劝说比他人劝说更容易让自己的态度发生变化（Janis & King，1954）。在互联网情境下，研究者发现，当被试对自己的在线沟通对象产生不友好的态度时，他们会觉得自己的沟通对象不那么吸引人，并且对他们所讨论的话题有更消极的态度（Walther et al.，2010）。另一个研究发现，把被试（巴勒斯坦人和以色列人）随机分配在巴勒斯坦组和以色列组进行角色扮演游戏，并且让他们当各自组的组长。后续测量发现那些组长对自己所在组的同国籍的人更有好感（Alhabash & Wise，2015）。

（二）自我概念改变理论

自我概念改变理论与自我说服理论不同的是，该理论针对的不是信息所传递的内容本身，而是信息发布者自身。例如，研究发现让被试按照外向性/内向性来描述自己，而不管实际情况，在后续测量中发现被试更愿意按照自己所描述的情况来形容自己的人格（Tice，1992）。在网络研究中发现公共情境的自我效应比私下情境更突出（Gonzales & Hancock，2008）。

（三）表达性书写范式

表达性书写源自潘尼贝克的研究。潘尼贝克让被试书写自己最深刻的体验和感受，然后将这些信息封存起来。若干年后，回访这些被试时发现，他们的表达性书写会提高他们的幸福感。表达性书写范式对自我效应的解释与前两个理论不同。前两个理论认为人们的态度是按照自我呈现所形成的方向改变的，而表达性书写范式则认为人们是单方向地改变态度和情绪的。有研究发现，在博客上的表达性书写可以提高被试的领悟力、社会支持率、幸福感和自尊（Baker & Moore，2008；Ko & Kuo，2009；Schmitt，Dayanim，& Matthias，2008）。

（四）政策性熟思理论

政策性熟思理论是传播学中的一个理论，描述的是在决策过程中人们要用逻辑和理性思考来权衡不同的选择。这一理论认为当人们开始建立信息框架和准备传播信息时，信息对信息发布者的影响就开始了，进而这些影响会随着信息施加给信息接收方。在互联网研究中，研究者发现观点和意见的表达在在线小组讨论和政策态度中起中介作用（Price，Nir，& Cappella，2006）。

概括而言，以上四个理论认为认知、情绪、态度和行为的自我效应可以发生在信息传播之前、之时和之后。自我效应可以通过接收反馈或者他人的社会支持予以强化。自我效应也会强化接收效应（Valkenburg，2017）。

威肯伯格（2017）认为有三个因素导致了网络环境下的媒体自我效应比线下的自我效应更突出。第一，网络社交媒体可以进行大规模的信息传递，即形成大众自媒体。人们在网络中发布的信息有着大量的潜在听众，人们可以更方便、更大量地获得信息反馈，从而强化信息的自我效应。第二，网络社交媒体具有规模操纵性、信息异步性和线索操纵性。规模操纵性，即信息发布者可以在网上控制信息传播的范围；信息异步性使得信息发布者有更充裕的时间来设计、修饰信息，让信息的发布更有效率；线索操纵性指的是信息发布者可以在网络沟通中有效操纵非言语信息线索的发布。第三，相比于线下沟通，网络沟通环境中的信息发布者可以利用更多的信息传播工具，进而增强信息的自我效应。

八、网络叙事认同模型

为了说明数字媒体为什么能影响年轻人以及如何影响年轻人，研究者提出了网络叙事认同模型（Granic，Morita，& Scholten，2020），网络叙事认同模型认为有三个水平的因素交互影响认同发展。该模型是嵌套结构，最内层是个体内部因素，它是个体的内部需要并驱使个体达到叙事认同。其中有三个关键因素——共享、能动性以及两者的平衡。中间层是人际因素，它影响的是在社交互动中叙事认同的塑造和分享，该因素中讲故事伙伴的特征影响着叙事认同。最外层是文化因素，它决定个体是否建构了符合社会环境的叙事认同，最终整合了个人和社会的价值。三个因素通过反馈过程相互影响，建立、迭代和改变着叙事认同。

个体内部因素的核心需要是共享需要、能动性需要和连贯性需要。本部分主要介绍前两种需要。共享需要包括情绪纽带、被他人关心和关心他人、归属于一个团体，通常也被称为联结、归属或接纳（Ryan & Deci，2000）。网络空间中通过交友分享观点和图片，确定、塑造、重申积极的关系，通过精确设计的网络平台增强联结感。合适的社交媒体和电子游戏为自我探索和结交朋友、建立团体的共享需要提供了机会。能动性需要是坚持自己的主张，基于个人兴趣和价值做出决定。网络对个体能动性的影响体现为两个方面：一方面，游戏可以通过训练坚持性来帮助年轻人建构能动性；另一方面，发表易于获得赞赏而非真实自我的内容以及各种应用程序对用户注意力的吸引，都会在一定程度上削弱个体的能动性。从青年中期到成年早期，个体可能会在数字空间中获得大量与认同相关的文本、图片和视频等形式的内容。这可能导致自我碎片化和缺乏时间叙事连贯性。在数字环境中，软件设计和个体差异决定了是否支持个体内部需要的满足和发展。

　　人际因素，即与他人建立联系，让自己归属于一个团体，与同伴分享目标和价值观。社交伙伴是个人叙事认同的共同作者。人际因素通过讲述个体成长历程中的经历（故事）来发展自我认同。在这一过程中，社交伙伴涉及三个主要因素，包括精细化阐述、倾听的质量和处理认同悖论的时间和空间。首先，精细化阐述在童年期表现为儿童与父母详细讲述自我叙事故事，步入青春期后，青少年与同伴分享自己的故事。社交媒体上的详细阐述很复杂，使用网络空间的方式存在个体差异，这可以预测个体的认同发展和心理健康。社交媒体的设计是为了增强个人故事的表现层面，因此会限制深度的交流（Nesi et al.，2018）。但是仍有用户利用网络空间进行深度对话和有意义的认同探索（Valkenburg & Peter，2008）。其次，倾听者的意图、对叙事者的回应以及对叙事者自我叙事解释的验证三个方面影响着倾听的质量。年轻人可以在网络空间中交到有利于认同发展的朋友，可以找到世界各地的朋友。但是只有真诚的和提供社交支持的高质量的倾听者才能有助于叙述者的认同发展（McInroy，2020）。最后，青少年接触不同的世界观后，需要时间和空间来处理不同团体之间的矛盾。社交媒体和角色扮演游戏都可以为青少年解决观点矛盾提供时间、空间以及和同伴合作的方法。但是对于同样的游戏，不同的用途和目的会给用户带来不同的叙事认同结果。

　　文化因素嵌入了前两层低阶过程，巩固了前两层与整个社会的关系，包括三个方面：个人社会整合、主流叙事和替代叙事。个人社会整合就是个体带着完整的个人价值新承诺融入社会的整合过程

(McLean & Syed，2016)。主流叙事是指分享有关信念、价值观和行为的文化故事，知道在特定文化中什么是被认可的。社交媒体让个体有很多机会和网友分享故事，个人社会整合与主流叙事交织，让个体更有归属感。当个人价值观和需求不符合主流叙事时，抵制主流叙事的个体就会采用并共同构建替代叙事(McLean & Syed，2016)。社交媒体让不符合主流价值观的个体找到了与自己志同道合的人，因此更有可能创造新的替代叙事。网络世界在传播主流叙事和替代叙事方面都存在负面影响，如由过度支持以瘦为美的主流价值观导致的厌食催吐(Vartanian & Hopkinson，2010)。

拓展阅读

心理学理论的视角与共性

　　无论是互联网心理学还是更高范畴的心理学，抑或是其他学科，都有许多的理论。理论为研究者设计研究提供科学思路，为解释研究结果提供理性视角，是各个领域研究者的"掌中宝"。在各个领域中，对同一现象或同一问题都至少有一个理论提供了解释的思路。然而，我们在看待这些理论的时候是否有过这样的思考：这些理论都出自同一个视角吗？这些理论有没有共性？

　　对于这个问题，弥尔顿(Milton，2010)做出了尝试。他把心理学的各个经典理论重新归纳和整理，提出了心理学理论的新框架，如图2-6所示。他认为心理学理论总体上解释环境和身体两大领域的问题，即图中的"环境域"和"身体域"。"身体域"又可以分为记忆、状态、思维、知觉四个子领域。弥尔顿认为心理学的各个理论从六个不同的视角解释环境和身体两大领域。六个视角分别是结构观、过程观、内容观、比较观、进化观、发展观。结构观是从问题架构的角度看的，如发展心理学家将生态系统理论看成解释个人发展环境的不同结构；过程观是从作用过程上看的，如记忆的过程是注意—存储—提取；内容观是从领域所包括的内容上看的，如心理学家将记忆看成对过去事情的描述；比较观指的是对于同一问题人们的观点是否存在差别；进化观从更长的时间范畴看问题的演变，如孤独症是如何演变的；发展观是从个体生命发展的角度看的，即从幼年到成年记忆是如何变化的。

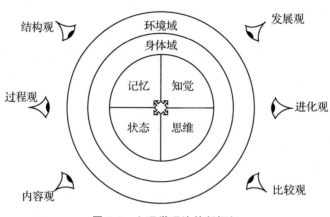

图 2-6 心理学理论的新框架

一项系统评价研究对社交网站中解释隐私悖论的 35 个理论进行了分析，如图 2-7 所示(Barth & de Jong，2017)。该研究将解释隐私悖论的理论按照内容和解释的思路分成两大类：风险—收益估计和风险评估不足。风险—收益估计进一步分成理性导向的风险—收益估计和偏差风险—收益估计，又将偏差风险—收益估计细分成启发式、对风险/收益的高估/低估、即时性满足、对风险/收益的决策存在差异、习惯。将风险评估不足又分成三小类：目标收益评估高于风险评估、隐私评估失败、由信息不完整导致的知识匮乏。例如，研究者认为卡尼曼的前景理论对隐私悖论的解释就属于对风险/收益的决策存在差异这一类。换言之，研究者认为前景理论对隐私悖论的解释从决策的角度看是由于网络使用者对发布个人信息所带来的风险和收益存在决策差异。

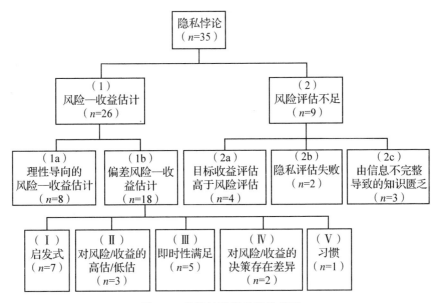

图 2-7 隐私悖论相关理论模型

注：图中 *n* 表示该类别下涵盖的理论数量。

从以上研究中我们不难发现，不同的理论其实是存在共性的，研究者可以从解释问题的视角将不同理论重新归纳、整合。这种整合一方面有利于研究者对理论有一个系统的梳理，另一方面可以帮助研究者从不同的视角进行研究。例如，我们可以利用弥尔顿的分类框架，从不同的角度看待问题，设计研究。

那么，是否可以按照上述分类方式对互联网与自我相关的理论进行整合呢？是否可以从弥尔顿的分类框架入手对互联网心理学所关注的问题进行研究呢？这些有待后续研究。

扫描拓展

心怀感恩，益处多多

第三章　互联网与自我认同

开脑思考

1. 真的有网络自我认同吗？它和传统自我认同是一回事吗？

2. 自我认同和同伴群体认同哪个对青少年网络行为的影响更大？

3. 移动互联网的迅速发展对青少年自我认同的建构起促进作用还是抑制作用？

关键术语

自我认同，自我概念清晰性

第一节　自我认同的内涵与影响因素

自我认同是一个重要的心理现象，它与个体的自我、人格、毕生发展密切相关，同时也受到诸多学科（如哲学、心理学、教育学、社会学）的关注（郭金山，2003）。自我认同的发展是青少年阶段个体发展的核心任务（雷雳，2014）。

一、自我认同的内涵

凡是涉及"自我"的问题几乎都是复杂、抽象且不统一的，自我认同也不例外。自我认同的复杂性和不统一性首先体现在国内学者对"identity"一词的翻译上。郭金山（2003）总结发现国内学者对这一名词主要有三种译法：①自我认同；②自我同一性；③自我统合。此处选择"自我认同"这一译法，主要原因有两个。其一，相比于同一性，认同一词有动态的含义。所谓认同，是一种自己建构的，关于动力、能力、信念、一段时期内个人历史，以及自主性的动态有机体，指引着个体成年生活进程的演变（Pittman et al.，2012）。这表明"identity"反映了个体与自我、个体与环境之间互动的过程。其二，尽管"统合"一词也有动词的意味，但是这种译法仅仅突出了"同"却忽略了"我"。在现代汉语中，"认"有"分辨""明晰"的含义，这体现出了"identity"一词的个体能动性，即"identity"的完成基于个体对自我、环境以及自我与环境的关系能动地辨析后做出的选择和承诺。

　　自我认同的复杂性还体现在其内涵的抽象性上，具体体现在界定方式的不唯一性上。本书采用勒纳和斯腾伯格（Lerner & Steinberg，2009）给出的界定："认同是指个体的心理功能、人际行为以及对角色、价值观和信念的承诺上的一致性和连续性。"这一界定主要体现了自我认同本质的重要意义——一致性和连续性。概括而言，自我认同的一致性和连续性就是一种"整合感"。赛义德和麦克里兰（Syed & McLean，2016）认为自我认同是个体对情境、时间、自我以及个体—社会四个方面的整合。

　　情境方面的整合体现为个体对不同情境下多元身份的整合，包括意识形态方面（政治与价值观）、人际方面（居家与约会）、身份群体方面（种族与性别）。赛义德和麦克里兰认为情境的整合并不简单地表现在个体在不同情境下多重身份的转换和表现上，更是个体对不同情境下多重身份所感受到的理性的一致感。这里的一致感指的是个体可以感受到属于自己的多重身份是一种恰好整合，或至少某些身份之间没有冲突。

　　时间方面的整合体现为个体在时间维度上对过去、现在自我的悦纳以及对未来的期许与展望。这一点表明自我认同并不处于静止状态。自我认同具有跨时间的连续性，个体当下的认同感与已有经历密切相关，并且影响着下一时刻或下一阶段认同的发展。

自我方面的整合是赛义德和麦克里兰提出的，它综合了情境和时间两个方面，指的是个体在不同情境下多重身份的跨时间的连续性。赛义德和麦克里兰认为相比于单独从情境或时间上看，自我方面的整合也与生活故事理论的观点相吻合（McAdams，2001）。

个体—社会方面的整合也是赛义德和麦克里兰提出的。个体—社会方面的整合超越了单纯从个体的视角考察自我认同的发展，将社会文化因素纳入进来，分析了社会文化因素对个体自我认同发展的影响，以及个体自我认同如何同化外部环境的影响。赛义德和麦克里兰（2016）认为这四个方面的整合是内部关联的复杂过程。

此外，勒纳和斯腾伯格（2009）基于埃里克森的观点从过程、内容和结构三个方面描述自我认同的内涵。过程指的是自我认同的跨时间和跨情境的功能体现出连续性，并且这种连续性可以从感觉和行为两个层面表现出来。这种连续性使得个体自我认同的发展不拘泥于某一阶段，而是渗透在个体毕生发展的全过程中。自我认同的力量来自生命全程各个阶段主要任务的解决。内容指的是社会角色、个人身份和共享的价值观。社会角色表明自我认同的完成来自两个方面——自我建构和他人期望，个人身份和共享的价值观反映的是自我认同的完成包含着个体在信念和态度上的变化。结构指的是自我认同为角色、身份和价值观提供了一个稳定的结构，这一结构可以帮助个体整合、过滤外部世界的信息。

二、自我认同的影响因素

生态系统理论认为个体的成长与发展离不开所处的环境（Bronfenbrenner，1977）。个体生活在一个相互嵌套、内在关联的多层次的环境系统中。基于此，我们认为在分析某一现象或变量的影响因素时应该体现出层次性和系统性。本部分将从个体因素、家庭因素、同伴因素以及文化与媒体因素四个方面重点介绍影响青少年自我认同发展的因素。

(一)个体因素

影响自我认同发展的个体因素主要包括性别、认同风格、年龄、人格、情绪五个方面。

在性别方面,已有研究对自我认同的发展是否存在性别差异,或者这种性别差异是否与性别自我认同混淆并未得出一致性结论,并认为性别差异相对复杂(Lerner & Steinberg,2004;Waterman,1999)。研究发现,女性的认同探索和认同承诺的得分比男性高(Dumas,Ellis,& Wolfe,2012;Soenens et al.,2011)。

在认同风格方面,男性较多表现为弥散—回避风格,而女性则更多地表现为信息加工风格(Crocetti,Erentaite,& Žukauskienė,2014)。在有关投入—危机的研究中,研究者发现男性青少年经历更多的"过去危机",而女性青少年在"现在投入"和"未来投入愿望"上的得分高于男性青少年(俞瑞康,2004)。也有研究发现在大学阶段男性的自我认同获得的程度高于女性(王树青,陈会昌,石猛,2008;张建人等,2010)。

在年龄方面,青少年晚期或成年初期的个体有着更多的认同实现,但青少年初期个体的认同延迟和扩散现象更多(Crocetti,Erentaite,& Žukauskienė,2014),从初中到高中青少年的自我认同发展呈现前进式状态(王树青,陈会昌,石猛,2008)。安秋玲(2007)发现自我认同的发展从小学到高中呈现显著的阶段性差异,具体表现为在人际自我认同领域,与小学生和高中生相比,初中生呈现"低混淆、低前闭、高获得"的趋势;在意识形态自我认同领域,初中生的自我认同早闭现象明显少于小学生和高中生。

在人格方面,研究表明大五人格的发展与自我认同的发展密切相关(Hill et al.,2013)。人格类型也会影响青少年自我认同发展的多个方面。在认同承诺上,心理弹性型的青少年承诺的基线水平高于不受控制型和过度控制型的青少年；在探索的深度上，心理弹性型的青少年承诺的基线水平高于其他两类青少年，其发展呈现先上升后下降的趋势，而其他两类青少年的发展平缓（Luyckx et al.，2014；谢笑春，陈武，雷雳，2016）。

在情绪方面，研究者指出情绪会影响自我认同，甚至认为自我认同根植于情绪（Kunnen et al.，2001）。一项研究通过交叉滞后分析发现消极情绪与教育领域（意识形态领域）的深度探索和对承诺的反思呈正相关，并且情绪和自我认同的发展相互影响（Klimstra et al.，2016）。

（二）家庭因素

家庭环境与自我认同的发展密切相关（Anderson & Fleming，1986）。影响青少年自我认同发展的家庭因素主要为父母监控或父母教养方式。在积极方面，父母的支持、鼓励、陪伴对青少年认同的获得和延迟有促进作用，民主型的教养方式有利于青少年的自我探索（Lerner & Steinberg，2009）。当父母提供较多的自主性支持和与青少年发展相吻合的自由意志时，父母的自我认同与青少年的规范遵从风格呈正相关（Soenens et al.，2011）。家长提供的自主性支持与青少年的信息加工风格呈正相关，与弥散—回避风格呈负相关（Smits et al.，2010）。另外，母亲在青少年的自我认同发展中具有重要作用，如良好的母子沟通有利于青少年自我概念的清晰化发展（Davis，2013），感知到的母亲关怀可以降低青少年认同早闭的可能性（Mullis，Graf，& Mullis，2009）。在中国文化背景下，母亲的信念和母亲的控制对青少年的清晰自我认同有促进作用（Leung，2016）。父亲对男性青少年的自我认同发展起重要作用。男性会通过观察父亲的行为、习得父亲有关的认同方式促进自身社会化的发展（Shade et al.，2011）。在消极方面，过于严格的控制不利于青少年的探索（Lerner & Steinberg，2009）。父母把自己的认同强加于青少年会减少青少年的自我探索，不利于青少年自我认同的获得（Wiley & Berman，2012）。母亲的心理控制会影响青少年的自我认同，女性比男性更容易牺牲自我认同来避免母亲产生不良情绪，并维持良好的亲子关系（Mandara & Pikes，2008）。纵向研究发现，现缺乏母亲的支持和恶化的亲子关系不利于青少年对自我认同的反思（Crocetti et al.，2017）。父母冲突不利于青少年自我认同的发展（张馨月，邓林园，2015）。

（三）同伴因素

自我认同的获得与发展是在社会互动中不断形成的（Pittman et al.，2011）。良好的人际关系有利于自我认同的健康发展（Sandhu & Tung，2007）。研究发现，同伴在青少年的自我认同发展中所提供的支持性作用可以帮助青少年做出有意义的决策（Galliher & Kerpelman，2012）。同伴信任和沟通可以促进青少年自我认同的积极发展（张国华，伍亚娜，雷雳，2009）。青少年与同伴进行建设性沟通有利于对自我认同的探索（Weeks & Pasupathi，2010）。青少年与最好的朋友的深度交往和探索会产生一种有利于学业自我认同积极发展的累积效应（van Doeselaar et al.，2016）。青少年在同伴群体中的地位、感知到来自同伴群体的支持以及他们自身对同伴群体的认同也是影响青少年自我认同发展的重要因素。在同伴群体中处于不同地位的青少年的自我认同发展水平呈现显著差异，同伴群体地位良好的青少年往往有着较为积极的自我认同发展（安秋玲，2006；2008）。

（四）文化与媒体因素

除了个体、家庭和同伴外，文化与媒体也是不可忽视的影响因素。在宏观文化层面，研究发现中国青少年的自主性发展缓慢，晚于西方；集体主义文化背景下的青少年比跨文化适应的青少年的自我认同获得的程度更高（Lee，Beckert，& Goodrich，2010）。文化还在自我认同与亲社会行为之间起调节作用，不同文化背景下青少年的自我认同对亲社会行为的预测程度和模式有所差异（Busch & Hofer，2011）。文化差异也调节了家庭因素与自我认同的关系，如传统观点认为权威型教养方式有利于自我认同的获得和延迟，而在南非某文化（类似于集体主义文化）背景下权威型教养方式却与自我认同的扩散呈正相关（Grové & Naudé，2016）。另外，文化变迁、民族（种族）的认同和归属感也会影响青少年自我认同的发展，并且这种影响往往通过家庭和同伴产生间接作用（Galliher & Kerpelman，2012）。在具体的社会影响方面，家庭的社会阶层或社会经济地位会影响青少年自我认同的发展（Lerner & Steinberg，2009），青少年所在城市的经济发展程度也会影响自我认同的发展，发达地区青少年的自我认同发展水平相对更高（安秋玲，2007）。

随着时代的发展，网络和通信技术已经成为影响青少年发展的重要因素（Subrahmanyam et al.，2009）。网络和通信技术所带来的影响也被称为"媒体效应"（media effects）（Valkenburg，Peter，& Walther，2016）。有研究者在生态系统理论的基础上发展出生态—技术子系统理论，深入探讨这些因素对青少年发展的影响（Johnson & Puplampu，2008）。相关理论和研究也发现互联网、手机与青少年的自我认同发展密切相关（Blair & Fletcher，2011；Borca et al.，2015；Gyberg & Lunde，2015；Michikyan，Subrahmanyam，& Dennis，2015）。

扫描拓展

年龄增长，本性可变

第二节　自我认同对网络行为的影响

自我认同是青少年发展的重要任务，对个体心理社会性的发展有着深远的影响。众多研究表明自我认同对个体在互联网上的行为起重要作用。本节介绍自我认同究竟如何影响人们的网络行为。

一、自我认同的意义

自我认同的重要意义体现在其功能上。研究者通过归纳、总结发现自我认同具有五种重要的功能（Adams & Marshall，1996；Crocetti et al.，2013）：一则自我认同为个体理解自我相关信息提供一个良好的结构；二则自我认同能使个体对所选择的价值观、信念和承诺产生一致感、统合感、和谐感；三则自我认同为个体指明未来的方向，并且使个体在时间维度上——过去、现在和将来——产生连续感；四则自我认同通过个体选择的承诺和价值观为个体指明目标和方向；五则自我认同能使个体产生控制感或自由意志，帮助个体自主能动地追求目标、完成计划（Crocetti et al.，2013）。

自我认同作为青少年阶段发展的核心议题，其重要性也体现在对青少年的发展，尤其是社会性发展的影响上。情绪适应、人际适应、学业适应、生活适应是青少年适应乃至积极发展的重要问题，也是青少年心理健康的重要体现（张大均，江琦，2006；朱昭红，沈德立，2007）。在情绪适应方面，研究发现，自我认同的承诺和自我接纳呈正相关（Berzonsky & Cieciuch，2016），并且可以正向预测积极适应，如提高自尊，降低抑郁、焦虑，提高能动性（Crocetti et al.，2012）。在人际适应方面，自我认同的承诺和良好的人际关系呈正相关（Berzonsky & Cieciuch，2016），清晰良好的自我认同可以正向预测友谊质量（Davis，2013），降低人际冲突的发生率（de Man et al.，2008），良好的自我认同还可以缓冲同伴压力对不良行为的影响（Dumas，Ellis，& Wolfe，2012）。在学业适应方面，自我认同影响个体的学业自我评价。研究发现，现在自我投入越多、对未来自我投入愿望越强的青少年更愿意对自己的学业状态有良好、积极的评价（俞瑞康，2004）。在生活适应方面，自我认同的承诺和积极的生命目标以及个人成长呈正相关（Berzonsky & Cieciuch，2016）。

青少年的亲社会行为、公民行为以及偏差行为是研究者关注的方面，也是青少年积极发展的重要问题。在亲社会行为和公民行为方面，自我认同的完成可以让青少年有更多的亲社会行为（Busch & Hofer，2011），不同认同风格的青少年在公民行为的卷入度上存在显著差异（Crocetti, Erentaitė, & Žukauskienė，2014），自我认同发展良好的青少年的社会责任意识更强（Crocetti, Jahromi, & Meeus，2012）。在偏差行为方面，在有偏差行为的青少年中自我认同完成的人数最少，自我认同延迟和扩散的人数最多（Klimstra et al.，2011），由此说明自我认同的顺利完成可以减少青少年的偏差行为。

二、自我认同对个体网络行为的影响

目前关于自我认同对个体网络心理与行为的影响主要体现在自我认同能降低网络成瘾的可能性上（Huang，2006；Israelashvili, Kim, & Bukobza，2012；Quinones & Kakabadse，2015；张馨月，邓林园，2015）。研究表明，那些不能很好解决认同危机的个体网络游戏成瘾和网络社交成瘾的可能性较大（Huang，2006），而那些自我认同完成较好的个体网络成瘾的可能性比自我认同完成不好的个体小（张国华，雷雳，2008）。自我概念清晰性也是降低青少年和大学生网络成瘾可能性的一个重要保护性因素。研究发现，自我概念清晰性和自我发展水平较高的青少年网络成瘾的可能性较小（Israelashvili et al.，2012）。有研究进一步发现自我概念清晰性对网络成瘾的抑制作用受到社会支持和文化背景的影响。研究发现，在美国文化背景下，对于低社会支持的个体，自我概念清晰性对网络成瘾有显著的抑制作用，而对于高社会支持的个体，自我概念清晰性对网络成瘾的抑制作用则是边缘显著的；在中东文化背景下，无论社会支持的水平是高是低，自我概念清晰性对网络成瘾的抑制作用都是边缘显著的（Quinones & Kakabadse，2015）。由此我们发现在个体主义文化背景下，自我概念清晰性对网络成瘾的抑制作用更为明显。自我认同除了对网络成瘾有直接影响外，还在亲子关系和同伴关系与青少年网络成瘾的关系中起中介作用(张国华，伍亚娜，雷雳，2009；张馨月，邓林园，2015)。张馨月和邓林园(2015)的研究发现，自我认同在父母冲突与青少年网络成瘾之间起中介作用，即较强的父母冲突会导致青少年的自我认同不良，进而增大青少年网络成瘾的可能性。张国华等人(2009)发现，同伴信任和同伴沟通会促进青少年自我认同的发展，进而降低网络成瘾的可能性。此外，还有研究发现自我认同调节即时通信和网络成瘾的关系，即在自我认同扩散的青少年群体中，即时通信正向预测网络成瘾；在自我认同完成的青少年群体中，即时通信对网络成瘾的预测作用不显著(雷雳，马利艳，2008)。新近的研究发现，相比于低水平自我认同的青少年，高水平自我认同的青少年学业适应与手机象征性功能使用呈显著负相关(Xie et al.，2019)。

除了网络成瘾外，少量研究发现自我认同与个体的网络社交、网络购物、网络游戏、网络审查行为也有密切的关系。在网络社交方面，自我概念清晰性水平低的青少年在社交媒体上有更多的理想自我呈现，这主要是由于社交网络提供给个体可以灵活地展示自我的空间，而不受线下真实自我的束缚。当个体不知道他人如何知觉他们自身时，一个保险的自我呈现选择就是在各种社交媒体上呈现受他人欢迎的自我特征(Fullwood，James，& Chen-Wilson，2016)。研究还发现，当个体有着较高的博客用户身份的认同度时，他们继续使用博客的意愿和行为水平均较高(Jiang et al.，2016)。在网络购物方面，研究表明，自我概念清晰性水平高的个体在网购时不愿意接受商店有关产品服务的推荐。这主要是由于自我概念清晰性水平高的个体往往有着较强的自主性和独立意识，会根据自己的所需合理购物(Lee，Lee，& Sanford，2010)。在网络游戏方面，研究者分析了女性玩家的性别认同和游戏动机之间的关系，发现无论是男子气还是女子气的性别认同，都对社会性动机有显著的预测作用。只不过，男子气并不影响社会性动机中的人际关系维度，而女子气对社会性动机中的人际关系、社会化和团队合作三个维度均有显著的预测作用。研究者认为男子气的社会性动机在群体水平上更为明显（Poels，De Cock，& Malliet，2012）。在网络审查行为方面，研究发现，高水平的自我认同由于对自由的追求程度较高，他们对网络审查显得更为敏感，并且更愿意通过寻求网络庇护来避免审查（Jin，2018）。

通过对前人研究的归纳，我们发现自我认同是个体健康使用网络的一个重要保护性因素。但是，从目前研究所涵盖的范围看，研究者需要进一步拓展和深化自我认同对个体网络使用影响的研究，在更广的范围内探索自我认同以及自我概念清晰性如何对多样化的网络行为产生影响。

拓展阅读

青少年自我认同的日变化特征

尽管自我认同是相对稳定的，但是青少年期心理巨变和发展不稳定的特征也会反映在自我认同的发展上。多数考察青少年自我认同发展的研究，都是在一个相当大的时间范围内分析青少年自我认同发展的整体趋势的。荷兰乌得勒支大学的研究者采用日志法考察了青少年自我认同发展的每日变化情况（Becht et al.，2016）。

这项研究追踪了5年，在每年的6月、9月、12月中各抽取1周的时间(连续5天)对青少年的自我认同进行短期连续追踪调查，共计75个测量天数。调查问卷采用的是简版乌得勒支自我认同问卷，问卷包括两个维度——认同承诺、认同反思，所涉及的自我认同领域包括教育领域的自我认同和人际领域的自我认同。

研究通过潜在类别增长曲线模型对青少年5年内自我认同的发展趋势进行分类。研究结果表明，无论在教育领域还是人际领域，自我认同整合组的青少年均呈现高水平且不断增长的认同承诺，稳定、低水平的认同反思，不断下降的认同波动。其中认同波动用每周测量的个人标准差表示。在自我认同危机组，无论是教育领域还是人际领域，均呈现不断下降的认同承诺和高水平的认同反思。在教育领域中的认同波动呈下降趋势，而在人际领域中的认同波动却相对稳定。

　　这一结果反映了在认同整合良好的青少年中，自我认同的发展是不断成熟的；但是在存在自我认同危机的青少年中，自我认同的发展存在更大的不稳定性。在存在自我认同危机的青少年中，教育领域认同波动性和人际领域认同波动性存在差异，这主要是由于人际领域比教育领域更为开放。因此，体现在人际领域的自我认同没有教育领域的自我认同发展稳定。从总体来看，该研究反映了青少年期个体的自我认同发展在日变化水平上并非固定的、稳定的。这项研究对深入理解青少年阶段的自我认同发展轨迹和趋势有着重要意义。

扫描拓展

多用微信，收获也多？

第三节　互联网背景下的自我认同

　　互联网作为"第三空间"时刻影响着人们的社会生活。在自我认同方面，青少年将网络看成自我发展的实验室，在网络空间中塑造"个性"。网络究竟对自我认同有何影响呢？本节将从互联网影响自我认同发展的理论依据、传统互联网对自我认同的影响以及移动互联网对自我认同的影响三个方面分析互联网对个体自我认同的影响。

一、互联网影响自我认同发展的理论依据

　　自我认同的发展情境观（Seaman，Sharp，& Coppens，2017）强

调研究自我认同的发展离不开对环境的考察，认为研究自我认同的发展要关注环境中哪些因素对认同发展起到推动作用、哪些因素对认同发展起到阻碍作用（发展情境）、个体自我认同的发展呈现何种趋势（发展时序）、在环境的影响下个体自我认同的哪些内容发生了变化（发展内容）。已有研究认为社会文化是影响自我认同发展的重要环境因素（Klimstra，Luyckx，& Meeus，2012），而互联网作为社会文化的载体，也影响着个体自我认同的形成与发展。研究者基于共同建构理论解释了互联网影响青少年自我认同发展的原因（Subrahmanyam，Šmahel，& Greenfield，2006）。正如前面所介绍的，共同建构理论的核心观点是青少年的在线生活和离线生活是密不可分、相互影响的。数字世界是青少年发展的重要场所，青少年也参与了数字世界的建构。青少年可以通过在线行为来解决线下生活中遇到的问题和挑战，如性的发展、自我认同、亲密感和人际关系等。此外，青少年在线世界和离线世界之间的联系不仅体现在发展主题方面，而且体现在青少年的行为、交往的对象和维持的关系等方面，甚至还包括问题行为（Subrahmanyam et al.，2009）。萨布拉玛妮安等人（2006）认为网络的匿名性可以很方便地让青少年隐藏有关身体、性别、年龄等方面的信息。青少年身体方面的信息往往与性和性别相关，这也是青少年在网络环境下进行人际沟通的重要话题。在网络媒体上，年龄、性别、地理位置是三个关键标识。社交网站的用户可以通过这三个标识对网站中的其他用户有一个初步了解。网络的匿名性给了青少年任意设置这些信息的机会。青少年可以根据喜好任意地在网络上设置网名、昵称，报告虚假年龄和性别等。青少年的这种行为可以被视为他们对自我认同建构的尝试与探索。

二、传统互联网对自我认同的影响

雷雳、陈猛（2005）基于生态系统理论论述了互联网对青少年自我认同建构的影响。他们认为互联网对青少年自我认同的影响主要体现在微观系统、中间系统和宏观系统三个层面。在实证研究方面，互联网对青少年自我认同发展的有利影响也得到了许多研究的支持（Bessière，Seay，& Kiesler，2007；Cyr，Berman，& Smith，2015；Jordán-Conde，Mennecke，& Townsend，2014；Leung，2011；Maghrabi，Oakley，& Nemati，2014；Stald，2008；Zhao，Grasmuck，& Martin，2008）。有研究者认为社交网站是一个塑造和展示自我认同的平台，人们在社交网站上既可以塑造和展示真实自我，也可以塑造和展示理想自我（Maghrabi，Oakley，& Nemati.，2014；Zhao，Grasmuck，& Martin，2008）。本部分参考雷雳、陈猛（2005）的理论结构，从生态系统理论的微观系统、中间系统和宏观系统三个方面分析互联网对青少年自我认同的影响。

(一)微观系统视角下的互联网效应

家庭、同伴、学校是青少年发展的重要微观系统环境。雷雳、陈猛（2005）认为网络给新型的亲子关系、代际关系的建立提供了契机，父母可以更平等地和孩子相处。网络的影响是双向的。研究表明，和家人一起玩视频游戏可以使家庭成员的关系变得更为紧密（Mitchell，1985），家人之间使用互联网也有利于提高家人之间的社会支持（Kraut et al.，2002）。在计算机使用技能方面，青少年的使用技能水平一般情况下高于父母，他们可以教父母如何使用计算机和互联网。这样有利于青少年需求的满足，并且有利于提高他们在家庭环境中的地位，但是也有可能颠覆传统意义上的亲子关系，容易让青少年蔑视成人权威，不利于他们的社会化发展（Subrahmanyam et al.，2000）。

同伴是青少年自我认同发展的重要影响因素。雷雳和陈猛（2005）认为互联网在同伴关系的维持和建立上起重要作用，主要体现在三个方面。

首先，网络的跨时空、身份可塑等特点可以让青少年不受地理位置、时间、家庭出身等的限制，结识更多的朋友，拓展社交圈。大量实证研究支持了这一观点，发现社交网站和即时通信的使用在青少年人际关系的建立和维持上发挥着重要作用，这些都有利于青少年自我认同的建构（Amichai-Hamburger，Kingsbury，＆ Schneider，2013；Donoso ＆ Ribbens，2010；Reich，Subrahmanyam，＆ Espinoza，2012；Shapiro ＆ Margolin，2014）。研究发现，社交网站不仅是一个展示自我认同发展的平台，而且是一个接收反馈并调整自我觉知的平台。青少年在社交网站上可以根据情况调整自我表露，以适应不同的听众（Shapiro ＆ Margolin，2014）。自我概念清晰性是个体清晰地了解自我的程度，是自我认同发展的一个方面。青少年与朋友的在线沟通可以提高友谊质量，并进一步提高自我概念清晰性（Davis，2013）。也有研究发现，青少年在社交网站上进行自我呈现后，如果获得更多来自同伴的积极反馈，则有利于促进自我认同的发展（刘庆奇，孙晓军，周宗奎，牛更枫，2015）。青少年在社交网站中的互动是一种自我认同的表达与探索（Chadwick ＆ Fullwood，2017）。

其次，互联网有助于个体的自我呈现，在社交中给彼此留下良好的印象（雷雳，陈猛，2005）。实证研究表明，青少年在社交网站上传照片，分享视频、音乐都是展示自我认同的表现（Pempek，Yermolayeva，＆ Calvert，2009）。也有研究发现，个体在网络游戏中建立虚拟的身份，是一种对理想自我的构建，是自我认同的在线实验，有利于心理健康（Bessière et al.，2007）。

最后，雷雳和陈猛（2005）认为网络中的友谊不是建立在外在的吸引上的，而是建立在相同的兴趣和爱好上的，有利于建立深入、长期、稳定的友谊关系。这种高质量的友谊对青少年自我认同的良好发展十分重要。一项元分析表明，个体的在线社交可以通过对线下人际关系的维持间接影响个体的社会资本（Liu，Ainsworth，＆ Baumeister，2016）。

在学校方面，互联网让许多新兴的教育理念、教育形式不断涌现，如慕课、微课、翻转课堂等，这些丰富了学校的教育教学手段，有效提高了教学质量。此外，互联网让学校与外部世界的接触更为密切，并影响青少年的校园人际关系，对青少年的身心发展有很大作用（雷雳，陈猛，2005）。一些实证研究发现网络学习对提高学生的学习动机、学习投入、学业表现发挥着一定的作用，同时网络学习的优势会让互联网的技术在校园更受欢迎，使用率更高（Abdullah & Ward，2016；Han & Shin，2016；Jeno，Grytnes，& Vandvik，2017；Lin，Zhang，& Zheng，2017；Nikou & Economides，2017）。学生良好的学业表现、高涨的学习热情对他们自我认同的建构、心理健康、社会性发展有着至关重要的影响。

（二）中间系统视角下的互联网效应

中间系统是微观系统中各个要素之间的互动，这一互动主要体现在人际交往上。雷雳和陈猛（2005）认为互联网对青少年人际关系发展的影响体现在三个方面：首先，互联网为青少年搭建了一个新型的人际交往空间，丰富了青少年的生活经历；其次，互联网为丰富青少年的人际交往手段提供了大量的技术支持；最后，互联网有利于人际关系的顺利建立，推动人际交往的深入发展。当然，互联网对青少年人际关系的影响也并不全是积极的，如取代理论和激励理论认为互联网对青少年人际关系的建立是存在双向影响的（Valkenburg & Peter，2007a）。在积极方面，青少年的在线沟通是提高人际关系质量、促进幸福感的重要途径（Valkenburg & Peter，2007b；2009）。研究者也指出，网络在个体自我认同的形成、自主性的获得和家庭外人际关系的建立上具有重要作用（Borca et al.，2015）。女性博主在使用博客时可以获得对自我的掌控感，这种掌控感对自我认同的表达和尝试有着重要作用（Gyberg & Lunde，2015）。有研究关注了虚拟社区对自我认同的影响，发现虚拟社区中的知识分享可以通过提高成员的自尊和社会联系增强个体对社区角色的认同（Cheng & Guo，2015）。在消极方面，有研究发现，通信技术（如短信息、电子邮件等）的使用时间与青少年的认同危机和人际关系问题以及适应不良呈显著正相关（Cyr，

Berman，& Smith，2015）。个体如果将互联网看成建构自我认同的重要场所，就会形成对互联网的过度依赖，有着较长的社交网站使用时间（Lee，Ho，& Lwin，2017），甚出现网络成瘾，这对个体自我认同的建构实际上是起负作用的（Ho，Lwin，& Lee，2017）。也有研究者认为，青少年玩家的角色扮演游戏行为固然有助于提升其线上的自我认同水平，但对于发展现实世界的自我认同并无太大意义。青少年线下自我认同的构建、认同危机的化解只能回归到现实生活去进行（巢乃鹏，2015）。

正如雷雳、陈猛（2005）所言，互联网的确对青少年的人际关系的建立和维持有着明显的促进作用，但从效价上看，互联网带来的影响究竟是积极的还是消极的，目前尚无定论。研究表明，媒体使用与幸福感的关系呈倒 U 形曲线，其中较少使用媒体对幸福感有积极作用，而过度使用媒体则有消极作用。但总体上积极作用大于消极作用（Przybylski & Weinstein，2017），而社交网站的过度使用容易造成青少年的自我认同混乱（Sharif & Khanekharab，2017）。基于这些研究，我们可以确定的是，在适度原则的基础上，青少年的互联网使用对其自我认同的探索与建构是存在积极效应的。

（三）宏观系统视角下的互联网效应

宏观系统指的是对青少年发展产生影响的价值观、意识形态、法律政策等。雷雳、陈猛（2005）认为互联网给传统社会文化带来了冲击。互联网给青少年带来了多元价值观和文化冲突，让青少年有了较多的自我认同困惑；但互联网也给青少年的自我认同实验提供了安全的外部环境，使青少年可以在互联网上任意尝试建构自我认同。此外，互联网也可以为青少年营造一个"私人空间"，在这个"私人空间"中青少年可以进行自我反思和探索，从而促进自我认同的建构。实证研究发现，个体的价值观和在线的自我认同、线下的自我认同相互影响，即价值观可以影响青少年在线的自我认同以及线下的自我认同，这两种自我认同又可以影响其价值观的形成与改变（Arıcak，Dündar，& Saldaña，2015）。目前在宏观系统的视角下，关于互联网如何影响青少年自我认同发展的实证研究十分少见。这表明该领域需要大量新兴研究的补充和完善。

三、移动互联网对自我认同的影响

上一部分我们介绍了互联网对个体，尤其是青少年自我认同发展和建构的影响。随着技术的革新，以智能手机为代表的移动互联网已经深入人们的社会生活，并对人们的社会生活产生深远影响。对于移动互联网对自我认同的影响，有研究指出，手机让个体更为自由，是青少年展现自我认同的新方式。青少年通过手机塑造了自己独特的新文化，这种文化有利于青少年自我认同的建立（Nurullah，2009；Stald，2008）。移动信息技术的使用给了青少年更多的控制和管理他们身份的权力（Leung，2011），让他们获得更多的自主。从具体的手机使用来看，尽管直接的实证研究不多，但是大量的相关研究发现手机使用对青少年的自我认同是存在影响的。

在理论层面上，手机使用与自我认同的概念和内涵有着密切联系和一致性。在自我认同的概念上，研究者（Pittman et al.，2012）认为认同包含动力、能力、信念、自主性等。从这一概念出发，我们认为手机实用性功能的感知与自我认同具有密切的关系。从能力的角度看，已有研究发现个人生活的协调安排、紧急状况下的自助（Vanden Abeele，2016；Wang，2014）、人际关系的维持与促进（Lee，2013），以及手机中的非同步性沟通有利于提高青少年的社交自我效能感（Bakke，2010）。此外，青少年要想获得手机使用的资格需要有一定的责任意识（Blair & Fletcher，2011）。在自主性方面，研究发现手机使用可以降低家长的权威性（Blair & Fletcher，2011）、帮助青少年摆脱家长的控制（Ling，2007）。韦瑟等人（Wirth et al.，2008）界定的手机实用性功能中包括管理个人生活，手机的象征性功能中包含自我认同的内容。由此我们认为，尽管很少有实证研究直接点明手机的功能与自我认同的关系，但是从自我认同概念的内涵上看，手机对青少年的影响实际上与自我认同概念所包含的内容相吻合。因此，手机功能感知与青少年的自我认同在内涵上具有内生性。

上网是智能手机必备的实用性功能。青少年可以通过手机非常方便地接入互联网，登录社交网站或进行即时聊天。网络在个体自我认同的形成、自主性的获得上具有重要作用（Borca et al.，2015）。研究发现网络通信技术为青少年提供了一个安全的自我认同体验和尝试的空间，并成为青少年体验和尝试自我认同的重要场所（Best，Manktelow，& Taylor，2014）。此外，社交网站是塑造和展示自我认同的平台，青少年可以通过留言、贴照片、分享音乐等方式展示自我（Pempek，Yermolayeva，& Calvert，2009）。在这个平台上，个体既可以塑造和展示真实自我，也可以塑造和展示虚拟自我（Zhao，Grasmuck，& Martin，2008）。社交网站中的自我呈现有利于促进青少年自我认同的发展（刘庆奇等，2015）。青少年在网络上的自我呈现可以被看成对跨情境的自我认同整合的尝试。

也有研究认为手机功能可能不利于自我认同的积极发展，如青少年长时间地使用移动媒体会引发认同危机，这主要是由于习惯媒体沟通后，对面对面沟通不适应，因此引发现实生活中的认同危机（Cyr，Berman，& Smith，2015）。对于手机的象征性功能，媒体偏差理论（Roe，1995）认为不良的媒体使用会削弱青少年的自尊，不利于青少年的自我发展。青少年期的假想观众会让青少年更多地关注周围人对自己的看法（Rubin，Bukowski，& Parker，2006）。因此，青少年可能会有较多的炫耀和攀比行为，这种行为会被教师和家长看成不良的媒体使用行为，与学业表现呈负相关（Vanden Abeele & Roe，2013）。基于这种分析，我们推测手机会使青少年有较多的不良使用，不利于青少年自我认同的发展。

研究发现，青少年将手机看成自己身体的一部分（Stald，2008），并且利用手机可以有效地管理日常生活（Wirth et al.，2008）。手机的随身性特点有利于青少年随时了解各种信息。研究发现，女性的自我认同与他人对自己外貌的评价有关系（Wängqvist & Frisén，2013），女性通过手机可以很方便地了解各种时尚信息，并对自己的着装打扮做出调整以更符合同伴群体的规范，从而获得更多来自同伴的积极评价。结合上述研究实例和网络的跨时空特点，我们认为青少年的手机使用与自我认同方面的整合存在关联。

彼得曼等人（Pittman et al.，2011）认为自我认同是个体与社会互动的结果。手机可以促进个体的社会流动性和沟通准备性，与好友的交流可以促进自我认同的发展（Stald，2008）。在网络沟通方面，社交网站中的自我表露是一种自我认同呈现的方式（Jordán-Conde，Mennecke，& Townsend，2014），与同伴的网络沟通有利于青少年自我概念清晰性的发展（Davis，2013）。从同伴群体的角度看，手机为青少年提供了一种传递青年文化的渠道（Vanden Abeele，2015），拥有和使用手机可以让青少年获得归属感（Walsh et al.，2009），有利于促进青少年自我认同的发展（Stald，2008）。从更宏观的角度看，研究发现，少数民族（佤族）青少年使用移动互联网有利于提高他们对本民族的认同感（Liu，2015）。由此可见，手机对青少年自我认同的整合具有重要意义。

此外，有研究者指出拥有手机可以被看成现代青少年的一种成人礼（Rosell et al.，2007），拥有手机象征着青少年身心发展的成熟。自我认同的发展是青少年阶段发展的核心任务，自我认同的获得和积极发展是青少年成熟的标志和重要内容（Klimstra et al.，2010），如较多的社会参与和较强的社会责任感（Crocetti et al.，2012）、明确的生活目标、高水平的自我接纳（Berzonsky & Cieciuch，2016）。因此从这一点上看，青少年拥有和使用手机，以及手机对青少年的意义与青少年的自我认同存在关联。

在实用性功能方面，鉴于性别认同是自我认同的一个方面，有研究发现使用手机有利于促进青少年的性别认同和自我认同的形成

（Bond，2011；Borca et al.，2015）。手机可以增强青少年对社会联系的感知（Gardner & Davis，2014）。在象征性功能方面，博斯特（Best，2011）从社会学的视角分析了象征意义和青少年自我认同的关系，并认为一些具有象征意义的物品，如手表、衣服等对青少年文化的形成具有重要作用。谢笑春等人发现青少年对手机象征性功能的追求会降低他们的生活满意度（Xie et al.，2016）。谢笑春（2017）发现青少年对手机实用性和象征性两类功能的感知会影响其自我认同的形成。其中，对手机实用性功能的感知有利于青少年自我认同的建立与完善，但对手机象征性功能的感知会削弱青少年的自我认同。

综上，无论是传统的互联网还是新兴的移动互联网都会影响个体自我认同的发展。互联网对自我认同的影响是复杂的、多方面的。已有的理论和实证研究尽管发现了网络对自我认同的作用，但是对这种关系的论述尚不充分，因此未来研究还需要对此问题进行深入探讨。

扫描拓展

父母接纳，暴力减少

第四章　互联网与自我评价

开脑思考

1. 网络时代中的自尊有着怎样的表现？

2. 高自尊水平的人都会有积极的网络使用行为吗？

3. 自我效能感水平高的人都会有积极的网络使用行为吗？

关键术语

自尊，自我效能感

第一节　自尊与自我效能感概述

自尊是一个古老而又相对年轻的概念。我国古代典籍中对自尊就有相关的描述，如"重厚自尊，谓之长者"（《韩非子·诡使》）。自我效能感是人们对自己能否胜任某事的信心。随着科学心理学的兴起，西方心理学家从不同的视角对自尊和自我效能感进行了阐释。

一、自尊的概念与作用

（一）自尊的概念

詹姆斯（William James，1980）在《心理学原理》一书中首次采用了自尊这一概念（蔡华俭，2002）。他认为自尊是反映个体自我感受的指标，会受到个体对自身的预期及个体实际情况的影响。詹姆斯指出个体所取得的成功与自身的抱负水平的比值反映了个体的自尊水平。自尊具有情感性、能力指向性以及动态性的特点。情感性是指自尊反映了个体对自身所持有的情绪和感受；能力指向性是指自尊会受到个体能力及活动效果的影响；动态性是指个体的自尊水平不是一成不变的，而是随着个体抱负水平和自我成就的变化而变化的。心理学家怀特在其著作中对自尊进行了相应的阐述（White，1963）。他认为个体的自尊水平取决于个体的自我效能感，而非其他外在因素，如他人的努力或环境所赋予的条件。他指出自尊与个体的发展密切相关，自尊水平会随着个体的发展而变化，且自尊水平与自我效能感的关系会越来越密切。库珀史密斯通过控制性观察法对影响自尊的因素进行了研究（陈英和，2013）。他的研究发现自尊会受到自我认可或不认可的态度的影响，即自尊水平的高低取决于个体在自我能力、自我价值、自我重要性以及成功与否等方面所持有的态度和信念。因此，他指出自尊不仅是个体对自身多方面的评价，而且是个体对自己所持有的看法。它反映了个体对自我价值的主观判断和心理感受。

目前，学术研究领域常采用的是罗森伯格从社会学的视角提出的自尊的概念，即自尊是个体在整体上对自己所持有的积极或消极的态度和评价，是个体在与重要他人进行社会互动的过程中逐渐形成的，反映了自我概念的积极性水平（Rosenberg et al.，1995）。罗森伯格认为自尊与个体的价值感有关，高自尊水平的个体往往有良好的自我心理感受，即认为自己是一个有价值的人。在此基础上，罗森伯格编制了自尊量表，为心理学及社会学研究领域对自尊的量化研究奠定了基础。

随着研究的不断深入，研究者从范畴和可变动性的视角对自尊进行了划分，即整体自尊、特殊自尊、特质自尊和状态自尊（杨国枢，陆洛，2009）。整体自尊是指个体在整合个人对自身各方面的评价和感受后所产生的整体性的自我态度和评价。特殊自尊是指个体对自身的某个方面所持有的特定的评价，如身体自尊。特质自尊是指个体在发展过程中形成的对自身相对稳定的态度和评价，是一种人格向度。状态自尊是指个体在特定的情境下，对自我所持有的评价和感受，是一种暂时的心理表现，是特定的情境（如成功、失败）所引起的个体对自我的认知和感受的波动。

根据个体对自尊的意识程度，研究者将自尊分为外显自尊（explicit self-esteem）和内隐自尊（implicit self-esteem）（石伟，黄希庭，2003）。外显自尊是指个体能够完全意识到的自尊的层面，即通过自我报告法所测得的自尊。然而，在实际研究中，自我报告法存在诸多缺陷。首先，采用自我报告法测量自尊会受到社会称许性的影响，使得研究者不能获得个体对自身的真实态度和评价。其次，自我报告法所获得的数据均来自被试的意识，对被试意识不到的成分无法准确测量。因此，为了弥补自我报告法的不足，研究者采用内隐联想测验对个体无法意识到或没有意识到的自尊（内隐自尊）进行测量。

（二）自尊的作用

作为自我概念的重要组成部分，自尊对个体心理社会适应的影响存在于个体心理的方方面面。因此，进化心理学认为自尊是人类在进化过程中，为了解决所面对的各种问题而逐渐形成的心理适应机制（自尊的心理机制），对个体的成长、发展以及人类的繁衍生存均具有重要意义。它不仅能够直接影响个体的情绪及心理健康，而且能够间接影响个体的动机、认知和评价过程、社交行为等。

自尊会影响个体的情绪及心理健康。作为自我概念的重要组成部分，自尊不仅反映了个体对自我的认知评价，而且在一定程度上反映了个体对自身所持有的情绪感受。因此，自尊会对个体的情绪及心理健康产生重要影响。以往的研究发现自尊不仅能够正向预测个体的生活满意度和主观幸福感（Kong & You，2013；邓林园，马博辉，武永新，2015），而且能够负向预测个体的消极情绪（李志勇，吴明证，2013；连帅磊等，2016）。抑郁的易感因素模型认为低水平的自尊是诱发个体情绪低落、意志减退、无意义感等抑郁症状的关键因素（Orth et al.，2016）。此外，研究发现自尊会影响个体的注意偏向，并对个体的心理健康产生影响（李海江等，2012）。遭遇失败后，低自尊水平的个体更加关注负面结果，并因此责备自己，低估自己的能力，而高自尊的个体更容易采取防御性策略，对负面结果进行外部归因。与高自尊水平的个体相比，低自尊水平的个体更容易在经历挫折后采取消极的应对策略，并产生焦虑、抑郁等适应不良的负性情绪。

自尊具有一定的动机功能。自尊反映了个体获得他人的接纳及归属感、避免社会排斥的需要，这种需要会激发个体采取亲社会行为以维持良好的人际关系。社会计量器理论认为自尊是反映个体人际关系质量的计量器，时刻监控着个体与他人的人际关系质量，并激发个体做出有利于关系发展的适应性行为以维持被他人接纳的状态(Leary et al.，1995；张林，李元元，2009)。自尊的进化心理学理论指出自尊是一个唤醒系统。在个体感受到痛苦或感知到威胁时，自尊会激发个体做出相应的防御性行为以达到自我保护的目的。例如，研究发现，高水平自尊更容易激发个体自我提升的动机，高自尊水平的个体更倾向于关注那些给予他们负性评价或拒绝他们的人，并倾向于与拒绝他们的人进行沟通交流，缓解个体与他人的关系；低水平自尊更容易激发个体自我保护的动机，低自尊水平的个体倾向于避免冒险行为，从而避免个体的自我价值受损(Gaertner，Sedikides，& Cai，2012；Hepper，Sedikides，& Cai，2013)。

自尊能够调节个体对他人及外界事物的认知和评价过程(张林，李元元，2009)。例如，研究发现，低自尊水平的个体更容易将线上社交当作线下社交的替代品，花费在社交网站上的时间也更长(Kalpidou，2011)，甚至达到成瘾状态。高自尊水平的个体更容易将社交网站看作自我扩张的工具，因此使用社交网站有助于高自尊水平的个体扩大交友圈，开阔视野(Lee，Lee，& Kwon，2011)。此外，高自尊水平的个体有积极的"自我—他人"态度，更容易感知到他人的社会支持；低自尊水平的个体更容易产生消极的"自我—他人"态度，忽视他人的支持性回应(张林，李元元，2009)。实证研究也表明高自尊水平的个体更容易在社交网站使用过程中感知到线上社会资本(周宗奎等，2017）。

自尊会影响个体的社交行为。首先，自尊会影响个体的社交意愿（张林，李元元，2009）。在社会交往中，高自尊水平的个体倾向于认为自己是受他人重视的，并因此认为社交活动是有价值的，而低自尊水平的个体往往会怀疑他人对自己的态度和评价，怀疑自身的社交价值。个体对社交价值的认知判断直接影响个体的社交意愿。高自尊水平的个体有更强的社交意愿，而低自尊水平的个体容易产生社交回避。实证研究发现，当人际关系受到威胁时，低自尊水平的个体更容易采取谨慎的自我保护策略，回避社交（Ewamela et al.，2016）。其次，自尊会影响个体的社交决策（张林，李元元，2009）。研究者认为由于高自尊水平的个体更容易获得他人的积极反馈和评价，因此，他们对他人的消极评价会更加敏感；由于低自尊水平的个体较少获得他人的积极反馈或评价，因此，他们对他人的积极评价会更加敏感。与高自尊水平的个体相比，低自尊水平的个体在社会交往中更容易欺负或攻击他人（倪凤琨，2005）。

二、自尊的影响因素

自尊会受到个体因素和环境因素的影响。

从个体因素来看，自尊会受到能力、外貌、年龄、归因方式和情绪体验等因素的影响。能力是个体自我评价的重要方面，个体会把自己对自身能力的评价纳入自我概念，因此能力的高低直接影响个体对自我的态度和评价。实证研究表明学业能力、学业成绩与自尊存在显著的正相关关系（魏运华，1998），即个体的学业能力越强，所取得的学业成绩就越高，个体的自尊水平也会越高。个体对自身体形、外貌的满意度也会对个体的自我概念产生重要影响。对自身体形、外貌满意的个体往往会形成积极的自我体像认识，即高体像自尊，并因此形成积极的自我评价（彭先桃，陈颖娇，朱晓伟，2017）。从自尊毕生发展的视角来看，自尊会随着个体年龄的增长而发生变化。以往研究认为个体的自尊在小学阶段是相对稳定的，而中学生的自尊呈明显下降的趋势（张永欣等，2010）。此外，个体的归因方式和情绪体验也会影响个体的自尊。研究表明将挫折和失败外归因有助于缓解个体的消极情绪，进而对个体的自尊起保护作用，而将挫折和失败内归因则会诱发个体的消极情绪，降低个体的自尊水平（刘志军，刘旭，李维，2016）。实证研究也表明焦虑、孤独等消极情绪能够负向预测自尊（刘亚，2012）。

从环境因素来看，自尊会受到如家庭环境、同伴关系等因素的影响。家庭是影响个体成长和心理发展的重要环境变量，对自尊的形成和发展具有重要影响。其中家庭教养方式、亲子依恋、亲子关系对自尊的影响受到了诸多研究的关注。父母的情感温暖及支持性回应对个体的自尊有显著的正向预测作用，而父母的过度控制或放纵对个体的自尊有显著的负向预测作用（Zakeri & Karimpour，2011）。亲子依恋对自尊的影响主要通过内部工作模式中的自我成分起作用。良好的亲子依恋有助于个体形成积极的自我成分，即认为自己是有价值的，值得被爱的，并因此形成积极的自我评价；不良的亲子依恋则会使个体产生消极的自我评价，如自己是不值得被爱的、没有价值的（王争艳，杨叶，汪斌，2006）。在社会交往中，他人对自我的态度、评价以及个体的人际关系质量都会对个体的自尊产生直接影响（张林，曹华英，2011）。良好的人际关系有助于个体获得他人的积极反馈和支持性回应，并因此提升个体的自尊水平（连帅磊等，2016）。

三、自我效能感的概念与作用

与自尊相同，自我效能感也是个体自我概念中的重要组成部分，不同点在于，自尊是个体对自身"做人"的自我评价，而自我效能感是个体对自身"做事"的自我评价（陈建文，王滔，2007）。自我效能感由班杜拉首次提出。班杜拉认为个体行为的动力不仅受到过往类似行为结果的强化，而且受到个体对达到某种行为结果的心理预期的影响。这种心理预期被称为自我效能感，也被称为一般自我效能感（Brown，1984）。随后根据研究领域的不同，研究者将自我效能感划分为学业自我效能感、管理自我效能感、职业决策自我效能感、情绪调节自我效能感以及社交自我效能感等。学业自我效能感是指自我效能感在学习领域中的具体体现，是个体对自身学习能力的信心和信念（白学军，刘旭，刘志军，2013）。管理自我效能感是指管理者对自己能否利用所拥有的技能与能力去完成管理工作任务的自信程度的评价（陆昌勤，凌文辁，方俐洛，2004）。职业决策自我效能感是指个体对自身能够达到职业生涯结果的能力的信念（曲可佳，鞠瑞华，张清清，2015）。情绪调节自我效能感是指个体对自己能够有效调节自身情绪状态的一种自信程度。它在结构上包括两大类：管理消极情绪的自我效能感和表达积极情绪的自我效能感（王玉龙等，2016）。社交自我效能感是指个体对自己在社会交往中获得和维持人际关系能力的信念，特别是被同龄群体接纳和认可的信念（Connolly，1989；顾佳旎，孟慧，范津砚，2014）。

自我效能感不仅会影响个体的行为，而且会影响个体的情绪及心理健康。自我效能感对个体行为的影响主要体现在自我调节的三个环节上，即目标选择环节、活动准备环节和控制环路环节（陈建文，王滔，2007）。首先，自我效能感会影响个体的目标选择。自我效能感水平较高的个体倾向于选择具有挑战性的目标，而自我效能感水平较低的个体倾向于选择一般目标。其次，自我效能感会影响个体的活动准备。活动准备阶段主要包括收集信息、心理预演、动作练习等。与自我效能感水平较低的个体相比，自我效能感水平较高的个体更加相信自己能够取得成功，会更加积极地收集完成目标所需要的信息，并不断进行心理预演和动作练习，为取得成功做准备。最后，自我效能感会影响个体的控制环路。在目标行为实施过程中，个体会不断将阶

段目标的完成情况与终极目标进行比较，并对下一步的行为计划进行
调整。当阶段性成果与终极目标存在较大差异时，自我效能感水平较
高的个体会对完成目标持积极的态度和预期。因此，他们会通过进一
步的努力，改变行为策略，最终实现目标。而自我效能感水平较低的
个体在目标行为实施过程中遇到困难或挫折时，会产生消极的结果预
期，并因此放弃进一步的努力。自我效能感也是个体情绪及心理健康
的重要影响因素。自我效能感对主观幸福感具有正向的预测作用。研
究认为自我效能感会影响个体处理人际纠纷的信念，并因此对建立良
好的人际关系持积极的预期，维持积极的自我概念和情绪体验，提升
个体的主观幸福感(Caprara et al.，2006)。自我效能感有助于缓解个
体的抑郁水平，影响个体处理消极情绪的信念。自我效能感水平较高
的人能够采用合理的方式表达、宣泄消极情绪，这有助于降低消极情
绪进一步导致抑郁的可能性(Bandura，2003)。此外，自我效能感会
影响个体的压力应对模式，进而对个体的情绪及心理健康产生影响。
面对压力，自我效能感水平较低的个体倾向于采取否认、逃避等消极
的应对策略，这会对其心理健康产生消极影响；而自我效能感水平较
高的个体倾向于正确面对压力，并采取有效的压力应对策略，消除压
力对个体心理健康的不良影响(张韫黎，陆昌勤，2009)。

四、自我效能感的影响因素

班杜拉认为自我效能感是个体在社会交往和实践活动中逐渐形成
的，不仅受直接经验、替代经验的影响，而且受他人的言语劝说及个
体情绪和生理状态的影响(Evans，1989)。

直接经验会影响个体的自我效能感。成功的经验有助于个体形成
对自身能力和效能的积极信念，而失败的经验则会诱发个体对自身能
力及效能的怀疑，因此削弱个体的自我效能感(Bandura，1995)。

替代经验会影响个体对自身能力及效能的认知判断。在无法根据

经验对自身的能力及效能进行评价时,个体往往会以他人的行为及经验为参照,通过类比完成个体对自身能力及效能的评价。他人的成功经验不仅会降低个体对任务难度的评估,而且会提升个体的自我效能感水平。他人的失败经验会使个体高估任务难度,诱发个体的畏难情绪,并使个体因此形成消极的自我效能信念(Bandura,1995)。

他人的言语劝说是影响自我效能感的重要因素。在直接经验和间接经验均缺乏时,他人尤其是重要他人对任务的介绍,对个体的鼓励、期望、信任以及劝说能够为个体自我效能感的形成提供必要的信息。实证研究表明他人的社会支持对自我效能感有显著的正向预测作用(Bandura,1995)。

扫描拓展

痴迷网游,可还有救?

自我效能感也受个体情绪和生理状态的影响。研究表明积极情绪有助于提升个体的自我效能感水平,消极情绪会降低个体的自我效能感水平(李彩娜等,2013)。

第二节 互联网与自尊的关系

随着手机等移动互联网终端的普及,互联网已经成为人类生活的重要组成部分(周宗奎,刘勤学,2016)。它不仅为人们获取新闻资讯、理财、消费、出行提供了便利,而且改变了人们的社会交往、娱乐、工作的方式和习惯(Gökçearslan et al.,2016)。因此,互联网对个体心理的影响逐渐成为相关领域研究者关注的焦点。研究发现互联网不仅与个体的认知(张微,周兵平,臧玲,莫书亮,2015)、情绪情感(连帅磊等,2017)、自我控制(孙晓军,童媛添,范翠英,2017)、自我概念(Greitemeyer,2016;Vogel et al.,2014)密切相关,而且与自尊存在复杂的关系。互联网对自尊的作用及其心理机制是复杂的。

一、互联网在自尊形成与发展中的作用

(一)网络使用类型与自尊

随着有关网络使用与个体心理之间关系的研究不断增多，研究者发现以往研究中网络使用对个体心理的影响结果并不一致。因此，研究者尝试从网络使用类型、网络使用过程中的体验、个体的人格特质以及性别差异的视角对以往研究结果不一致的原因进行探讨。其中，网络使用类型对个体心理的影响被视为导致以往研究结果不一致的重要原因。随着社交网站的普及，研究者将网络使用行为分为主动性网络使用和被动性网络使用。主动性网络使用是指能够促进沟通交流的行为，如状态更新或留言评论以及在线人际互动等（Frison & Eggermont，2016），主要包括网络自我表露、自我呈现、在线交流等；被动性网络使用是指缺乏沟通交流的信息浏览行为，如浏览动态信息汇总以及他人状态更新等（Verduyn et al.，2015），主要包括以下网络使用行为：网络潜水、信息消化、人际监视、脸书监视、被动关注等。

不同的网络使用类型对自尊的影响不同。主动性网络使用会对个体的自我评价产生积极影响。

首先，主动性网络使用能够满足个体自我展示的需要，进而对个体的自我评价产生积极影响（姚琦等，2014）。网络为个体的自我展示及表露创造了理想平台。主动性网络使用本质上是个体通过主动发起公开或私人聊天，发布照片、图片、日志，更新状态等方式进行自我展示或自我表露的过程。这不仅有助于个体在一对一的人际互动中表达自己的情绪和感受，而且有助于个体在一对多的社交平台上表达自己对某一生活事件或新闻事件的态度和价值观，进而满足个体自我展示的需要（Bergman et al.，2011）。实证研究表明，个体在网络中的自我展示能够正向预测个体的自尊水平（牛更枫等，2015a）。

其次，主动性网络使用不仅有利于个体获得他人的积极反馈，而且有利于降低人际交往的不确定性，这对于个体友谊质量的提升、归属需要的满足均具有积极意义（Dicksteinfischer，2012；连帅磊等，2017）。良好的人际关系以及归属需要的满足会提高社会支持资源的易得性，使个体感知到他人的社会支持，进而提高自尊水平。由于网络信息发布的可编辑或修饰性，个体可以通过对所发布的信息进行修饰美化，或有选择性地发布与自身有关的积极信息，以塑造完美的自我形象，提升受欢迎度（Zywica & Danowski，2008）。实证研究表明，受欢迎度的提升有利于个体建构心理资源并形成积极的自我评价（Greitemeyer，2016）。因此，主动性网络使用能够在自尊形成及发展的过程中起促进作用。

被动性网络使用会对个体的自我评价产生消极影响。

首先，被动性网络使用会诱发个体的消极情绪，进而降低个体的自尊水平。研究表明，被动性网络使用会削弱社会资本，增强孤独感（Burke et al.，2010），抑制个体的积极情绪体验，导致个体产生更多的消极情绪，引起嫉妒（Verduyn et al.，2015）。根据积极情绪的扩展建构理论（Fredrickson，2001），积极情绪有利于个体建构心理资源并形成积极的自我评价，消极情绪则会对个体自我价值的建构产生消极影响。因此，被动性网络使用不利于个体维持自尊水平。

其次，被动性网络使用会诱发个体与他人的上行社会比较，使个体的自我价值受损。由于网络具有视觉线索缺失、去抑制化等特点，基于网络的自我呈现存在积极偏差，即个体倾向于在网络中选择性地呈现与自身相关的积极信息，而忽略消极信息（Reinecke & Trepte，2014）。面对他人所呈现的积极信息，个体往往会用自己的真实情况与其比较，即上行社会比较。有研究也证实被动性网络使用能够提高个体上行社会比较的频率（Lee，2014；刘庆奇等，2017）。上行社会比较是导致个体自我价值受损、自尊水平下降的关键因素（邢淑芬，俞国良，2005；2006）。因此，被动性网络使用会损害个体的自尊。

再次，被动性网络使用会诱发个体的非适应性思维方式，使个体长期沉浸在挫败感等消极的情绪中无法自拔，进而对其自我评价产生消极影响。研究表明，被动性网络使用所诱发的上行社会比较及其不良后果会引发个体对自身状态的冗思（Feinstein et al.，2013；Shaw et al.，2015）。这不仅会放大上行社会比较的负面影响，而且会阻碍个体采取积极有效的应对措施处理上行社会比较的不良后果，使个体长期体验挫败感，并因此降低个体的自尊水平。

最后，被动性网络使用会诱发信息技术负载、社交负载等认知负载，导致个体的心理资源"透支"，使个体产生受挫、紧张等体验（Maier et al.，2012），并降低个体的自我评价水平（陈春宇等，2018）。

(二)网络社交与自尊

1. 网络社交对自尊的积极影响

网络社交的功能对自尊有积极影响。从网络社交的功能来看，个体可以通过选择交往对象、组织语言信息、控制自我表露等方式进行有效的印象管理（Qiu，2012），并对网络社交过程进行有效的控制。这些行为有助于提高个体对网络社交环境的控制感（Reinecke & Trepte，2014），进而提高个体的自尊水平（Valkenburg & Peter，2011）。在网络社交过程中个体对社交环境的控制主要体现在三个方面，即个人资料的设置、网络社交对象的选择、网络社交过程的控制。

个体可以对个人资料进行设置，如性别、年龄、性格、职业等，进而打造一个特定的网络自我形象（Young & Quan-Haase，2013）。这一网络自我形象可以与线下自我形象保持一致，也可以与线下自我形象不同，如理想自我、可能自我（Seidman，2012；2014）。个体可以通过对网络自我形象的打造进行高效的网络自我印象管理，以获得更多的社会支持，进而对自尊产生积极影响（Gonzales，2014）。此外，在线上选择性地自我表露也有助于提高个体的自尊水平（Gonzales & Hancock，2011）。

　　个体通过选择网络社交对象，可以提高个体对网络交往情境的控制感，进而提高个体的自尊水平。个体可以根据他人在网络社交平台上提供的个人信息，如兴趣爱好、职业、特长以及个性签名等，对网络社交对象进行初步选择（Young & Quan-Haase，2013）。个体不仅可以选择与自己志趣相投的网络社交对象以建立持久而稳定的人际关系（Abdulhamid et al.，2011），而且可以根据自己的需要选择特定的网络社交对象以获得高效的社会支持（Oh，Ozkaya，& LaRose，2014；Wu，Chuang，& Hsu，2014）。例如，个体可以选择具有专业特长的网络社交对象为自己提供相应的专业知识与技能帮助（Lawlor & Kirakowski，2014），提高个体在网络社交中的自我效能感。当网络社交出现不愉快时，个体还可以选择消极应对，如延迟回复信息、以简单的词汇敷衍对方，甚至拒绝回复信息、将其列入黑名单、屏蔽特定对象的状态更新（Peña & Brody，2014)等，结束网络社交关系（Tosun，2012）。这些功能能够从多个角度提升个体对网络交往过程的控制感，进而对个体自尊的健康发展起到促进作用（Gonzales & Hancock，2011）。

　　个体对网络社交的过程进行有效的控制（Li，Shi，& Dang，2014；Reinecke & Trepte，2014），以及有策略性地进行互动（Youssef & Youssef，2011），有助于建立良好的人际关系，获得积极的社交情绪，进而促进其自尊的发展。就网络社交方式而言，个体可以对网络社交的工具进行选择（Sprecher，2014），如即时通信等"一对一"的私人交流、"一对多"的网络聊天室以及社交网站等开放社交平台。由于网络社交的异步性，个体还可以对网络社交的节奏进行控制，可以选择即时回复、延迟回复，这有助于提升个体处理人际纠纷的能力，进而提升个体的自我评价水平。就网络社交内容而言，个体可以有目的性地发起网络交流话题（Liu & Brown，2014），也可以对网络交流的话题进行选择性的回复（Forest & Wood，2012），即对网络沟通的内容深度、广度进行有效的控制，这有助于个体对自我形象进行积极的建构，进而提升个体的自我评价水平。

对网络社交环境的有效控制，能够使自尊水平较低的个体避免体验在线下社交环境中所体验到的消极情绪，如羞怯、紧张、评价焦虑、沮丧等。与他人建立良好的人际关系可以弥补线下社交过程中社交技能的不足，提高个体对社交环境的控制感，进而提高个体的自尊水平。自尊水平较高的个体能够通过提高其对社交环境的控制感提高自尊水平。

人际关系质量对个体的自尊有着直接影响，良好的人际关系有利于个体自尊水平的提高(Blackhart et al.，2009)。网络社交增加了个体与他人建立并维持人际关系的可能性(Song et al.，2014)，对建立新的人际关系、维持现有人际关系有不可替代的作用(Apaolaza et al.，2013)。个体可以利用网络社交平台维持较高质量的人际关系(Hollenbaugh & Ferris，2014)，满足社交需要(Apaolaza et al.，2013)，进而对自尊产生积极影响(Gonzales，2014)。网络社交通过社会资本和社交控制感对个体的自尊产生积极影响。

根据人际关系的强弱，社会资本理论将人际关系分为强联系(如亲人、恋人和非常亲密的朋友等)和弱联系(如同伴关系、师生关系、朋友的朋友等)，并将两种关系带给个体的社会支持分为黏接型社会资本和桥接型社会资本(Granovetter，1983)。网络社交能够促使这两类社会资本的增加(Lee，Kim，& Ahn，2014)，进而对个体的自尊产生积极影响。网络社交中的"强联系"对自尊的影响主要体现在亲子关系方面，主要通过增加个体的黏接型社会资本(Liu & Brown，2014)，即为个体提供良好的情感支持，进而对个体的自尊产生积极影响。有研究(Coyne et al.，2014)对亲子网络社交、亲子联系及其与青少年日常行为之间的关系进行了初步探讨。结果显示，亲子网络社交能够加强亲子之间的联系，提高孩子对亲子之间联系的感知水平，提高父母对孩子网络社交行为监控的有效性，进而增加孩子的亲社会行为，促进家庭关系的健康发展，提高家庭关系的质量，促进良好的家庭社会支持系统的形成。我国学者通过对 2208 名高中生的调查发现，家庭关系质量与个体自尊水平之间存在显著的正相关（蚁璇瑶，凌宇，2013），因此，亲子网络社交能够通过提高家庭关系质量对个体的自尊产生积极影响（Teclehaimanot & Hickman，2011）。

通过网络社交媒介与陌生人建立弱联系是网络社交的一大特点。网络社交平台中的"弱联系"能够为个体提供方便、快捷的社会信息支持，增加桥接型社会资本（Liu & Brown，2014），进而对个体的自尊产生积极影响。首先，由于网络社交不受时空条件的限制，个体不仅可以通过网络社交与陌生人建立新的人际关系，而且可以通过网络社交与异地朋友维持稳定而持久的同伴关系（Tosun，2012）。良好的同伴关系对维护并提高个体的自尊水平具有促进作用（Birkeland，Breivik，& Wold，2014）。其次，研究发现师生之间通过社交网站进行人际互动，有助于增进师生之间的相互了解，提高师生关系的质量，创造良好的学习氛围（Schwartz，Lowe，& Rhodes，2012；蚁璇瑶，凌宇，2013）。有研究表明师生之间辅导与被辅导的关系能够提高学生的自尊水平（Teclehaimanot & Hickman，2011）。由此可见，师生之间的网络社交能够提高师生关系质量，进而促进个体自尊水平的提高。

2. 网络社交对自尊的消极影响

网络社交能够提高个体对社交活动的控制感，增强个体的社会支持，进而提高个体的自尊水平，但网络社交对自尊的消极影响同样不可忽视。由于网络社交的视觉匿名性和线索过滤性，网络社交上存在较为突出的去抑制化现象，这会促进诸如网络过激行为、网络欺骗行为、视觉侵犯等的产生（Lapidot-Lefler & Barak，2012）。因此，网络社交中不恰当的社会比较和不良的网络社交行为往往会对个体的自尊产生消极影响，其主要表现在不恰当的社会比较、线上的消极反馈及网络欺负三个方面。对网络社交中状态更新及反馈的研究发现，当个体在社交网站上看到比自己漂亮的照片时，会对自我体貌特征产生消极评价，进而降低自尊水平（Hancock，2014）。网友的消极评价也能够降低个体的自尊水平（Forest & Wood，2012）。研究发现，线上攻击、欺侮、骚扰等网络偏差行为会对个体的自尊产生消极影响（Hancock，2014；Wright，2014）。

(1)不恰当的社会比较对自尊的消极影响

社会比较是个体在社交过程中与他人进行比较的过程（Lee，2014）。网络社交环境中的社会比较主要是通过个体浏览他人在网络社交过程中的自我展示（如身份地位、个人照片等个人信息）实现的（Haferkamp，2011）。然而，网络社交过程中的自我展示存在积极偏差（Reinecke & Trepte，2014），即个体在网络社交环境中的自我展示与现实生活中的自我并不是完全一致的，而是有选择地进行自我展示。个体倾向于在网络中展示理想自我（如漂亮的个人照片、获奖证书等），而非真实自我（如考试失败、生活困苦等）（Antheunis，Valkenburg，& Peter，2010）。因此，当个体与他人的线上自我进行社会比较时，常常是用自己的真实自我与他人的理想自我进行社会比较，是一种上行比较，即个体与比自己优秀的人进行比较，当个体预期达不到上行比较目标的水平时，就会产生对比效应，产生负面的自我评价，进而对个体的自尊产生消极影响。

(2)线上的消极反馈对自尊的消极影响

研究者认为网络社交能够降低个体的自尊水平。低自尊水平的个体较少在生活中体验到积极情绪（Wood，Heimpel，& Michela，2003），且不容易平复自己的消极情绪，因此，在社交网站上自我表露的消极内容更多。在社交网站的使用过程中，人们更喜欢他人发布的积极信息，因此，低自尊水平的个体在社交网站上的自我表露内容往往会引起网友对其自我表露内容的消极反馈或无视。这会对低自尊水平个体的自我概念产生消极影响（Forest & Wood，2012）。

(3)网络欺负对自尊的消极影响

网络欺负能够降低个体的自尊水平（Wright，2014）。网络欺负是在电子通信技术发展过程中出现的一种新的欺负形式，是指个体或者群体使用电子信息交流方式，对网络社交环境中自我保护能力较弱的个体进行反复伤害的攻击行为，具有目的性、反复性、力量不均衡性等特征（胡阳，范翠英，2013）。网络欺负会给个体的心理健康带来一系列的负面影响（Erdur-Baker，2010）。遭受网络欺负会使个体感到痛苦、生气和悲伤，引发社交焦虑（Topçu，Erdur-Baker，& Capa-Aydin，2008），引起个体的消极的自我评价，进而降低个体的自尊水平（Patchin & Hinduja，2010）。研究发现线上约会过程中的骚扰行为也会对个体的自尊产生消极影响（Hancock，2014）。此外，用网络社交来代替线下人际交往，往往会减少个体在线下生活中的人际交往，不利于低自尊水平个体社交技能的提高，甚至可能使低自尊水平个体在线下人际交往过程中体验到更多消极情绪，进而对个体的自尊产生消极影响（罗青等，2013）。

综上所述，正如克劳斯等人在元分析中所述，社交网站对自尊存在多重且复杂的影响（Krause et al.，2021）。克劳斯提出社交网站主要通过影响人们的社会比较、社会反馈和自我反思三个过程进而间接影响自尊。其中，社会比较和消极反馈可以降低自尊水平，而积极反馈和自我反思则可以提高自尊水平。

此外，一些研究发现，网络和媒体不仅对自尊有影响，而且对个体的核心自我评价有影响。核心自我评价是个体对自身基本能力和价值的评价，包括自尊（Judge & Bono，2001）。研究发现青少年与父母的互动受到手机等媒体的干扰后，会出现核心自我评价下降的现象（Liu，Chen，& Lei，2021；Zhang，Ding，& Wang，2021；陈欣，林悦，刘勤学，2020）。这说明互联网对自我评价的影响呈现出多元性和广泛性的特征。

二、自尊对互联网使用行为的影响

自尊既是一种状态性的自我评价，也是相对稳定的人格特质。自尊是个体行为重要的决定性因素，对个体的情绪、心理健康具有重要影响（倪凤琨，2005）。互联网为人们进行社会交往、游戏娱乐提供了重要平台。个体既可以通过互联网与他人进行交流沟通，也可以在网络游戏中获得心理需要的满足。但是，不同个体在互联网中的行为表现存在差异。为了揭示这种个体差异产生的原因，研究者从人格特质差异的视角展开了一系列研究（Kim & Davis，2009；Zeng et al.，2016）。其中，自尊与网络使用行为之间的关系最受研究者的重视。通过对现有研究进行梳理发现，自尊对网络使用行为的影响主要集中在一般网络使用行为和网络成瘾行为两个方面。

（一）自尊与一般网络使用行为
1. 自尊与网络社交强度

就社交网站的使用而言，低自尊水平的个体使用社交网站的频率更高（Kalpidou，2011），花费在社交网站上的时间也更长（Mehdizadeh，2010）。低自尊水平的个体在面对面的社会交往中体验到的负面情绪更多（Forest & Wood，2012）。当自我价值和基本需要的满足受到威胁时，低自尊水平的个体需要寻求其他方式以获得满足，而社交网站为人们提供了良好的人际互动平台（Oh et al.，2014），因此，低自尊水平的个体在社交网站上花费的时间更多，并倾向于利用社交网站等网络社交平台与更多的人建立新的人际关系，以弥补线下社会交往活动中基本需要的缺失。但并非所有研究都得到了上述结果。有研究发现青少年的自尊水平与其社交网站使用时间无关（Wilson，Fornasier，& White，2010）。这些不一致的结果可能是因为研究者评估被试的网络社交行为时所采用的测量方式不同，也可能是因为自尊与网络交往强度之间的关系中存在更为复杂的作用机制

（如存在某些调节变量）。

2. 自尊与在线好友数量

　　研究认为，与高自尊水平的个体相比，低自尊水平的个体为了引起其他网络用户的关注，更容易在社交网站使用过程中发布更多的个人信息，这会在一定程度上增加其社交网站好友的数量（Zywica & Danowski，2008）。实证研究表明低自尊水平的个体在社交网站中拥有的陌生好友更多，高自尊水平的个体则更倾向于利用网络维持现实中已经建立起来的人际关系（Adam，2008）。低自尊水平的个体由于社交技能不足，在现实交往中不容易获得他人的认可，因此，他们希望添加网络好友，利用网络交往的便利性维持并提升自尊水平。此外，为了获得更多好友的认可，低自尊水平的个体更容易同意陌生好友的"添加好友请求"。实证研究也表明自尊水平与好友数量呈显著负相关（Subramanian et al.，2014）。

3. 自尊与网络自我呈现

　　首先，自尊会影响个体网络自我呈现的数量。在使用即时通信进行在线交流的过程中，低自尊水平的个体会更加保守，为对方提供较少的个人线索，甚至利用虚假头像、名字、性别等基本信息隐藏自己的真实身份，以进行有效的自我保护，降低网络社交的风险。此外，由于害怕他人的负面评价，低自尊水平的个体并不容易进行网络自我呈现，不愿意承担被他人否认或贬低的风险（Forest & Wood，2012）。而高自尊水平的个体更容易进行网络自我呈现，且有研究发现，高自尊水平的个体更容易对他人的状态更新进行评论（Wang et al.，2012）。

　　其次，自尊会影响个体网络自我呈现的内容。研究发现，低自尊水平的个体较少在生活中体验到积极情绪，且不容易平复自己的消极情绪。因此，低自尊水平的个体在网络中的自我呈现内容更加消极（Forest & Wood，2012）。

　　最后，自尊会影响个体网络自我呈现的目的。低自尊水平的个体往往基于建立并维持人际关系的动机而进行网络自我呈现，希望通过网络自我呈现避免线下自我呈现可能存在的负面后果，弥补线下人际关系的缺失，甚至将网络社交当作现实社交的替代品（Kujath，2011）。一些研究发现，自尊水平较低的个体在社交网站上进行自我呈现的内容会更丰富，这在一定意义上弥补了低自尊水平的个体在现实生活中的空虚（Hollenbaugh & Ferris，2014）。高自尊水平的个体往往基于一种自我增强的动机，即他们更倾向于将网络作为一种拓展线下人际关系、扩大自我影响力的工具（Liu & Brown，2014）。

4. 自尊与社交策略

自尊会影响个体的社交策略。网络社交给人们带来了极大的便利，但由于交往对象的不确定性，网络社交存在一定的风险（赵竞等，2013）。对于这种风险，不同自尊水平的个体在网络社交策略上存在差异。高自尊水平的个体更容易采取自我增强策略，即在面对风险时倾向于冒险以获取更多的社会资本或其他利益；而低自尊水平的个体则倾向于采取自我保护策略，即避免现实交往中潜在的挫败感对个体自我价值的消极影响（Joinson，2004）。

（二）自尊与网络成瘾行为

低水平的自尊是导致网络成瘾行为的重要风险因素。网络成瘾的社交补偿理论认为，由于低自尊水平的个体社交技能不足，更容易在现实人际交往中体验到孤独及社交焦虑等消极情绪，并因此导致其归属的需要得不到满足（Poley & Luo，2012）。互联网为低自尊水平的个体创造了理想的人际互动空间。网络交往以文本、表情符号及图片为交流方式。在网络交往过程中，视听线索是相对缺失的。这种缺失在一定程度上减弱了低自尊水平个体的评价焦虑。同时，网络交往具有匿名性和去个体化的特点，能够促进个体进行深层次的自我表露，并进一步促进人际关系质量的提升。刘杰（2015）的研究发现自尊不仅能够直接负向预测网络成瘾行为，而且能够通过提升个体的孤独感和社交焦虑水平，使个体出现网络成瘾行为。此外，低自尊水平的个体往往伴有较弱的自我控制能力，这在一定程度上提高了其对网络产生依赖的可能性。研究发现自尊与网络成瘾呈显著负相关，即个体的自尊水平越低，越容易对互联网产生心理依赖（Aydm & San，2011）。研究者认为不同自尊水平的个体，其对自身行为的控制能力存在差异。与高自尊水平的个体相比，低自尊水平的个体既缺乏抵制互联网诱惑的能力，也缺乏控制互联网使用时间和频率的管理能力。因此，低自尊水平的个体更容易陷入网络世界，不能自拔。

扫描拓展

少年上网，心理成长

第三节　互联网与自我效能感的关系

随着手机等移动互联网终端的普及，网络为人们的工作和生活创造了有利条件，不仅提升了我们处理日常生活及工作事务的能力，而且影响了我们对自身能力的评估。自我效能感是个体在对自身能力评估的基础上所产生的对自身所能达到某种行为结果的心理预期（周文霞，郭桂萍，2006）。互联网会对个体的自我效能感产生重要影响。本节我们从学业自我效能感、社交自我效能感两个视角对互联网对个体自我效能感的影响进行探讨。

一、互联网对自我效能感的影响

（一）互联网与学业自我效能感

随着互联网在教育产业的应用日益广泛，互联网终端，如手机、平板电脑等，逐渐成为个体学习的重要工具，即网络学习。网络学习能够在一定程度上促进个体自主学习能力的发展，对个体学业自我效能感的提升具有积极意义。网络学习对个体自我效能感的影响主要是由网络学习的特点决定的。

首先，网络学习的便利性有助于提升个体的学业自我效能感。移动互联网终端的普及为网络学习创造了便利。因此，网络学习不受时间及空间的限制，个体可以在任何时间和有网络信号的地点学习。网络在这里扮演了"移动小书童"的角色，随时随地协助个体完成各种学习任务、解决所面临的各种问题。这对于提升个体的学习积极性及学习能力具有积极意义，并因此对个体的学业自我效能感产生重要影响。实证研究也表明网络学习有助于提升个体的学业自我效能感（谢幼如，伍文燕，倪妙珊，2015）。

其次，网络学习的交互性能够提升个体的学业自我效能感。学习者可以通过与交互对象的不断交流互动，促进知识的积累和技能的提升，并因此获得较高水平的学业自我效能感。从交互对象来看，网络学习环境中的交互主要包括学习者与教师的交互、学习者之间的交互、学习者与学习材料的交互以及学习者与技术的交互（Hillman，Willis，& Gunawardena，1994；Muirhead & Juwah，2004）。由此可知，在网络学习过程中，个体不仅可以通过与教师及其他学习者的交互获得指导与帮助，而且能够获得强大的资料信息支持和技术支持。这不仅有助于提升个体的学习积极性和主动性，而且能够提升个体利用网络人际支持资源、信息支持资源、技术支持资源的能力，以及学业自我效能感。因此，网络学习的交互性也是提升个体学业自我效能感的重要因素。

再次，网络学习的灵活性能够提升个体的学业自我效能感。网络为学习内容提供了丰富多彩的呈现形式，将同样的知识内容根据学习者的认知偏好以不同的形式呈现出来。例如，小学低年级学生的抽象逻辑思维发展不足，他们可以在网络学习中通过观看视频、动画的形式学习相对抽象的知识和技能。这不仅有助于提升个体的学习兴趣，而且能够使个体更加快速地学习复杂的知识和技能，提升个体的学业自我效能感（谢幼如等，2011）。

最后，网络学习有助于提升个体对学习活动的控制感，进而提升个体的学业自我效能感。网络学习工具不仅能够协助个体制订学习计划，而且会提醒个体按时完成学习计划。这不仅有助于降低学业拖延的可能性，而且能够提升个体的控制感。拖延和自我控制是影响个体学业自我效能感的重要因素。实证研究表明学业拖延能够负向预测个体的学业自我效能感（陈秋珠，2016），而自我控制对学业自我效能感有显著的负向预测作用（Ertmer，2000）。

虽然利用网络进行学习活动有助于提升个体的学业自我效能感，但是长期利用网络进行学习也会对个体的学业自我效能感产生一定的消极影响，即高估个体的学业自我效能感。记忆的谷歌效应研究表明随着网络使用的增多，人们的记忆发生了巨大变化，人们记忆中储存的"知识"不再是知识本身，而是如何通过互联网获取知识的途径（Sparrow & Wegner，2011）。也正是有了网络这个强大的搭档，我们才更加相信自己有能力处理面对的问题。如果没有网络，我们的能力可能会大大减弱。例如，在没有网络的情况下，我们需要去图书馆花大量的时间查找书籍，获取相关知识。

(二)互联网与社交自我效能感

随着社交网站等移动社交工具的普及，互联网在人们的社会交往中扮演的角色越来越突出。利用互联网，人们可以通过电子邮件、聊天室、博客等多种形式与其他用户进行交流互动。与现实中的人际交往不同，网络交往具有虚拟性、开放性(低限制性)、高效性(便捷性)和平等性等特点（Ishii，2017；Valkenburg & Peter，2011）。因此，网络交往不仅有助于提升个体的社会交往能力，而且能够减少个体在网络交往过程中可能产生的负性情绪（Lee，Noh，& Koo，2013），在一定程度上提升个体的社交自我效能感。

第一，网络交往的虚拟性有助于个体进行积极的自我建构，塑造积极的自我形象，进而提升个体的社交自我效能感。网络为人们的人际交往创造了一个虚拟空间。在这个虚拟空间中，人际交往不再具有可接触性和可感性。因此，个体可以根据自己的意愿将自己塑造成理想自我（Rui & Stefanone，2013），这会在一定程度上提升个体在人际交往过程中的安全感，并因此提升个体的社交自我效能感。

第二，网络交往的开放性有助于提升个体的社交自我效能感。在网络社交环境中，不同种族、年龄、职业、国家的人都可以通过"添加好友"的形式建立人际关系。这不仅有助于个体扩大交友范围，而且有助于个体找到更多志趣相投的朋友，提升个体的社交效率和交友质量（Nabi，Prestin，& So，2013；Wang et al.，2014），提升个体建立或维持人际关系的能力，并对个体的社交自我效能感产生积极影响。

第三，网络交往的高效性能够对个体社交自我效能感产生积极影响。网络交往具有超越时空性。个体可以在任何时间或地点通过网络与家人、朋友等取得联系，这不仅降低了人际交往的成本，而且提升了个体建立或维持人际关系的效率（Sprecher，2014）。

第四，网络交往的平等性能够提升个体的社交自我效能感。网络交往的虚拟性使得个体在网络交往过程中摆脱了不利社会属性的束缚，打破了社会属性对良好关系建立的阻碍。此外，网络交往在一定程度上打破了现实交往中的各种规则，使得网络交往双方在交流互动中感到更加平等和自由（Gonzales，2014；Sprecher，2014），并因此形成较高水平的社交自我效能感。

二、自我效能感对个体网络使用的促进作用

自我效能感是知识和技能转化为行为的重要中介机制，也是动机与行为之间关系的重要纽带。它会对个体行为的动机性努力水平、认知过程以及情感过程产生重要影响（Wood & Bandura，1989；周文霞，郭桂萍，2006）。就网络使用行为而言，自我效能感不仅会影响个体在互联网世界里的行为选择，而且会提升个体在网络行为实施过

程中的动机性努力水平。此外，个体在互联网世界里的认知过程及情感过程也会受到自我效能感的影响。

首先，自我效能感会影响个体的目标及行为选择过程。基于网络游戏的研究表明，自我效能感水平较高的个体往往会对个体的能力及所能达到的目标持有积极预期，因此他们在网络使用中更容易体验到控制感。这有助于满足其自我控制的需要，并因此降低其沉迷于网络游戏的可能性。自我效能感水平较低的个体往往会对个体的行为及其结果持悲观的态度，在网络游戏过程中的控制感更低，不能抵制网络游戏的诱惑，并因此沉迷于网络游戏（Bo，2015）。有研究也表明自我效能感对个体的网络欺负行为具有正向的预测作用（Bussey & Fitzpatrick，2013）。

其次，自我效能感有助于提升个体在网络世界里的动机性努力水平。当人们对从事某种基于网络的行为活动具有较高的自我效能感水平时，他们会在该网络活动中付出更多努力，以取得成功。例如，在网络学习过程中，自我效能感水平较高的个体更容易花费更长的时间和更多的精力去完成具有挑战性的学习任务。相反，自我效能感水平较低的个体往往会对完成具有挑战性的学习任务不抱希望，因此，他们会在网络学习中"消极怠工"，主要表现为"挂机"等。实证研究也为此提供了佐证。研究发现自我效能感水平较高的个体能够在在线学习中取得较好的成绩（Wadsworth et al.，2007）。

再次，自我效能感会影响个体在网络使用过程中的认知及思维方式。网络具有的开放性、虚拟性等特点在一定程度上提高了个体在网络社交中被欺骗或被攻击的可能性，严重影响了个体在网络交往中的人际信任感（赵竞等，2013）。自我效能感水平较高的个体对人际交往环境具有更强的控制感，并相信自己有能力处理好人际交往中的潜在威胁，因此自我效能感水平较高的个体在网络交往中更容易信任他人。相反，自我效能感水平较低的个体缺乏对网络交往环境的控制，往往会因过度担忧潜在的风险而不容易信任他人，并采取过度的保护行为，以降低被欺骗或被攻击的可能性。实证研究也表明自我效能感对在线交往中的人际信任有显著的正向预测作用，即自我效能感水平越高，个体越容易相信网络交往的对象（Wu et al.，2012）。

最后，自我效能感会影响个体在网络使用过程中的情绪和感受。以往的研究认为自我效能感是个体的应激状态、焦虑反应、抑郁程度等的重要决定因素（周文霞，郭桂萍，2006）。有研究表明，由于自我效能感水平较低的个体对自己处理、控制环境中的潜在威胁的能力持怀疑态度，因此，他们在经历消极生活事件或不幸时，更容易产生应激状态，并体验到更多的消极情绪，如焦虑、抑郁等。相反，自我效能感水平较高的个体对外界环境的控制感更强，并相信自己有能力处理潜在的威胁，因此，他们体验到应激状态或不良情绪的可能性也相对较小。基于此，自我效能感也会影响个体在网络世界里的情绪和感受。研究表明自我效能感有助于提升个体对在线课堂的满意度（Kuo et al.，2014）。

拓展阅读

社交网站和自尊对青少年社会性发展的作用

为探讨被动性社交网站使用对自尊和自我概念清晰性的影响及其作用机制，刘庆奇、牛更枫、范翠英和周宗奎（2017）在社会比较理论和乐观的保护性作用的视角下，采用问卷法对大学生进行调查。结果表明：①被动性社交网站使用对自尊没有直接的预测作用，但能通过上行社会比较的中介作用负向预测自尊；②被动性社交网站使用不仅能够直接负向预测自我概念清晰性，而且能够通过上行社会比较的中介作用对其产生影响；③上行社会比较的中介效应受到乐观变量的调节，相对于乐观水平高的个体，间接效应在乐观水平低的个体中更为显著；④在乐观水平高的个体中，上行社会比较对自尊的负向预测作用以及上行社会比较在被动性社交网站使用与自尊之间的中介作用都不显著，但是上行社会比较对自我概念清晰性的负向预测作用以及上行社会比较在被动性社交网站使用与自我概念清晰性之间的中介作用仍然显著。该研究既是对以往被动性社交网站使用与个体心理社会适应研究的拓展，也是对社交网站使用强度与自我概念研究的深化，更是对主动性社交网站使用行为与自我概念研究的补充，有助于区分不同社交网站使用行为对自我概念的不同影响，从而使人们更加全面客观地看待社交网站使用对个体心理的影响。研究者将原有的中介模型进一步深化，这既解释了被动性社交网站使用如何影响自尊和自我概念清晰性，也进一步说明了被动性社交网站使用通过上行社会比较影响自尊和自我概念清晰性的情况在哪些个体身上更明显，提高了模型的解释力。上行社会比较的中介作用及乐观的调节作用假设模型如图 4-1 所示。

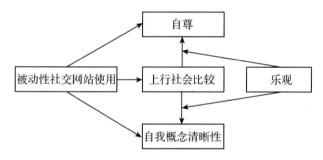

图 4-1 上行社会比较的中介作用及乐观的调节作用假设模型

为探讨社交网站使用、线上社会资本、自尊与青少年生活满意度的关系，周宗奎、连帅磊、田媛、牛更枫和孙晓军(2017)在社会资本理论及自尊的社会计量器理论的基础上，构建了一个新的中介模型。他们采用社交网站使用强度问卷、线上社会资本问卷、自尊量表以及生活满意度问卷对从初中到高中六个班级的1368 名中学生($M=14.63$，$SD=1.75$)进行调查研究。结果显示：①社交网站使用强度与线上黏接型社会资本、线上桥接型社会资本和生活满意度均呈显著正相关；线上黏接型社会资本与自尊、生活满意度均呈显著正相关；线上桥接型社会资本与自尊呈显著正相关，与生活满意度的相关不显著；自尊与生活满意度呈显著正相关。②线上黏接型社会资本能够在社交网站使用强度与生活满意度的关系中起部分中介作用。③社交网站使用对生活满意度的直接预测作用及线上黏接型社会资本的中介效应会受到自尊的调节。相对于自尊水平低的个体，社交网站使用更有利于高自尊水平的个体获得线上黏接型社会资本。研究结果提示我们要鼓励青少年利用社交网站积累线上社会资本，尤其是线上黏接型社会资本，进而提高生活满意度，促进心理健康发展。

首先，广大教育工作者及家长应鼓励青少年使用社交网站与朋友、亲人及同学建立或维持"强链接"，以增加线上黏接型社会资本，为其良好的心理社会适应、心理健康发展服务；其次，以往研究认为青少年的自尊水平并不是一成不变的，会受到社会支持等因素的影响，且社会支持对提升个体的自尊具有重要意义。从这一角度看，尽管低自尊水平的个体在社交网站使用中的获益较少，但社交网站使用所带来的社会资本（社会支持）有助于提升其自尊水平，这会在一定程度上提高低自尊水平的个体在社交网站中获益的可能性。因此，教育工作者及家长应鼓励低自尊水平的青少年利用社交网站获取线上社会资本，在提升其生活满意度的同时，提升其自尊水平，进而增加其在社交网站使用中的收益。

扫描拓展

严肃游戏，有助治疗

第五章　互联网与自我控制

开脑思考

1. 回忆一下你的生活经历，想想低头族现象给你的生活带来了哪些影响？

2. 你是否觉得网络干扰了自己的生活？

3. 如何在网络时代做一个专注的人？

关键术语

自我控制，错失恐惧

互联网的出现不仅改变了这个世界，而且改变了人们思考世界和彼此互动的方式（Gosling & Mason，2015）。个体在网络空间中的心理和行为对个体的认知发展、社会性与情绪发展、行为发展与意志控制等产生重要影响。

在认知方面，一项行为实验研究要求被试回答简单和困难的问题，然后做斯特鲁普（Stroop）颜色命名任务。结果发现，当刺激词为谷歌（Google）和雅虎（Yahoo）的时候，命名时间更长，尤其是面对困难的问题时。网络已经改变了人们的记忆，我们更倾向于记住信息的位置，而不是信息本身。同时，我们更倾向于忘记那些容易在网上获得的信息，对不易在网上获得的信息容易记得更牢（Sparrow，Liu，& Wegner，2011）。有研究以中国的小学生为被试，考察拼音输入法对其阅读能力的影响。结果发现，拼音输入越多的学生，其阅读能力越差。谭等人认为中国传统的文字学习主要通过手写习得，阅读依靠文字的视觉图形线索（由于中文的文字象形性和正字法规则），而现代的孩子大多依靠电子输入设备写字，这就使得中文阅读所要求的视觉空间线索缺失。因此，拼音输入会降低个体的阅读水平（Tan et al.，2013）。

在社会性和情绪方面，互联网会给用户带来消极的或积极的情绪体验（Kraut et al.，1998）。研究发现，过多使用互联网会导致消极情绪增多、社会卷入减少与心理幸福感水平降低（Kraut et al.，1998）。一项大样本研究发现，使用互联网不仅不会给用户的社会生活带来消极影响，反而会促进其社交互动（Amichai-Hamburger & Hayat，2011）。

在行为方面，大量的研究者发现暴力视频游戏接触与个体的攻击行为密切相关（Anderson et al.，2010）。视频游戏玩得越多，个体的亲社会行为越少，攻击行为越多。另外，网络本身的特点容易产生同伴影响和社会传染，易于导致从众效应（Aral & Walker，2011；Muchnik，Aral，& Taylor，2013）。网络对现实中的行为可能起到放大器的作用。

与认知、情绪和行为这三个方面相比，对互联网与意志关系的探讨比较少，系统的文献梳理更是少见。近年来，网络使用（如手机使用）与自我控制的关系研究逐渐增多。自我控制作为自我的一个重要维度，对个体的发展至关重要。自我控制作为心理发展的核心主题，直接关系到个体的健康与适应。意志力强的个体更能够坚持追求自己的目标，更具有长远眼光，更容易取得成功，最终获得幸福。较差的意志控制是个体适应不良的有力预测因素。不少研究者将自我控制作为犯罪理论中的核心变量，犯罪人员的攻击性与自我控制密切相关（Gottfredson & Hirschi，1990）。那么，互联网对自我控制有怎样的影响呢？自我控制对网络使用有怎样的影响呢？本章将对这些问题进行系统探讨。

第一节　自我控制概述

自我主要包括自我概念、自我评价和自我调节三个部分，自我控制属于自我调节的一种途径。对自我控制现象的探讨可以追溯到古希腊，如苏格拉底和亚里士多德曾讨论意志或者自制力是否存在弱点的问题。对自我控制现象系统而科学的研究是由心理学家进行的。早期心理学家往往将自我控制作为意志的同义词。弗洛伊德曾将自我控制描述为努力在本能冲动（仅考虑快乐、享乐等原则）和高级自我（考虑道德、权威等准则）的碰撞中折中的心理成分。自我控制是心理学中经典的研究主题之一，超过 3% 的心理学文章与自我控制有关（Duckworth，2011）。

一、自我控制的概念

自我控制是指人们克服冲动、习惯或自动化的反应，有意识地掌控自己行为方向的能力（Baumeister，Vohs，& Tice，2007）。有研究者认为自我控制指抑制不受欢迎的行为趋势并且控制使其不依照冲动行动的能力（Tangney，Baumeister，& Boone，2004）。具体来说，自我控制是个体通过监控自己克服某些固有的行为反应倾向，代之以其他行为，从而使自己的行为更符合社会或自我标准的过程。自我控制包含三种重要的成分：第一是标准。标准是实施有效自我控制的前提，既包括符合社会期望的行为准则，如道德、法律和规范，也包括个人设定的理想目标和追求。第二是监控。人们要随时监控自己的行为是否与标准符合，一旦当前的行为偏离标准，要通过有意识的自我控制来进行纠正。第三是行为改变的能力。这是决定自我控制成败的关键。有研究者把这种改变固有行为习惯的能力称为意志力。意志力强的人即自我控制能力好的人

(Gailliot & Baumeister，2007）。

美国心理学会认为自我控制主要有五个层面的含义：第一，延迟满足的能力，即为了达到长远的目标抵制眼前诱惑的能力；第二，驾驭不想要的想法、感觉和冲动；第三，在行动的时候，采用"冷"的认知系统，而不是"热"的情绪系统；第四，有意识地进行自我管理，并努力遵守相应的规则；第五，一种有限的、可能被损耗的资源。总的来说，自我控制是一个较为宽泛的概念。在以往研究中，涉及的延迟满足、认知控制、努力控制（又叫意志控制）、自我调节、自我抑制等都属于自我控制的范畴。凡是需要人们克服原有倾向，通过新方式来达到预期目标的努力都属于自我控制的范畴。

二、自我控制的作用

自我控制是人类成功和幸福的关键（Hare，Camerer，& Rangel，2009）。为了达到长远目标能够抵制眼前的诱惑是个体取得成功的核心要素。自我控制受到心理学家越来越多的关注，主要有两个原因：从理论上讲，对自我控制的深入了解有助于心理学家更好地解析"自我"这一核心概念；从实际应用上讲，自我控制对于社会成员的健康发展乃至整个社会的正常运转都有着非常重要的意义。研究表明，成功的自我控制不仅可以有效地遏制人们的不良行为，而且可以显著改善人们的心境，促进人际关系和亲社会行为，从而对整个社会的和谐发展产生积极的推动作用（Tangney，Baumeister，& Boone，2004）。相反，失败的自我控制会直接或间接地导致肥胖、药物滥用、暴力犯罪、饮食障碍和性传播疾病等问题（Alberts，Martijn，& Vries，2011）。

一项研究对 1000 名孩子追踪 30 余年，考察自我控制对其健康、社会地位等的影响（Moffitt et al.，2011）。研究者测试了这些孩子 10 岁前的自我控制，在他们 32 岁时，测试了他们的身体健康状况(如心血管疾病、牙齿疾病、性病等)、财富地位和犯罪率。结果发现，孩子时期的自我控制对成年后的身体健康状况、财富地位和犯罪率均有显著的预测作用。小时候的自我控制能力越差，32岁时的身体健康状况越糟糕，社会地位越低，犯罪率越高。其中，在对犯罪率的预测上，自我控制比其他预测因素(如社会地位、智商)有更强的预测效力。一项对140名初中生的追踪研究发现，自我控制对孩子学业成绩的影响甚至大于智力(Duckworth & Seligman，2005)。

三、自我控制的影响因素

(一)遗传

行为遗传学的研究发现，遗传是自我控制的重要预测因素。例如，一项研究发现遗传对自我控制的贡献率超过50%(Beaver et al.，2008)，也有研究发现遗传对自我控制的贡献率甚至达到90%(Beaver et al.，2013)。

(二)人格与动机

人格是影响自我控制的重要个体性因素。研究者认为组成责任心的各个亚人格特质与自我控制的要求相符，如责任心和自我控制都需要个体有意识地控制自己的注意、冲动行为等(Ahadi & Rothbart，1994)。高责任心人格的个体比低责任心人格的个体在枯燥乏味的任务上坚持的时间更长。宜人性也与自我控制存在密切联系(Ahadi & Rothbart，1994)。高宜人性的个体在人际交往中更能够控制自己的冲动行为，更可能采取建设性的行动去应对人际冲突。宜人性越高的个体在自我控制的任务上表现得越好。

动机对于个体成功的自我控制非常关键。研究发现社会排斥会降低个体的自我控制，使人不愿意进行自我控制，而不是不能够进行自我控制，即自我控制动机是影响自我控制行为的直接因素

(Baumeister et al.，2005)。有研究考察了自我取向和超我取向两种动机对自我控制的影响。结果表明，相比于自我取向的人，超我取向的人更能够抵制诱惑，更能够控制自己，更能够坚持学习(Yeager et al.，2014)。

(三)情绪

根据认知—情感人格系统模型，消极情绪往往会导致自我控制失败(Mischel & Ayduk，2002)。愤怒、焦虑、害怕和悲伤等消极情绪会降低个体的自我控制水平。消极情绪容易使个体行为受到自下而上的情绪冲动的影响。自我控制"冷"系统不能成功抑制"热"系统的过度激活，从而导致较多的冲动行为(Tice & Bratslavsky，2000)。

(四)诱惑

根据自我控制的双系统理论，人的行为受到反射系统和反省系统的影响(Lieberman，2007)。反射系统使得行为倾向于自动化，主要基于以往的模式和习惯做出反应。反射系统主要受外部刺激的控制，属于自我控制的冲动成分。反省系统主要负责设定高层次的目标并为了努力实现目标而对自己的行为进行评价、监控和管理，需要意志努力和自我控制，属于自我控制的控制成分。个体冲动行为(反射系统)的产生(或激活)主要源于外部刺激的诱惑。诱惑的大小和多少往往直接决定个体是否能够进行成功的自我控制。当诱惑足够大时，即便个体有较强的控制能力，也很难进行自我控制。根据自我控制的能力模型(Baumeister，Vohs，& Tice，2007)，个体在面对诱惑时需要耗费心理资源。当诱惑太大或太多时，个体剩余的心理资源将不足以进行自我控制，从而导致自我控制失败。因此，选择太多，会对自我控制造成损害(Snyder & Munakata，2013)。

(五)环境

物理环境往往会影响个体的情绪、思维，进而影响个体的自我控制。例如，有研究发现更高的环境温度会使个体的自我控制水平降低

(Ahn，2010)。范筱萌、郑毓煌、陈辉辉和杨文滢(2012)发现，混乱的物理环境会导致个体的自我控制失败，会使个体更多地选择美味但不健康的食品，在跨期决策中更偏好短期较小的回报而非长期较大的回报，延迟满足能力更弱。另外，家庭环境(如亲子依恋)对个体的自我控制有重要的塑造作用(Li et al.，2015)。随着网络在个体生活中扮演着越来越重要的作用，探索网络环境对自我控制的影响具有十分重要的现实意义。

扫描拓展

物质主义，内心画像

第二节　网络使用对自我控制的影响

技术的进步与自我控制的关系一直是社会科学，尤其是心理学探讨的关键问题。人类与技术工具是一种矛盾的关系，技术工具在很多方面会改善人们的生活，技术的高度发达意味着人们对其自身的控制变得更少(Gackenbach，2011)。从近几十年来看，媒体主要从电视过渡到电脑，现在主要向移动网络(主要是手机)过渡。电视对个体的影响是媒体心理学关注的核心问题。大量的研究考察了看电视对个体的影响后效(Thakkar，Garrison，& Christakis，2006)。其中，电视对个体自我控制的影响是电视心理学研究的重点问题。研究发现，幼儿看电视与其 7 岁时的注意功能紊乱有显著正相关，经常看电视的幼儿相比于看电视较少的幼儿有更高的注意控制风险(Courage & Setliff，2010)。纵向研究还发现，看电视越多，个体的注意问题越多，攻击行为越多，患肥胖症的风险越高(Andersen et al.，1998)。

互联网作为一种技术工具，就像报纸、电话和电视一样，备受争议。其中的一个争议点在于，大量使用网络会让我们过于依赖网络空间或网络媒体，而不去主动思考和自我控制。正如研究者

(Gackenbach，2011)所述，我们被技术对个体和社会产生的影响困扰，技术把人类与自然分开了，这妨碍了我们了解自我和控制自我。研究者指出，技术在发展的初期，把生产者从繁杂的劳动和工作中解放出来，给予公众方便；技术的使用者有更强的控制感。随着技术的全面普及和发展，人们逐渐变得依赖技术(Franklin，1999)。

一、网络的特性与自我控制

互联网超越了人类传统的工具，表现出一些新的特性。这些特性与自我控制存在密切关系。周宗奎和刘勤学(2016)指出，网络空间的心理特性体现为基本的空间特性、时间特性、人际特性和自我特性，分别对应的是网络空间的跨越性、非同步性、匿名性和去抑制性。

匿名性是指个体在网络空间里可以隐匿自己的个人特征，包括性别、身份信息、外貌特征甚至人格倾向，体现了人际互动的一种新的行为方式特点。网络环境中的匿名技术会进一步导致去抑制性的增强，即在网络空间中公共意识的减弱、对他人情绪感知的降低、自我行为约束的减少。匿名性和去抑制性会导致个体在网络中降低对自己的要求，降低对自我的控制，实施一些伤害他人的行为。研究表明，由于网络的匿名性以及社会线索的缺失，网络环境中会出现各种违反社会规范和要求的偏差行为。调查结果显示，网络偏差行为有着较高的发生率(李冬梅，雷雳，邹泓，2008)。我国研究者开展的一项针对1438名中学生的调查结果表明，56.88%的中学生经历过某种形式的网络欺负，34.84%的中学生在网上对他人实施过某种形式的欺负行为(Zhou et al.，2013)。

凯文·凯利(2016)认为网络技术有两个基本特征——共享与信息流。在非网络时代，一切都是以实体的形式存在的，网络的出现对实体造成了深度的瓦解。互联网是世界上最大的复制机，在最根本的层面上，能将我们的行为、观点变成复制品，而且人类不能阻止这种大规模的自由复制。例如，唱片、磁带的时代已经过去了，现在听音乐只需要在网上下载或者在线听即可。复制与共享在改变和重塑着我们的行为，我们的注意力从实体的库存上转移到了虚拟体的流动上。凯文·凯利（2016）认为计算机时代分为三个阶段：第一个阶段是"桌面"或"文件夹"的时代，这个阶段的很多特征模仿的是工业时代——层级分明、秩序井然；第二个阶段是网页的时代，网络结构是平行的，不再有层级；第三个阶段是"流"或者"信息流"的时代，我们身边的信息在不停流动，手机应用程序在不断升级，朋友圈的适时分享在不断更新。

流动时代使网络使用产生了一个新特点——即时性。由于手机信息（如邮件、微信朋友圈等）在随时更新，我们不得不在尽可能短的时间内去反复查阅手机。由于复制品和网络分享的大量存在，很多事物在很短的时间内就会贬值，但是即时性的特点让我们更愿意获得即时的体验和满足而不愿意等待，从而可以获得更廉价甚至免费的信息和服务。人们不得不在最短的时间内抓住流动的信息，否则就可能错过。因此，即时性在改变我们生活方式的同时，在深层次上可能也使我们养成"抓住当下"的习惯，潜移默化地改变我们的自我控制。

互联网的本质作用体现在个人思想和群体智慧的交流与共享上（周宗奎，刘勤学，2016）。网络时代给人们提供了更多的选择。在没有网络或者网络不发达的年代，选择相对较少。例如，在 20 世纪 90 年代以前，书对于学生来说是一种较为珍贵的资源。但是现在，无论是纸质书还是电子书，我们都能很容易获得。虽然我们买了很多书或者下载了很多电子书，但是看的书却很少。因此，有太多的选择并不一定对个体的发展有利。例如，研究发现，选择太多会损害个体的自我控制力（Snyder & Munakata，2013）。根据用且满足理论和自我控制的能量模型（Baumeister，Vohs，& Tice，2007），个体的自我控制力是一种有限的资源，若诱惑太多则很容易让自我控制资源耗尽。网络的这种共享特性极大地满足了个体的需求，而这种需求又导致个体沉迷于网络使用，从而导致冲动或自我控制失败。

在一项研究中，被试需要完成两个任务：一个是用于引发疲劳的认知任务（N-back 范式）；另一个是用于检验冲动行为的跨期选择任务。58 名被试被随机分成三组：第一组是疲劳组，该组的认知任务难度较大；第二组是控制组，该组的认知任务难度非常小；第三组是休闲组，该组被试只需要进行放松的阅读或者玩游戏。每轮认知任务大概 30 分钟。在完成每轮认知任务后，三组被试都要再完成一项跨期选择任务。结果显示，在认知任务上，疲劳组被试和控制组被试的正确率没有差异，均维持在 95% 左右，这说明任务的难度并没有减弱被试在认知任务中的反应能力。而对于跨期选择任务而言，疲劳组被试更多倾向于选择即时的满足，而控制组被试和休闲组被试没有表现出类似的变化。结果显示，随着任务的进行，疲劳组被试的左侧前额叶激活减弱，而休闲组被试则没有发生变化，这说明疲劳减弱了大脑对冲动行为的控制能力（Blain，Hollard，& Pessiglione，2016）。经常使用网络会增强个体的疲劳感，从而导致个体的自我控制减弱。

另外，网络极大的选择性会对个体的生理唤醒产生影响，使个体形成相应的生理唤醒模式（Riby，Whittle，& Doherty-Sneddon，2012），其主要表现为烦乱、坐立不安等心理感受和行为。网络使用对个体生理唤醒水平的影响还会进一步影响个体的睡眠。相关研究结果显示，睡前使用互联网设备往往会导致个体的疲惫感消失，延迟睡眠，甚至导致失眠，进而使个体在日间出现精神萎靡和疲劳感。网络在日益侵蚀人们的睡眠时间。有调查显示，38% 的网民睡眠时长不足 6 小时，而在 2012 年的睡眠质量调查中睡眠不足 6 小时的网民仅占网民总数的 23.4%，这一结果表明，我国网民的睡眠时长在缩短。针对儿童的研究也发现，使用网络的儿童比一般儿童睡得更晚，这会对他们的身体健康产生负面影响（Park，2014）。

二、互联网与思维方式

互联网的自组织性可能会导致人的思维模式发生改变(Granic &
Lamey，2000)。技术工具逐渐改变着人类的认知系统。最近几十年
来，互联网，尤其是移动互联网作为较新的、影响较大的技术工具，
正在重塑人类的认知，极大地改变着个体的思维方式(Loh & Kanai，
2015)。从出生就开始接触到互联网的数字土著与数字移民，与在成
长过程中才慢慢接触到互联网的一代，具有截然不同的认知特征
(Prensky，2001)。数字土著倾向于采取"浅表"思维模型，主要的认
知特点是即时的注意转移和缺少深思(Carr，2011)。数字土著与数字
移民相比，有更多的媒体多任务行为(Carrier et al. ，2009)，而媒体
多任务行为与注意分散和更差的执行功能密切相关(刘晨，孔繁昌，
周宗奎，2014)。

实证研究发现，网络阅读和搜索行为增加了个体的非线性和选择
性阅读行为，降低了个体的注意维持(Liu，2005)。个体在碎片化网
络使用的情况下，很难进行深入思考(Dolcos & McCarthy，2006)。
根据精细加工可能性模型(Petty & Cacioppo，1986)和启发式加工—
系统式加工模型(Trumbo，2002)，在碎片化的生活方式条件下，个
体更倾向于采用直觉启发式信息加工模式。直觉启发式信息加工模式
是一种低思维模式，易导致个体使用简单的线索乃至直觉对事物做出
判断(范筱萌等，2012)。换句话说，手机使用可能会使个体形成一种
"浅表"思维模式和习惯，从而更容易对事物和环境进行低水平的认知
解释。

解释水平理论认为人的心理表征水平可以分为不同的层次，个体
可以对同一事件进行不同的解读。高水平的解释是指我们对事件或物
体的心理表征更为抽象，更关注事件的本质。低水平的解释是指对事
件或物体的心理表征非常具体，更关注事件的内容与细节。解释水平

低会导致自我控制水平降低（Fujita，Trope，& Liberman，2010）。研究者指出自我控制依赖个体对事件的解释水平，个体对特定事件和情境的心理表征和解释是影响个体自我控制的重要因素。越是对事件抽象的、本质的表征越会使自我控制成功，越是对事件具体的、表面的表征越会使自我控制失败。个体对事件的不同解释会对其行为和决策产生影响。当个体对事件进行高水平解释时，会对高解释水平的特征给予更多的权重，从而更加倾向于从本质上、用长远的眼光来看待事情和做出决策（Fujita，2008）。

个体之所以需要自我控制，是因为短期的需求与长期的需求出现冲突。自我控制失败，是因为个体过于在意即时的奖励或反馈而忽略了长远的目标（Fujita，2008）。例如，对于减肥的人来说，如果对食物进行低水平的解释（如食物的味道很好，颜色很诱人），则容易选择吃当下想吃的食物，失去自我控制。从时间的维度来说，对于一个爱玩游戏的人，如果对玩游戏进行远期的高水平解释（如果继续玩游戏，期末考试可能不会通过），则容易选择不去玩游戏。从本质上说，低水平的解释属于更为自我的心理表征，而高水平的解释属于更为超我的心理表征，自我超越更有利于自我控制的成功（Yeager et al.，2014）。研究者通过操纵被试的解释水平，发现低解释水平的个体比高解释水平的个体更容易自我控制失败（Fujita et al.，2006）。总之，网络使用导致的个体的"浅表"思维模式，可能是个体自我控制失败的认知原因。

三、互联网与注意控制

网络，尤其是移动互联网，经常导致个体分心，使得个体不能专注于当下的工作，使得自我控制失败。有研究者把这一现象称为错失恐惧。错失恐惧是指个体因担心错失他人的新奇经历或正性事件而产生的一种弥散性焦虑（柴唤友等，2018）。手机已经成为分散人们注意力的重要工具，以手机为代表的移动互联网已经成为个体日常生活中错失恐惧的重要来源。

情绪是影响自我控制的重要因素之一（Chester et al.，2016）。根据认知—情感人格系统模型（Mischel & Ayduk，2002），认知对应"冷"系统，情感对应"热"系统，自我控制成功与否的关键在于"冷""热"系统的激活水平。适当激活"冷"系统和抑制"热"系统的激活是自我控制成功的关键。错失恐惧不断激活热系统，提升情绪唤醒水平，分散个体的注意力，从而导致自我控制失败。

网络会让人产生错失恐惧，可能的原因在于网络是一种强大的社会控制工具。社会控制理论（Hirschi，1969）指出个体的行为受到两大控制的影响，即社会控制和自我控制。社会控制是指社会、环境和人际等因素对人的控制，如文化习俗、社会规范、父母的监控等。自我控制是指知识、信念、观念等因素对自己的控制。

随着网络心理学的发展，部分研究者开始把社会控制及其与自我控制的关系纳入网络心理与行为的研究之中（Li et al.，2013）。网络技术在个体生活中起着关键作用，这种来自个体外的技术环境成为网络时代典型的社会控制成分，被称作"技术干扰"。技术干扰在任何时候都可能闯入人们的生活，给个体及其人际和家庭带来诸多危害（Beranuy et al.，2009）。例如，手机使用会给夫妻之间造成更多的冲突，从而影响亲密关系。手机，作为一种强社会控制因素，随时随地吸引着青少年的注意力，使得青少年的自我控制变得更难（Unsworth et al.，2012）。正如研究者（Thulin & Vilhelmson，2007）所指出的，沟通技术的进步似乎使得年轻人更加不在意守时，更倾向于冲动地做出决策。

实证研究也发现了错失恐惧现象的存在。错失恐惧导致的注意分散是网络对自我控制产生影响的重要原因。研究发现，只要手机在视野范围内，就会增加个体注意维持的负担，导致个体的工作记忆和流体智力下降（Thornton et al.，2014）。在一项行为实验研究中（Ward et al.，2017），研究者将被试分为三组，要求第一组被试把手机正面朝下放在桌子上，第二组被试把手机放在包里或衣服口袋里，第三组被试把手机放在另外一个房间里。所有人的手机都需要设置为静音。接着让被试开始集中注意力做电脑上的认知实验任务。结果发现，虽然大家都觉得自己特别专注地去做这个任务，但是对于手机放在不同地方的被试，他们的任务完成情况有明显差别。对于手机放在另外一个房间里的被试，他们任务的完成情况明显比那些手机放在桌子上的被试要好得多，也比手机放在包里和衣服口袋里的被试略好一些。这说明，如果把手机放在触手可及的地方，手机的存在本身就会影响个体的专注能力。

拓展阅读

低头族的自我控制更差吗

移动互联网塑造了全新的社会生活形态，潜移默化地改变着人们的生活方式。作为移动互联网广泛且重要的媒介，手机在个体生活中承担着越来越重要的作用。

互联网资深观察者和发言人凯文·凯利在其著作《必然》中谈道，在古代，文化都是围绕着言语的，我们依靠口口相传来传播文明，人类曾经是言语之民。印刷技术的发展将书写提升到了文化的中心位置，图书和写作改变了人们的思考方式，人类变成了书籍之民。现在，文字已经从纸张上转移到数以亿计的电子屏幕上，我们成了屏幕之民。手机，这一块小小的屏幕，把我们带入了屏读时代。

屏读时代诞生了众多低头族，地铁上、公交车上、大街上，随处可见低着头玩手机的人。那么，低头族的自我控制会更差吗？

根据具身认知理论（Friedman & Förster，2000），个体的身体姿势和运动经验会影响其认知加工。具身认知理论的倡导者主张认知活动的本质和结构依赖身体的本质和结构，人认识世界是从自己的身体感知开始的（Anderson，2007）。我们通过"体认"的方式了解世界。特定的身体状态提供了某种情境下个体认知加工所需要的信息，由于这种信息与个体的感知—运动经验相符，身体状态会激发特定的加工模式（Förster et al.，2006）。例如，双手伸展传递着对方是受欢迎的信号，个体更可能采取放松的、启发式的加工方式。研究者认为，向下看相比于向上看会导致个体采取更狭窄、更具体的加工方式（Van Kerckhove，Geuens，& Vermeir，2015）。原因是，人们倾向于向下看（视野变得狭窄）去加工近距离的刺激信号，向上看（视野变得宽广）去加工远距离的刺激信号。根据解释水平理论，这种空间距离会影响个体的心理表征和认知加工，个体对近距离的刺激容易进行低水平表征，对远距离的刺激容易进行高水平表征。研究者通过一系列行为实验验证了自己的假设，向下看激发了更为具体的心理表征，导致个体的解释水平降低，向上看则会激发更为抽象的心理表征，导致个体的解释水平提高（Van Kerckhove，Geuens，& Vermeir，2015）。手机使用是一种典型的向下看的行为。根据具身认知理论以及学者的研究可以推测，低头玩手机会降低个体的解释水平。

根据上文所述，解释水平会导致自我控制水平降低。根据具身认知理论，低头这一身体姿势对自我控制有消极影响。因此，长期低头玩手机，可能会损害个体的自我控制。

扫描拓展

学海无涯，手机做伴

第三节 自我控制对网络使用的影响

网络使用会影响个体的自我控制，自我控制也会影响个体的网络使用，影响个体的网络心理与行为。有研究者通过经验取样法连续三天通过短信每天与被试联系五次。当被试收到短信时，可以点击一个链接，系统会自动记录下被试在收到短信后查看手机进入链接的时间（Berger，Wyss，& Knoch，2018）。结果发现，自我控制水平较低的个体会更加及时和频繁地去查看手机。这说明自我控制可以影响个体的网络使用行为模式，自我控制力越差，个体的网络使用频率越高，越容易形成即时的网络使用习惯，线下生活更容易被网络技术干扰。

低头族是网络时代特有的且与网络技术密切相关的网络词汇。低头族描述的是独自玩手机而忽略周围环境和人际交往的一类人群。在日常生活中，低头族现象较为严重。研究表明，自我控制是低头族玩手机频率的重要预测因素，自我控制水平越低，低头玩手机的频率越高（Davey et al.，2018）。另外，有关网络自我表露的研究发现，自我控制水平较低的个体在网络中有更多的自我表露（Yu，2014）。

网络可以极大地满足个体的需求，网络中充满着各种诱惑，自我控制越差的个体越容易形成通过网络来获得需求的满足的行为模式，有更高的网络视频频率，受网络的影响也更大。从这个角度来说，低水平的自我控制导致更多的网络使用，网络使用越多又会反过来影响个体的自我控制，从而形成负性循环。

一、自我控制与网络成瘾

网络成瘾主要表现为两个方面：一是由于无法有效控制自身而出现的过度网络使用行为以及强迫性思维、耐受、戒断症状等；二是由于无法有效控制自身而带来的学业、社交等日常功能受损。也有研究者不使用网络成瘾这种称呼，而代之以病理性网络使用、问题性网络使用等。在过去几十年中，虽然对网络成瘾问题的学术定位存在争议，但是有关网络成瘾的概念界定、诊断标准、形成机制、治疗手段等方面的研究急速增多。美国精神医学学会修订的《精神障碍诊断与统计手册》第5版将网络游戏障碍纳入其附录部分，充分肯定了对该问题进行研究的重要性。

以往大量的研究表明，自我控制与网络成瘾存在密切关系。一方面，网络成瘾的主要表现就是自我控制缺乏。有学者认为网络成瘾本身就是一种冲动性紊乱。侯其锋、张芝、杨锆(2013)对不同网络成瘾状态的大学生进行了问卷调查。结果发现，网络成瘾组的自我控制水平显著低于网络成瘾倾向组，网络成瘾倾向组的自我控制水平显著低于未网络成瘾组。梅松丽、张明、张秀玲、姜英杰(2010)采用延迟折扣任务考察了大学生网络成瘾的冲动性特征。结果表明，网络成瘾大学生在延迟折扣实验中更加倾向于做出冲动性选择。对于所有延迟强化条件，网络成瘾大学生的延迟折扣率均显著高于非网络成瘾大学生。这说明网络成瘾者相较于非网络成瘾者，延迟满足能力更差，自我控制能力更差。

有研究者采用爱荷华赌博任务考察了网络成瘾者与非网络成瘾者在风险决策功能上的差异(徐四华，2012)。爱荷华赌博任务包括A、B、C、D四副扑克牌。被试可以选择低额奖赏的扑克牌，低额奖赏的扑克牌同时伴有低额损失，最终会导致净盈利(盈利大于损失，即盈利牌)；而高额奖赏的扑克牌同时伴有高额损失，最终会导致净损失(损失大于盈利，即损失牌)。该任务主要考察被试每次选牌后的即时收益及可能面临的损失反馈对其随后选牌倾向所产生的影响。结果发现，与对照组被试相比，网络成瘾组在爱荷华赌博任务中优先选择损失牌，其冒险的决策并没有随着决策次数的增加而改变。这表明网络成瘾者的决策功能受损并表现出"即时收益优先"的决策模式。

许多研究表明自我控制是网络成瘾的重要预测因素，高水平的自我控制是网络成瘾的保护性因素，低水平的自我控制会导致网络成瘾。何灿等人（2012）的研究表明，自我控制在自尊和网络游戏成瘾之间起着中介作用。低水平自尊者对自己一般持负面的评价，认为自己不如别人，缺少对处理生活事件能力的自信，易发生逃避和依赖行为。这种低水平的自尊导致的自我控制的失败才是网络游戏成瘾的关键。

二、自我控制与网络偏差行为

1990 年，盖德弗里德森和赫希提出了一般犯罪理论，即自我控制理论。这一理论认为，缺乏强有力的自我控制是人们犯罪行为产生的原因；具有较差的自我控制能力的个体往往不仅会参与犯罪行为，而且会参与其他具有类似特征的行为，如不一定违反法律的偏差行为或冒险行为（Gottfredson & Hirschi，1990）。

随着网络技术的发展，线下的偏差行为和犯罪行为通过各种形式转移到线上，变成网络偏差行为和网络犯罪。在对网络偏差行为的研究中，网络欺负最受研究者的关注。网络欺负在青少年群体中普遍存在。网络的普及和信息技术的进步让人们的网络交往更加丰富和便捷，也使得越来越多的青少年卷入各种形式的网络欺负中。遭受网络欺负的个体更容易出现各种身心健康问题。

一项来自对 25 个国家的大样本问卷调查研究发现，自我控制是网络欺负的重要预测因素，不仅对网络欺负有直接影响，而且对网络欺负有明显的预测作用（Vazsonyi et al.，2012）。也有研究发现，自我控制与一些网络偏差行为或者网络犯罪，如非法音乐下载、网络侵权行为、网络色情行为存在联系（Buzzell，Foss，& Middleton，2006），较低水平的自我控制会导致网络犯罪的发生（Donner et al.，2014）。

互联网对自我控制的影响与自我控制对网络使用的影响属于不同

的研究视角。从更宏观的角度来看待互联网与心理学研究的关系，可以将网络心理学的研究分为三种类型：基于网络的研究、源于网络的研究和融于网络的研究（周宗奎，刘勤学，2016）。从目前来看，在基于网络的研究和融于网络的研究两个方面，都积累了不少实证研究，而源于网络的研究还相对比较少。因此，探讨互联网对自我控制的影响这类源于网络的研究具有更重要的现实意义。

关于自我控制大脑神经机制的研究一直都是自我控制研究的重点。探讨互联网与自我控制的关系，还需要深入探究网络对大脑认知、行为调控功能的生理神经机制。例如，认知神经科学的研究发现，在复杂的大脑结构中，前额叶皮层对于个体的自我控制有至关重要的作用。前额叶皮层的成熟过程比其他大脑区域缓慢，青春期后才能发育完全。这个区域有许多负责抽象思维的神经回路，能使我们集中注意力，坚持完成工作任务，同时将信息储存在我们的工作记忆里。未来的研究可以进一步考察网络使用对个体大脑中负责自我控制的相关脑区的影响，从而为互联网与自我控制的关系提供更加基础性的证据。

另外，目前互联网对自我控制的影响总体偏向负面，即网络使用总体上降低了个体的自我控制水平。互联网是大势所趋，尤其是作为数字土著的一代，互联网在其个体成长成才的过程中扮演着重要作用。除了看到互联网对自我控制潜在的负面影响，也不可忽视其可能存在的积极作用，研究者需要深入挖掘互联网与自我控制之间关系的边界和机制，从而更全面、更客观地看待互联网对个体自我控制发展的意义。

扫描拓展

保持乐观，生命长久

第六章　互联网与身体映像

开脑思考

1. 是否可以将传统关于身体映像的理论观点应用到虚拟世界？

2. 在网络上看到帅哥靓女后，你会觉得自己丑吗？

3. 网络真的有利于人们树立健康的身体观吗？

关键术语

身体映像，自我客体化，网络干预

身体自我是自我概念的重要成分（Shavelson，Hubner，& Stanton，1976）。目前，很多关于身体自我的探讨集中于身体映像领域。因此，研究"互联网与自我"这一课题，有必要对互联网与身体映像之间的关系进行系统探讨。人们如何借助互联网来进行身体自我的呈现，互联网又如何影响人们身体自我的发展，如何借助互联网对身体映像的失调进行干预等，这些都是本章探讨的重点。在这一章中，我们将从身体映像概述、互联网背景下的身体映像和积极身体映像的构建三个方面，阐述互联网与身体映像之间的关系，以期能够帮助读者更全面地了解互联网环境下的身体映像。

第一节　身体映像概述

身体映像，最早在 1935 年提出，是指个体头脑中对自己的身体所形成的心理图画（Schilder，1935）。随后，许多学者对身体映像的界定进行了探讨。身体映像对人们的饮食健康有着重要影响，同时它又受到个体、家庭、同伴等多方面的影响。本节我们将对身体映像做一简要介绍。

一、身体映像的概念

(一)身体映像的定义

张春兴(1989)认为，身体映像是个人对自己身体特征的一种主观性、综合性、评价性的概括，既包括个人对自己身体各个方面特征的了解与看法，也包括所感知到的他人对自己身体外貌的看法。认知行为学派认为，身体映像是一个多维度概念，是个体对于自己外表在感觉、思维、情感及行为方面的综合反映。身体映像包含两种成分：一是知觉成分，如对体形的估计；二是态度成分，如在情感、认知和行为三个方面对自己身体的关注(Cash & Pruzinsky，1990；Rucker & Cash，1992)。研究者进一步将态度成分划分为评估—情感维度和认知—行为投入维度。前者涉及对身体外观的自我评价，如身体映像不满意；后者涉及对身体外观重要性的认知评估和行为表现，如与身体外观相关的自我图示(Cash & Pruzinsky，2002)。斯利德认为，身体映像包括知觉成分和态度成分，知觉成分是指身体知觉，即评估自己身体的形状、大小的正确性；态度成分是指身体概念，即对自己身体的态度和情感(Slade，1994)。

一般来说，身体映像是指人们如何看待他们的身体自我，包括对自己身体的形状、大小、体重以及其他决定身体外貌的方面的评价。长期以来，研究者和临床工作者将身体映像分为三种成分：知觉成分主要指对身体形状、大小估计的准确性；主观成分主要指对身体的满意度和关注程度，包括认知评价和态度评价；行为成分主要指对一些引起身体不适的情境的回避(Raich，Soler，& Mora，1995)。类似的观点也将身体映像看作三个层面的内容：其一是个人对体形的评估，即知觉层面；其二是个人对身体的满意度、认知评价，即态度层面；其三是个人逃避因身体外貌令自己不适的情境，即行为层面（Thompson et al.，1999）。综上所述，身体映像是一个复杂的、多维度的概念结构，包含个体对自己身体的自我知觉、认知评价、情感和相应的行为几个层面。

(二)身体映像失调和积极的身体映像

长期以来，对身体映像的研究多集中于对身体映像消极方面的探讨，即身体映像失调，如身体映像失调的影响后效等。身体映像失调包括知觉、认知、情感、行为和主观评价五个方面。知觉方面是指准确估计自己的体形；认知方面包括身体映像的图式如何影响信息的输入、存储和检索过程，如与身体相关的想法会主导身体映像严重失调的个体的认知过程；情感方面包括与自己外貌相关的焦虑和悲痛，如社交身体焦虑；行为方面包括回避那些可能导致身体映像监视产生的场景或情境(如在沙滩上游泳)或者改变体重或维持体重的行为(如节食、锻炼)；主观评价方面被认为是最全面的测量，因为它能够获得个体对自己身体映像主观评价的精髓，并且与身体映像的情感、认知和行为成分密切相关。例如，一个人对自己身体的某个部位或者体形的满意度代表了他对身体映像失调的主观评价。

近年来，随着研究的不断深入，许多研究者认为，不应只关注身体映像的消极方面，还应关注身体映像适应性的方面——积极的身体映像。值得注意的是，积极的身体映像是积极地看待、接受、尊重和保护自己的身体(Avalos，Tylka，& Wood-Barcalow，2005)。研究者以女大学生为样本编制了身体欣赏量表来测量积极的身体映像。身体欣赏包括四个方面：对自己的身体持赞赏、支持的观点；接受自己的身体，而不管实际的体重、体形和不完美；尊重自己的身体，如注意身体的需求、从事健康的行为；保护自己的身体映像，如拒绝媒体中描绘的不切实际的理想体形(Iannantuono & Tylka，2012)。随后，研究者通过对身体欣赏量表的最初版本进行精简和完善，编制了第二版身体欣赏量表，并将其推广到社区人群和男性群体中(Tylka &

Wood-Barcalow，2015）；进而，又有研究者将第二版身体欣赏量表推广到儿童群体中（Halliwell et al.，2017）。积极的身体映像越来越受到研究者的重视，第二版身体欣赏量表在许多国家得到了应用和验证（Atari，2016；Bakalim & Taşdelen-Karçkay，2016；Homan，2016；Kertechian & Swami，2017；Namatame，Uno，& Sawamiya，2017；Swami & Jaafar，2012；Swami & Ng，2015；Swami，Ng，& Barron，2016）。

二、身体映像的影响后效

（一）身体映像与进食失调

一直以来，研究者都将消极身体映像作为进食失调的风险因素进行研究（Stice，2002），且这一影响作用在不同的年龄群体中都得到了证实。关于青春期女性进食失调影响因素的研究发现，身体不满意是导致进食失调的决定性因素（Fortes et al.，2015）。以女大学生为被试的研究也发现，身体不满意与进食失调呈显著正相关（Ward & Hay，2015）。此外，身体映像担忧是导致老年人进食失调的重要影响因素（Peat，Peyerl，& Muehlenkamp，2008）。与之相反，拥有更高积极身体映像的个体报告更少的不健康节食行为（Gillen，2015）。身体映像失调对进食失调的影响也得到了纵向研究的支持。一项持续五年的追踪研究发现，青少年较低的身体满意度会预测其成年后的节食、暴饮暴食行为，这一结果在男性和女性群体中均被发现（Neumark-Sztainer et al.，2006）。一项以巴西青少年为被试的纵向研究也表明，身体不满意能显著预测进食失调症状的出现（Amaral & Ferreira，2017）。此外，青少年时期的身体映像失调也能够预测个体成年后进食失调症状的出现（Ohring，Graber，& Brooks-Gunn，2002）。

在中国文化背景下，身体映像失调对进食失调的预测作用得到了研究者的关注。例如，对中国青少年进食失调的影响因素进行探讨，结果发现，外貌担忧是影响青少年进食失调的重要因素（Jackson & Chen，2007）。纵向研究也发现，中国青少年对瘦理想的追求、对肥胖的担忧都能对其 18 个月后的进食失调产生独立的预测作用（Jackson & Chen，2008a）。对肥胖的担忧能够预测青少年 9 个月后进食失调症状的出现（Jackson & Chen，2008b）。另一项为期两年的追踪研究发现，身体不满意能够预测青少年两年后进食失调症状的出现（Jackson & Chen，2014）。以中国大学生为被试的为期一年的追踪研究也发现，身体监视、身体羞耻和身体不满意能够预测女大学生一年后进食失调症状的出现。对于男大学生，身体不满意能够预测其一年后进食失调症状的出现（Jackson & Chen，2015）。

（二）身体映像与自尊

根据自我价值感权变理论（Crocker et al.，2003），身体外貌是自我价值感的一个重要来源，因此，个体的身体映像会对其自尊及自我价值感产生影响。身体映像与自尊的关系在众多研究中得到了证实。早期的研究主要关注身体映像失调，如身体不满意对自尊的消极作用。这一关系在儿童、青少年和成人群体中都得到了证实（Abell & Richards，1996；Clay，Vignoles，& Dittmar，2005；Frost & McKelvie，2004；Lo et al.，2014）。身体映像与自尊的关系具有跨文化的一致性，在韩国、美国、中国大学生群体中均被发现，如以韩国和美国大学生为被试的研究发现，身体满意度与自尊呈显著正相关（Lee et al.，2014；李明娟，2015）。纵向研究也表明，身体不满意对自尊具有消极的预测作用（Paxton et al.，2006；Tiggemann，2005）。

随着积极的身体映像领域的兴起，许多研究也关注了积极的身体映像对自尊的积极作用。以美国群体为被试的研究发现，身体欣赏与自尊呈显著正相关（Tylka & Am，2013）；拥有更高积极身体映像的个体报告更高的自尊水平（Gillen，2015）。身体欣赏水平与自尊的显著正相关也在其他文化背景和种族中得到验证。研究发现，在奥地利和英国的被试群体中，身体欣赏水平与自尊之间也存在显著正相关

(Swami et al., 2009；Swami, Campana, & Coles, 2012；Swami et al., 2008)。

　　身体映像与自尊的关系也会受到其他因素的影响。性别的调节作用受到许多研究的关注。一般认为，身体满意度与自尊的相关在女性群体中更显著。因为女性在社会化的过程中，逐渐形成一种观念，即外貌是自我评价的一个重要方面(Clay et al., 2005；Furnham, Badmin, & Sneade, 2002)，因而更加注重自己的外貌。这一论断得到了许多研究的支持(Frost & McKelvie, 2004；Furnham et al., 2002；Wade & Cooper, 1999)。但也有研究表明，身体满意度与自尊的相关没有受到性别的调节(Pa et al., 2010)。值得注意的是，性别对身体映像与自尊关系的调节作用也会受到其他变量的影响。例如，社会经济地位高的女性，其体形满意度与自尊的相关显著高于社会经济地位低的女性；而在男性群体中，社会经济地位对这一相关没有调节作用(Abell & Richards, 1996；Pa et al., 2010)。种族也存在这样的效应(Pa et al., 2010)。此外，对于青少年群体而言，性别与青春期的不同阶段共同影响身体映像与自尊的关系。对于青春期早期的女孩和青春期中期的男孩而言，身体不满意能够显著反向预测 5 年后更低的自尊水平，而这一预测作用在青春期早期的男孩和青春期中期的女孩中并不存在(Paxton et al., 2006)。

(三)身体映像与心理健康

　　身体映像会对个体的心理健康产生影响。研究较多的是身体映像与抑郁的关系，且主要集中于女性群体。一项探讨产妇身体映像和抑郁关系的研究发现，产妇的身体映像不满意能够预测女性的产前抑郁和产后抑郁，并且这一发现在使用不同的身体映像指标时以及怀孕和产后的不同时间点都是一致的(Silveira et al., 2015)。对于肥胖被试的研究发现，身体映像不满意与抑郁呈显著正相关(Lo et al., 2014)。以中国青少年为被试的研究发现，身体不满意与抑郁之间呈显著正相关(Chen et al., 2015)。对于青少年来说，身体不满意对抑郁的预测作用会受到性别、不同青春期阶段的调节（Paxton et al.，2006）。青少年期身体映像失调对抑郁的影响还会持续到成年后（Ohring et al.，2002）。一些研究关注积极身体映像对抑郁情绪的削弱作用，结果表明，身体欣赏与抑郁得分呈显著负相关，即拥有更高水平积极身体映像的个体报告更少的抑郁症状（Gillen，2015；Iannantuono & Tylka，2012；Rubin，2011）。

身体映像失调会导致其他心理健康问题，如焦虑等（Przezdziecki et al.，2013）；还可能导致青少年非自杀性自伤的产生（Muehlenkamp & Brausch，2012）。此外，身体映像也会影响人们的主观幸福感。对女大学生的研究发现，身体映像失调与主观幸福感呈显著负相关（Costa et al.，2014；Wang et al.，2018）。以成年女性为被试的研究也发现身体满意度能正向预测生活满意度和积极情绪，并且负向预测消极情绪（Donaghue，2009）。身体映像失调对主观幸福感的消极影响在成年男性群体以及青少年群体中也有发现（Lee et al.，2014；Nio & Margarida，2013；Savi-Cakar，Sevil，& Savi-Karayol，2015；Tylka，2015；谢静，2012）。

三、身体映像的影响因素

鉴于身体映像对个体的生理、心理及社会发展产生的重要影响，许多研究探讨了身体映像的影响因素。总的来看，主要包括个体因素、家庭因素、同伴因素、媒体因素和文化因素。

（一）个体因素

1. 性别和年龄

早期的研究结果表明，男性的身体满意度普遍高于女性（Furnham et al.，2002；Tiggemann & Williamson，2000；Wade，2000）。也有研究发现，男性的体重不满意度显著高于女性（Abell & Richards，1996）。与女性相比，男性希望能够增加自己的体重（Furnham et al.，2002）。

出现不一致的原因在于，男性和女性追求的理想体形不同。一般而言，女性更注重苗条，追求瘦的理想体形，这一发现具有跨文化的一致性（Groesz，Levine，& Murnen，2002；羊晓莹等，2010）。相比于女性，男性的理想体形较为复杂，包括肌肉和脂肪两个维度（施启琰，寇慧，陈红，2017）。研究表明，男性对身体的首要关注点是肌肉感（Frederick et al.，2007；Tiggemann，Martins，& Churchett，2008）。另外，男性同时面临着减少脂肪、降低体重的压力（Neighbors & Sobal，2007；Phillips & De Man，2010；Tiggemann et al.，2008）。

　　年龄也是影响个体身体不满意的一个重要因素。青春期是身体映像发展的重要时期，因为从青春期开始，个体的身体会发生显著变化，青少年开始关注自己的身体（Neff & Mcgehee，2010；Paxton，Eisenberg，& Neumarksztainer，2006；Rodgers et al.，2016）。研究发现，在15～18岁的青少年中，有41.7%报告对自己的身体感到不满意；而在10～14岁的青少年中，只有28.3%报告对自己的身体感到不满意（Wang et al.，2005）。年龄对身体映像的影响会受到性别的影响。一般而言，相比于男性，女性身体映像的发展要相对早些（Paxton et al.，2006）。

2. 身体质量指数

　　身体质量指数（body mass index，BMI）是指用体重（以 kg 为单位）除以身高（以 m 为单位）的平方所得出的值（单位是 kg/m^2），是目前国际上常用的衡量人体胖瘦程度的一个标准。以往的研究表明，BMI 是衡量个体身体映像有力的预测因素。无论对于男性还是对于女性，BMI 都是身体不满意显著的预测因素（Kosmerly，Tremblay，& Boudreau-Larivière，2013；Van Den Berg et al.，2007）。因此，在探究身体不满意影响因素的研究中，研究者一般把 BMI 作为控制变量（Grenon et al.，2016）。

3. 人格

　　大五人格与身体映像存在显著的关系。对大五人格与身体映像进行的系统综述发现，神经质与身体映像呈显著负相关，外倾性与身体映像呈显著正相关，宜人性与身体映像没有显著的相关关系，尽责性和开放性与身体映像的关系未能确定。进一步将研究质量考虑进来，结果发现，尽责性与身体映像呈显著正相关。性别对于大五人格各个维度与身体映像的相关也有影响。具体而言，在男性和女性群体中均发现神经质与身体映像的负相关关系，即神经质水平高的个体，其身体映像更加消极；在外倾性、开放性和尽责性与身体映像的相关中，性别的调节效应比较复杂（Allen & Walter，2016）。

完美主义也是影响个体身体映像的一个重要人格特质。一般将完美主义划分为两个维度：积极的成就努力和适应不良的评价关注。前者包括个人标准、组织性、指向自我完美主义和指向他人完美主义，也称适应性完美主义；后者包括关注错误、行动疑虑、父母期望、父母批评和社会期望的完美主义，也称非适应性完美主义（Bieling，Israeli，& Antony，2004；Frost et al.，1993）。对于进食失调患者，适应性完美主义和非适应性完美主义均与身体态度呈显著相关（Boone et al.，2013；Probst et al.，1995）。适应性完美主义显著正向预测身体欣赏，而非适应性完美主义显著负向预测身体欣赏；并且非适应性完美主义的预测效应显著大于适应性完美主义（Iannantuono & Tylka，2012）。另一项研究发现，适应性完美主义和非适应性完美主义对身体不满意的预测效应没有显著差异（Wade & Tiggemann，2013）。以男性群体为被试的研究发现，社会期望的完美主义能够显著预测肌肉维度和体脂维度的身体不满意。综上所述，完美主义确实是身体映像的一个重要影响因素，尤其是非适应性完美主义会导致更加消极的身体映像。

自恋人格也是影响个体身体映像的重要因素。通常，自恋的个体会对自己的身体外貌有过度积极的评价（Buffardi & Campbell，2008；Buss & Chiodo，1991）。自恋的个体对身体外貌有更多的投入（Davis，Dionne，& Shuster，2001），会过高地评价自身的吸引力（Bleske-Rechek，Remiker，& Baker，2008；Gabriel，Critelli，& Ee，1994）。此外，自恋与身体映像满意度（Bleske-Rechek et al.，2008；Chan & Tsang，2014；Lipowska & Lipowski，2015）和身体

吸引力均呈正相关（Holtzman & Strube，2010）。这些研究结果都说明，与自恋水平低的个体相比，自恋水平高的个体有更加积极的身体映像。

4. 依恋类型

根据依恋理论，成人依恋包括两个连续正交的维度，即依恋焦虑和依恋回避（Mikulincer，Shaver，& Pereg，2003）。一些研究表明，依恋焦虑与身体映像存在密切的关系（Grenon et al.，2016），而依恋回避与身体映像没有关系（Brennan，Clark，& Shaver，1998；McKinley & Randa，2005；Suldo & Sandberg，2000）。也有研究发现，依恋焦虑和依恋回避都会对身体映像产生影响。例如，依恋焦虑和依恋回避均能负向预测个体的身体欣赏水平（Iannantuono & Tylka，2012）。与之类似，另一项研究也表明，依恋焦虑和依恋回避与理想内化、肌肉不满意、体脂不满意和身体监视均呈显著正相关，同时与身体欣赏呈显著负相关（Tylka，2015）。此外，也存在其他一些对依恋类型的分类，如研究发现，不安全的回避型依恋的男性健美运动员更容易患上肌肉上瘾症（Fabris et al.，2017）。

（二）家庭因素

家庭是影响个体身体映像的一个重要因素（Thompson et al.，1999），如父母的教养方式、父母的身体映像水平、父母的节食行为、父母的批评和嘲笑等。首先，父母的教养方式会影响孩子身体映像的形成。例如，童年期母亲的关心直接负向预测成年女性的身体不满意度，童年期父亲的关心通过依恋焦虑间接预测其身体不满意度（Grenon et al.，2016）；监护人提供严格的饮食信息能够显著负向预测个体的积极身体映像（Iannantuono & Tylka，2012）。另一项研究发现，积极的父母教养方式有助于青春期女性欣赏个体间的身体差异，形成积极的身体映像。其次，父母的身体映像水平和节食行为也会影响孩子身体映像的形成。研究发现，母亲对苗条身材的追求会影响孩子身体映像的形成，父母的节食行为与子女的身体不满意度呈显著正相关（Van Den Berg et al.，2007）。父母的批评和嘲笑能够显著预测个体的身体不满意度、对苗条身材的投入以及体重管理行为（Levine，Smolak，& Hayden，1994）。

(三)同伴因素

对于青少年而言，同伴是影响其身体映像的一个重要因素。根据社会比较理论，人们在进行自我评价的时候倾向于与相似的他人进行比较。因此，与同伴进行身体外貌比较以及同伴所带来的压力是导致青少年对身体不满意的重要原因（Myers & Crowther，2009；Pinkasavage，Arigo，& Schumacher，2015；Sharpe et al.，2013）。与同伴进行肥胖谈论在青少年身体映像失调的产生过程中起到重要作用。对肥胖谈论和身体映像的关系进行综述和元分析，均发现肥胖谈论是导致身体映像失调的重要因素（Shannon & Mills，2015；Sharpe et al.，2013；吴双双等，2016）。同伴的节食行为能够间接预测个体的身体不满意度（Shannon & Mills，2015；Van Den Berg et al.，2007）。同伴嘲笑能够显著预测个体的身体不满意度（Levine et al.，1994）。同伴对青少年身体外貌的反馈也会影响其身体映像水平（Hummel & Smith，2015）。

(四)媒体因素

在家庭、同伴和媒体三个影响源中，媒体由于其普遍性被看作最为有力的影响因素（Groesz et al.，2002），它对个体身体映像的影响也得到了大量研究的支持。一些元分析表明，大众媒体(如电视广告、杂志图片、视频游戏等)的使用对个体的身体映像有消极影响，且这一影响在男性和女性群体中普遍存在（Barlett，Vowels，& Saucier，2008；Grabe，Ward，& Hyde，2008；Groesz et al.，2002）。

随着互联网的普及，许多研究开始关注互联网使用与人们身体映像的关系。一项调查显示，女大学生浏览外貌相关媒体的时间要显著多于浏览杂志的时间（Bair et al.，2012）。长期暴露于网络环境中的身体外貌相关信息，对人们的身体映像会产生消极影响。例如，互联网使用会导致女性个体更高水平的瘦理想内化和体重不满意（Tiggemann & Miller，2010）。针对中国被试的研究发现，互联网使用与主观肥胖信念和担心进食失控显著相关，但这一发现只存在于成人群体中，在 12～18 岁的青少年中不存在（Peat et al.，2015）。其中，受到研究者广泛关注的是社交网站使用对个体身体映像的影响。大量的研究证实，社交网站使用会导致个体产生身体映像失调，如瘦理想内化、自我客体化、身体不满意等（Fardouly & Vartanian，2016；Mingoia et al.，2017；王玉慧等，2017）。

（五）文化因素

　　一般而言，在西方文化背景下，女性追求纤细的身材。而在一些非西方文化背景下，尤其是经济发展相对落后的地区，则比较推崇稍胖的身材（Pollock，1995；付丹丹，2009）。在这些文化中，身体不满和进食障碍的发生率都远低于西方。一项包括全世界 10 个地区 26 个国家的研究发现，女性的理想体形和身体不满意存在地区间的显著差异（Swami et al.，2010）。然而，该研究也表明，西方媒体是人们理想体形的显著预测因素。这一结果说明，随着互联网等媒体的宣传，非西方文化背景下的个体受到西方文化背景下理想体形的影响，出现了对纤瘦身材的追求和身体不满意的增加（Becker，Gilman，& Burwell，2005）。对中国女性的研究结果也表明，对苗条身材的追求变得越来越普遍（Jackson & Chen，2008c）。对于不同文化背景下男性身体映像担忧的研究并没有得出一致的结论（Ricciardelli et al.，2007）。有研究者（Soh，Touyz，& Surgenor，2006）认为，结果之所以不一致，是因为各个研究并没有把文化交融进行等同的考虑。此外，在中国文化背景下，对于男性而言，身高是身体映像很重要

扫描拓展

经常假笑，有害健康

的一个方面(Liu et al.，2014)。因此，未来关于不同文化、不同种族下身体映像的探讨，要将文化的相互交融和相互渗透考虑进来，以便对身体映像进行更加全面的分析。

第二节　互联网背景下的身体映像

人们会在网络空间中展示形体，网络中存在的身体外貌图片又会影响人们对自己身体的态度。这种影响究竟是好的还是坏的？我们又有什么办法来减弱网络对身体映像带来的消极作用呢？本节我们将重点介绍互联网背景下的身体映像。

一、网络空间里的身体呈现

(一)网络媒体中的身体呈现

与大众媒体类似，互联网为我们呈现了大量身体外貌的相关信息，对于我们身体映像的形成具有重要作用。

首先，与传统媒体相比，互联网为我们了解明星提供了更便捷的途径。一方面，网上每天都会有关于明星的各种报道，如出席某些活动、为某品牌代言等，这些或多或少都会涉及身体外貌方面的信息；另一方面，明星会在微博上发布自己的照片，有时也会分享自己减肥或者护肤的经验和心得。不可否认，大部分明星都拥有较好的身材，这就给受众提供了理想体形的标准，受众会去模仿和追求。值得注意的是，明星为了保持完美的身材和外貌，在身体外貌方面投入了大量的时间和金钱，而这些对于普通大众来说，这是不切实际的。另外，人们在网上看到的宣传照等大多都是经过后期处理和美化的，因此，它们呈现给我们的并不是真实的样子。根据社会文化理论，网上这些关于明星的信息会导致人们长期暴露于理想的身体外貌下，进而对身体映像产生影响。

除了关于明星的身体外貌信息，网上还存在许多其他相关的身体外貌信息。例如，网红脸就涉及大量的外貌相关信息，会对人们的身体映像产生影响。

其次，社交网站的盛行将人们暴露于大量身体外貌的相关信息中。例如，我们经常会在社交网站看到好友更新的自拍照、个人头像等。此外，网上还有许多专门针对如何减肥瘦身、护肤保养、健身增肌等的微信公众号、微博账号。这些账号所更新的内容也会增加人们对身体外貌的关注度。

(二)网络身体自我呈现

在使用互联网的过程中，人们不仅是信息的接收者，而且是网络信息的产生者。网络自我呈现是人们开展网络活动的重要方面。以计算机为中介的沟通模型认为，互联网使得人们可以有选择地呈现自己（Walther，1996；2007），而印象管理理论认为，人们在自我呈现时，往往会选择那些自身积极的方面，从而有助于他人对自己形成良好的印象（Mark & Robin，1990）。身体是自我的重要组成部分。研究发现，身体外貌是个体用来表达自我和印象管理的重要手段（Amichai-Hamburger & Hayat，2013；Goffman，1959）。随着网络在人们生活中的日益普及，身体自我呈现越来越多地出现在虚拟世界中。网络身体自我呈现是指个体在上网过程中有意识地呈现与身体有关信息的行为与知觉，包括网络身体修饰行为和网络化身修饰知觉（雷雳，2016）。

社交网站是人们进行身体自我呈现的一个重要平台。用户会在社交网站上传大量的个人照片。值得注意的是，随着技术的不断发展与更新，各种修图软件和美颜相机为人们发布美美的照片提供了基础。用户可以对照片进行美化修饰，从而展示良好的自我形象（Manago et al.，2008）。此外，为了更好地自我呈现，用户还会有选择地删除一些照片（Lang & Barton，2015）。在社交网站发布自拍照是大多用户喜欢的一种自我呈现方式。用户在上传自拍照时，会使用各种方式进行编辑和美化（Chae，2017；Kim & Chock，2017；Lyu，2016；孟男，王玉慧，雷雳，2017）。同时，许多社交网站用户还会将自己的照片（包括自拍照）作为头像或主页背景。社交网站上的这些照片中涉及大量的身体外貌相关信息，并且往往经过美化和修饰。这些身体外貌信息会对人们的身体映像产生影响。

网络交友平台存在许多身体外貌的相关信息。一方面，从印象管理的角度来说，人们在呈现个人照片时，会选择高吸引力的照片上传。研究发现，人们喜欢从自己众多的照片中选择讨人喜欢、看起来有吸引力的照片作为主页照片（Toma & Hancock，2010）。另一方面，网络交友平台上的个人信息往往是不真实的。人们会对上传到主页的照片进行编辑、美化（Hancock & Toma，2009）。对于低吸引力的个体，他们会更多地美化自己的主页照，并且在个人信息栏里谎报自己的身高和体重（Toma & Hancock，2010）。这一现象在女性群体中更为普遍，她们在网络交友平台上会把自己的身体外貌呈现得更加受欢迎（Guadagno，Okdie，& Kruse，2012）。

二、互联网使用对身体映像的影响

随着互联网的普及，互联网使用对身体映像的影响得到了研究者的广泛关注。针对互联网使用对身体映像的影响机制，研究者进行了较为系统的探讨。总体来看，相关理论主要有社会文化理论、客体化理论和整合模型三种。

(一)社会文化理论

社会文化理论强调社会文化因素在人类认知功能发展中发挥的核心作用，研究社会文化价值观如何影响个人的价值观和行为。基于社会文化理论，研究者提出了三重影响模型来解释女性身体不满意和进食失调的产生机制（Thompson et al.，1999）。该模型假设，社会文化因素（家庭、同伴、媒体）是女性身体不满意的三个最初影响源，外貌比较和瘦理想内化在其中起中介作用(见图 6-1)。大量研究支持了这一模型,证实了家庭、同伴和媒体对女性身体不满意及随后进食失调的影响,以及外貌比较和瘦理想内化的中介作用(Keery,Van den Berg,& Thompson,2004;Shroff & Thompson,2006;Van den Berg et al.,2002)。后来,研究者对该模型进行了修订并将其应用于男性群体,该模型得到了许多研究的证实(Karazsia & Crowther,2009;Morrison,Morrison,& Hopkins,2003;Rodgers et al.,2012;Smolak,Murnen,& Thompson,2005;Stratton et al.,2015)。

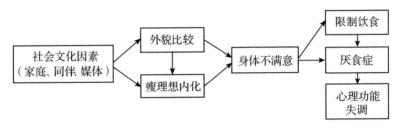

图 6-1　三重影响模型

近年来,许多研究者使用该模型来解释互联网使用对个体身体映像的影响。例如,研究发现,互联网使用与体重不满意、追求瘦呈显著正相关,瘦理想内化和外貌比较在其中起中介作用(Tiggemann & Miller,2010)。与外貌相关的互联网使用与女大学生的身体不满意呈显著正相关,瘦理想内化在其中起中介作用(Bair et al.,2012)。

在众多互联网使用中,研究最多的是社交网站使用对个体身体映像的影响。社交网站之所以受到研究者的广泛关注,是因为社交网站自身所具有的属性特点。一方面,社交网站上充满了朋友和其他社交网站好友大量的身体外貌相关信息;另一方面,用户在社交网站上可以建构自己的形象、分享照片和信息。此外,在社交网站上,用户还可以与朋友进行互动。用户可以随时随地使用移动设备浏览、更新和编辑社交网站上的内容。社交网站的这些特点使得人们有更多的时间和机会置身于各种身体外貌相关的信息中,进一步产生外貌比较和瘦理想内化。久而久之，就会导致身体映像失调。

许多研究基于三重影响模型探讨了社交网站对身体映像的影响。研究发现，社交网站使用会导致女性产生对瘦的追求，进一步还会产生进食失调。外貌比较在这一过程中起中介作用（Fardouly et al.，2015；Fardouly & Vartanian，2015；Kim & Chock，2015；Tiggemann & Miller，2010）。瘦理想内化同样在社交网站使用与女性身体映像失调之间起中介作用（Tiggemann & Miller，2010；Tiggemann & Slater，2014；Vandenbosch & Eggermont，2012）。这些研究结果都表明三重影响模型同样适用于解释在社交网站使用背景下人们身体映像失调的原因。值得一提的是，与简单测量社交网站使用的时间和频率相比，社交网站上的具体活动（如发布状态，浏览、评论朋友的状态等）对身体映像失调有更加显著的预测作用（Arroyo & Brunner，2016；Kim & Chock，2015；Meier & Gray，2014）。

（二）客体化理论

客体化理论认为，社会文化以女性的身体外貌为标准对她们进行评价，导致女性内化这些标准，产生性客体化体验，这种性客体化体验会进一步导致女性产生自我客体化。自我客体化的女性会表现出身体监视，出现身体羞耻，进一步产生各种心理健康问题（Fredrickson & Roberts，1997）。该理论最初被用于解释传统媒体（如广告、杂志等）对女性身体映像失调的影响。传统媒体对于女性的宣传注重强调女性的性特征和身体特征，导致女性逐渐内化这些标准，并以外在的身体属性而非功能属性来衡量自己，即产生自我客体化。当达不到这些标准时，她们就会出现身体羞耻等身体映像失调症状。研究发现，与浏览和外貌无关的中性广告的个体相比，那些浏览以性客体化女性为内容的广告的个体报告更高水平的身体不满意，并且这一结果在男性和女性群体中均被发现。此外，这一影响对于外貌理想内化水平高的个体更加显著，即相比于外貌理想内化水平低的个体而言，他们在浏览广告后报告的身体不满意度更高（Krawczyk & Thompson，2015）。

有研究者将客体化的概念加以拓展，认为外貌压力也是客体化的一种形式，并预测从同伴和媒体那里感受到的外貌压力会导致个体采取外貌改变策略，如节食、整容、过度运动等（Moradi，2010）。基于此，研究者将客体化理论运用于社交网站使用与身体映像失调领域。社交网站会通过直接和间接两种方式导致女性产生外貌压力，进而产生自我客体化。一方面，个体在社交网站上收到的关于外貌吸引力的评论会直接导致其外貌压力的产生；另一方面，当个体看到他人对朋友外貌的评论时，也会间接产生外貌压力（de Vries et al.，2014）。社交网站上的这些外貌压力会导致女性产生自我客体化，自我客体化的女性进而会采取更多的身体监视行为（Vandenbosch & Eggermont，2012）。新近的纵向研究发现，自拍照编辑与自我客体化、外貌不满意存在跨时间关联，即个体越编辑自拍照，越容易产生自我客体化，对自己的外貌越不满意（Wang et al.，2021a；Wang et al.，2021b）。

(三)整合模型

社会文化理论和客体化理论最初被用于解释传统媒体对身体映像的影响。近年来，研究者将其拓展到互联网领域。但这两个理论主要强调个体被动地接受媒体信息，而忽视了个体在使用互联网过程中的主体性和网络（尤其是社交网站）的互动性。因此，研究者结合互联网使用领域的其他一些经典理论，将个体的能动性和网络的互动性涵盖进来，构建了一个整合模型（Rodgers，2016），如图 6-2 所示。

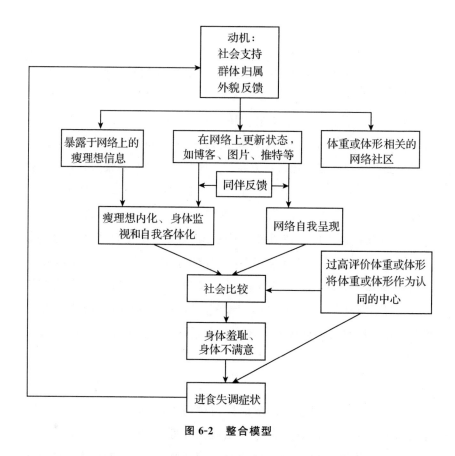

图 6-2　整合模型

这个模型主要有三种互联网使用模式。在这三种模式中，个体与他人的互动水平各不相同。在第一种模式中，互联网被看成一种个人的工具，在网络中个体与他人没有任何互动。这种模式并非单向性的，因为用户的网络环境会受到之前网络使用的影响，如互联网会根据以往的浏览记录向用户推荐内容。然而，这种方式确实不存在任何同伴反馈，从而区别于另外两种模式。因此，这种模式也被称为非参与性使用。这种模式对身体映像的影响可以用社会文化理论来解释。也就是说，在这种模式下，用户暴露于网络环境中的各种符合理想体形的身体外貌信息，导致他们产生瘦理想内化、自我客体化等，进而通过社会比较的中介作用出现身体不满意、身体羞耻以及进食失调症状。

第二种模式是使用各种社交网站和社交应用程序，如 QQ、微信、微博等。在这种模式下，人们可以自己发布内容和进行自我呈现。同时，他人可以在这些更新下进行评论，这些评论会进一步影响个体的自我呈现方式。具体到身体映像领域，如当用户发布一张个人照片时，同伴的反馈内容倾向于更加强调瘦理想内化和身体监视等。根据自我客体化理论，上述这些因素会导致个体出现身体不满意、身体羞耻和进食失调症状。值得一提的是，同伴积极或者消极的反馈都可能强化这一路径。另外，这种自我评价的外部标准可能导致人们更加频繁地更新状态，以达到通过他人的积极反馈来获得认可和满足的目的。需要指出的是，这些能够获得同伴积极反馈的自我呈现往往经过数字化的编辑和增强，与真实的自我存在差距，也就是说，这种形象在线下的真实生活中是很难达到的。与这种几乎不能达到的自我进行比较，会导致个体对真实身体自我不满意，产生担心真实身体自我会使他人失望的焦虑。进而，这些不满意和焦虑会促使个体通过节食、锻炼等来提高真实身体自我的水平，从而导致进食失调。

第三种模式聚焦于关注体重和体形的一些网络社区。在这些网络社区中，成员互动的主要内容就是体重和体形等。在这种模式下，成员不会在线下进行互动。他们使用这些社区是为了找到有共同兴趣的个体来彼此分享，而不是为了将线上关系发展到线下。因此，对线上和线下自我一致性的担忧不是关注的主要问题。那些导致在线下被边缘化或污名化的自我认同方面（如体重、体形等）会在线上被加强，并作为认同的主要方面。在这样的社区中进行互动，会导致个体在认同的发展中更加强调身体外貌的作用。此外，在这种网络使用过程中，个体是最为主动的，并且情绪卷入也是最高的。因此，这种模式可能会导致最为严重的进食失调。

三、身体映像对互联网使用的影响

以往研究多关注互联网使用对身体映像的影响，很少有研究关注身体映像对互联网使用的影响。那么，个体的身体映像水平是否会影响其对互联网的使用频率和使用方式呢？有研究表明，个体的身体映像会影响其在网络上的身体自我呈现。例如，对于身体映像水平高的个体而言，他们更愿意在网上进行身体自我呈现，而且在化身的选择上倾向于如实地反映自身的真实情况（雷雳，2016）。身体映像会影响人们在社交网站上进行自拍照发布和自拍照编辑。外貌监视和外貌不满意度高的女性在发布旅行自拍照时更倾向于进行编辑美化，外貌羞耻也能通过外貌不满意间接预测自拍照编辑行为（Lyu，2016）。对于男性的研究表明，自我客体化水平越高，越容易进行自拍照编辑（Fox & Rooney，2015）。另一项研究发现，身体映像得分与自拍照编辑呈负相关，并且在性别与自拍照编辑行为之间起中介作用（Fox & Vendemia，2016）。然而，也有研究表明，个体的身体满意度与自拍照编辑行为没有关系（Chae，2017）。

此外，互联网使用与身体映像也可能相互影响。具体而言，当个体使用社交媒体时会因为看到同伴上传的有吸引力的照片而产生社会比较，从而导致身体不满意增强，即社交媒体使用导致身体映像失调。反过来，这些感受到身体映像失调的人会重新登录社交网站去寻求安慰和肯定，以获得满足感。而这可能进一步促使更多的社会比较和对理想体形的内化，进而导致更加严重的身体映像失调，进一步产生进食失调。目前，关注互联网使用与身体映像双向关系的研究相对缺乏。一项为期两年的纵向研究发现，青少年女性两年后的脸书卷入和身体映像失调都显著增多。一方面，脸书上的朋友数量能够显著预测他们两年后对苗条的追求；另一方面，瘦理想内化和身体监视能够显著预测两年后脸书上的朋友数量

(Tiggemann & Slater, 2017)。但该研究的被试仅为青少年女性，对于社交网站使用仅测量使用时间和朋友数量，仅选取瘦理想内化、身体监视作为身体映像失调的指标。因此，未来还需要更多的研究，采用不同的测量指标（如不同的社交网站使用方式等其他身体映像指标），在不同被试群体中探讨社交网站使用和身体映像的关系。

扫描拓展

关上镜头，品味当下

第三节　积极身体映像的构建

　　网络中关于身体外貌的许多信息都是不真实且不切实际的。同时，个体在网上进行身体自我呈现时，也会使用一些软件对自己的照片进行修饰和美化。那么，如何正确看待网络中不切实际的身体信息？如何鼓励人们接受真实的自我，在网络中进行真实的自我呈现？探讨这两个问题，有助于人们树立健康的身体观。

一、网络身体呈现的健康观

（一）提高媒体素养

　　媒体素养是指个体使用、分析、评估和创作媒体信息的能力（Yates，1999）。帮助个体辨别媒体中信息的真伪，批判性地去看待互联网上的各种身体外貌信息，对于他们形成积极的身体映像具有重要意义。以往的研究表明，提高媒体素养，有助于个体正确看待媒体中的身体外貌信息，从而降低身体映像失调产生的可能性（Burnett & Merchant，2011；Burnette，Kwitowski，& Mazzeo，2017；Levine & Smolak，2016；Livingstone，2014；Wade，Davidson，& O'Dea，2003；Watson et al.，2016；Wilksch & Wade，2009）。

研究者开发了许多基于媒体素养的程序来帮助个体减少消极身体映像。研究表明，经过 1 个月的干预，媒体素养组被试的媒体内化水平显著低于健康生活方式组被试；在 6 个月和 12 个月后，媒体素养组的体重显著低于健康生活方式组（Wade et al.，2017）。这一研究结果表明，通过对个体进行媒体素养的训练，提高他们辨别媒体信息的真伪和批判性地看待媒体信息的能力，有助于减弱他们对媒体中理想体形的内化，进而降低他们的身体不满意度。另一项关于社交媒体素养的干预程序也得出了类似的结果。经过 3 次社交媒体素养干预课程，与控制组相比，干预组的青少年女性报告更高水平的身体自尊（McLean et al.，2017）。

(二)提高自悯水平

自悯这一概念最早是在汲取佛教的有关思想后被提出的，是指对自己的关心和关切，同时包括以与对待他人相似的立场来对待自己的遭遇。它涉及"对自身的痛苦和困难保持开放性，体验到对自己的友善和关切，以理解的、非评判性的态度对待自己的不足和失败，并且认识到自己的遭遇是人类共同经历的一部分"（Neff，2003b）。自悯包含三种成分，即自我友善、普遍人性感和正念。自我友善指对自己关心和理解，而不是严厉地批评和指责。普遍人性感指对人无完人的承认，即认识到所有的人都会失败、犯错或者有不健康的行为。正念是自悯的第三种成分，指以一种清晰和平衡的方式觉察当前的情形，既不忽视也不对自我或生活中的不利方面耿耿于怀（Neff，2003a）。

提高自悯水平，有助于个体降低身体不满意度，减少身体映像失调症状（Rahimi-Ardabili et al.，2017）。例如，有研究者通过让被试记录饮食日记来诱发他们的正念和自悯水平，进而促进其体重的降低。结果发现，与写抽象结构饮食日记（聚焦于他们为什么进食）的被试相比，写具体结构饮食日记（聚焦于他们怎样进食）的被试报告了更高的正念和自悯水平，进而减少了回避和消极信念，降低了体重（Mantzios & Wilson，2014）。在另一项干预研究中，研究者让被试连续 3 周每天听 20 分钟的自悯冥想音频。结果发现，3 周之后，与控制组相比，冥想组体验到更多的身体不满意、身体羞耻和基于外貌的自我价值权变性的降低，以及自悯水平和身体欣赏水平的提高，并且这些改善在干预 3 个月后仍然存在（Albertson，Neff，& Dill-Shackleford，2015）。

（三）其他干预程序

一个应用较为广泛的干预程序是"每个人都是不同的"（Cason，2008）。这一程序能够让个体意识到，每个人的身体都具有自己的特点，我们没有必要达到媒体所宣传的理想体形。这一干预程序有助于帮助人们树立正确的身体观念，形成积极的身体映像，从而减少身体映像失调症状。另一个类似的干预程序是"快乐做自己"。该程序通过告知参与者瘦理想内化、身体比较、外貌谈话和外貌嘲笑的负面影响，让参与者学会抵制这些危险因素的策略。结果发现，与控制组相比，干预组在干预主题知识、身体不满意风险因素、身体映像、进食失调和自尊方面均报告了更加积极的结果（Richardson & Paxton，2010）。"赏识自己"是近几年开发的一个创新的交互式的（而非教育的）项目（Golan，Hagay，& Tamir，2013）。该项目被整合进学校的应对技能课程中，主要由受过训练的教师实施，通过教授学生一系列的应对策略，提升学生的积极态度、自我意识和自尊，进而让其自我更强大，以期帮助青少年抵抗基于媒体和文化上的不良信息，促进青少年的成长和发展。对 12～14 岁学生的干预结果发现，"赏识自己"项目显著减弱了被试对瘦理想的追求，但对身体不满意并未显示出明显的干预效果。这一结果可能是由于本次研究针对的是一般学生，他们的身体不满意初始值低（Golan et al.，2013）。另外，干预效果出现了性别差异，女孩比男孩受益更多（Golan，Hagay，& Tamir，2014）。

二、对身体映像失调的网络干预

近年来，随着网络的普及，研究者开发出许多基于网络的干预程序，帮助人们降低身体不满意度，并收到了较好的效果。

（一）网络干预的特点

网络干预中使用的载体包括网页、聊天室、博客、讨论小组、视频、音频、在线项目等。大多数研究结合自助（通过干预材料自我引导）或临床医生协助（如适度的在线讨论或聊天）的方式进行干预。因此，网络干预项目一般分为同步的（由主试主持的实时聊天）网络干预和非同步的（自定步调、自我导向）网络干预（钟蕴瑜，2016）。

与面对面的身体映像失调干预相比，网络干预具有许多优点。首先，网络干预相比于面对面干预对主试专业、经验和时间的要求低，使组织和实施变得方便。其次，网络干预可以大范围同时进行，传播广泛，相对于面对面交流，降低了成本，性价比更高。再次，网络干预中的匿名性可以有效保护参与者的隐私和机密信息，减少参与者的羞耻感等阻碍寻求心理帮助的因素，这也是网络干预能够达到较好效果的一个重要原因。最后，通过将网络干预程序的文本进行翻译，使用与目标群体相关性高的图片和例子，干预程序可以适用于不同文化背景下的个体。例如，下文将要涉及的 Student Bodies 最早是由美国编制的一种网络干预程序，被翻译成德语后，在德国群体中也具有适用性。再如，eBody Project 最初也由美国编制，钟蕴瑜（2016）翻译的中文版本也在中国得到了较好的适用。

（二）常用的网络干预程序

目前，使用较为广泛的网络干预程序主要包括 Student Bodies、eBody Project 和基于手机 App 开发的程序。

1. Student Bodies

Student Bodies 由斯坦福大学在 20 世纪 90 年代后期为干预进食

失调而开发（Winzelberg et al., 2000；2009），是一款为期 8 周，包括认知行为疗法、心理教育和在线匿名讨论在内的非同步、自我导向的结构性在线干预程序。该程序涉及大量可能导致进食失调或降低进食失调风险的因素，包括认知情感性因素（如关于营养和锻炼的知识和态度、身体映像、自我效能感、知觉到的社会支持等）、社会文化和同伴标准（如瘦理想体形、节食和锻炼尝试），行为因素（如应对方式、目标设置、食物准备和锻炼模式）。这些内容被划分为 8 个模块，用户可以通过登录有密码保护的网络平台获取这些内容，每周至少登录一次来阅读这些内容，同时完成一些任务。被试每周获取一个新的模块，思考新的观点和信息，同时尝试新的技能。该程序还包含在线自我监督日记和网络讨论小组等。以上这些内容使得被试有机会来挑战消极影响，获得防止进食失调产生的一些保护技能。

　　Student Bodies 在美国的一些研究中被发现对降低进食失调风险和改善进食失调症状有显著效果（Taylor et al., 2006）。此外，该程序也被翻译为德语（Jacobi et al., 2007）。有研究者（Beintner, Jacobi, & Taylor, 2012）经过元分析发现，在美国人和德国人群体中，Student Bodies 能够有效降低被试对体重和体形的关注度。

2. eBody Project

　　eBody Project 是在 Body Project 的基础上改编而成的，主要是通过口头、写作和行为练习（如写一封信或角色扮演反驳瘦理想）对瘦理想进行批判。这些行为理论上会引起认知失调，进而驱使人们减弱对瘦理想的追求，最终达到降低身体不满意度的目的（Stice et al., 2012）。该程序包括 6 个单元的干预项目，每个单元都包括用户主导的自我教育练习、一个文字对话的辩论和一个线下练习（相当于家庭作业，包括写信和行为练习），这些都是经过设计用于诱发追求瘦理想所引发的失调的。

　　对有身体映像担忧的青少年女性的干预研究发现，eBody Project

网络干预的效果显著好于视频教育和教育小册子组，显著降低了被试的身体不满意度，并且其干预效果与线下的面对面干预效果没有显著差异（Stice et al.，2012）。以身体映像失调女大学生为对象的研究也发现了同样的结果（Stice et al.，2014）。钟蕴瑜（2016）对 eBody Project 进行了中文版修订，结果发现，与控制组和教育小册子组相比，eBody Project 网络干预有效降低了年轻女性的瘦理想内化和身体不满意度。一个月后，eBody Project 网络干预的效果仍然存在，有效地抵抗了瘦理想媒体信息带来的负面影响。这一结果表明，中文版 eBody Project 网络干预在中国文化背景下具有可行性，是有效的身体不满意网络干预项目。

3. 基于手机 App 开发的程序

随着手机的普遍应用，许多干预程序基于手机 App 而设计，如 BodiMojo。BodiMojo 是一种基于自悯而促进积极身体映像产生的手机 App 干预方式。BodiMojo 包括 3 种活动：首先，干预信息会通过 App 每天传达两次；其次，BodiMojo 会进行情绪追踪和情绪调节；最后，参与者要记录感恩日志。其中，干预信息聚焦于以下几个领域：自悯的 3 种成分——自我友善、普遍人性感和正念；与身体映像相关的内容，特别是媒体素养、同伴影响和外貌比较；与健康生活方式相关的内容，包括健康的饮食、睡眠和身体活动。每天的干预信息包括以下几种形式：行为技巧、心理教育等（Rodgers et al.，2018）。干预研究表明，与控制组相比，BodiMojo 干预组的自悯水平和外貌自尊在干预 6 周和 12 周后显著提高（Rodgers et al.，2018）。这一结果说明，提高自悯水平，有助于提高个体的积极身体映像。

拓展阅读

自悯有助于健康身体观的形成

随着互联网的不断发展，社交网站的使用越来越普遍，并对人们的生活产生了或多或少的影响。一个有意思的现象是，人们在社交网站更新状态或进行自我呈现时，习惯发布图片，而不仅仅用文本表述。研究发现，在社交网站更新状态时，图片所产生的效果远远超过文字（Yang & Li, 2014）。近期，一项发表在《身体映像》（*Body Image*）的研究就对照片墙这一图片类社交网站对女性身体映像的影响进行了探讨。

　　该研究选取身体满意度、身体欣赏、自悯水平和消极情绪作为因变量，采用实验法探讨了4类图片对女性身体映像和消极情绪的影响。研究者首先测量了被试的社交网站使用情况以及基线水平状态的身体满意度、自悯水平、身体欣赏和消极情绪。随后，研究者将被试分为4组，浏览包含20张图片的照片墙账户5分钟。控制组被试浏览与外貌无关的中性图片（关于室内设计的图片），这些图片不包含任何文本或人的身体信息；"fitspiration"①组被试浏览的图片内容为身材纤瘦且线条匀称的女性，这些女性穿着合身的健身服装；自悯组的图片源于名字含有"自悯""自爱""积极身体映像"等词语的照片墙账户，并且这些图片包含一些引文，这些引文表达自悯、自我接受和理解自身缺陷的基本精神。每张图片都会有自悯的引文，并且通常以花或几何图形为背景，但这些图片不包含任何与人相关的身体信息。第四组为"fitspiration＋自悯"组，在该组的20张图片中，15张来自"fitspiration"组，5张来自自悯组，并且每张图片都加上标签，如＃fitspo、＃self-acceptance、＃innerbeauty，以提高生态效度。浏览结束后，对被试的身体满意度、自悯水平、身体欣赏和消极情绪，以及特质外貌比较和瘦理想内化进行后测。同时，为了确保被试认真浏览了图片并且掩盖真实的实验目的，要求被试

---

① fitspiration 是 fitness 与 inspiration 两个单词的合成词。因此，fitspiration 表示鼓励人们去坚持努力锻炼来追求一种健康的生活方式。

回忆浏览的账户的特点，如图片的特点、看到了什么话、图片的标签等。结果发现，浏览图片后，除了表现出较低的自悯水平之外，"fitspiration"组被试在其他因变量指标上与控制组并没有显著差异；与控制组被试相比，自悯组被试在浏览图片后报告了更高的身体满意度，更高水平的身体欣赏、自悯和更低水平的消极情绪；此外，与"fitspiration"组被试相比，"fitspiration＋自悯"组被试报告了更高的身体满意度，更高水平的身体欣赏、自悯和更低水平的消极情绪。同时，瘦理想内化水平调节其中的部分效应。具体来看，对于高瘦理想内化水平的个体，不同条件之间的差异显著；而对于低瘦理想内化水平的个体，不同条件之间的差异不显著。

扫描拓展

形成习惯，机制需看

该研究结果提示我们，提高社交网站用户的自悯水平对于降低身体映像失调水平、形成积极的身体映像和健康的身体观具有重要的指导意义。

第七章　互联网与自我呈现

开脑思考

1. 回想自己在日常生活中的感受和体验，你觉得自己在不同的情境(工作和家庭)中或者面临不同的交往对象(父母、孩子、恋人、上司和下属)时的行为举止有什么不同？

2. 我们在人际交往中都希望大家能真诚相待，但我们又经常说"生活是一个舞台"，这矛盾吗？

3. 在朋友圈中大家过得都很"好"——每天吃大餐，假期必旅游，生活充满阳光和快乐，但真的如此吗？

关键术语

自我呈现，自我呈现策略，网络自我呈现，自我呈现的延续效应

第一节　自我呈现与网络自我呈现

自我作为个体心理宇宙的中心，并不完全指向个体内部，个体对自己的认识和看法也并不是深藏不露的。个体的自我认识是高度社会化的现象，它的产生具有一定的社会根源(如反射性评价、社会比较)，它能指导个体在社会环境中的行为表现。在各种与自我相关的社会行为中，最常见的一种行为就是自我呈现(陈浩莺等，2004)。

一、日常生活中的自我呈现

(一)自我呈现的内涵

自我呈现，又称自我展示、自我表现、印象管理或印象整饰，是指个体为了使他人按照我们的愿望看待自己而在他人面前展示自我的努力，即个体为了与他人沟通一些关于自己的信息而使用的一系列行为，意在建立、维持自己在他人心目中的形象(Leary & Kowalski，1990)。自我呈现是人际交往中一种常见的社会现象。戈夫曼(Goffman，2006)做了一个形象的比喻，将生活比作一个舞台，每个人都在舞台中扮演着一定的社会角色，日常生活中的自我呈现可以被看作个体在舞台上的角色扮演，这种按照角色要求的表现就是自我展示。由于个体的大部分时间都是和别人一起度过的，因此自我呈现在日常生活中显得十分常见，以至于成了一种自动化的社会活动，我们有时候几乎无法感知到它的存在。需要澄清的一点是，自我呈现绝非欺骗，而是个体在不同的社交情境中，面对不同的社交对象，为了使社交结果符合预期而采取的有利于自己的社会适应性行为。

1. 自我呈现的内在动机

自我呈现是一种常见的社会现象。那么人们为什么要进行自我呈现，或者引导别人用特定的方式看待自己？研究者将其归结为以下几点。

(1)界定社会情境，促进社会交往

自我呈现的一个基本功能就是界定社会情境的性质，这使个体能够扮演符合当前社会情境的社会角色，进而使社会交往能够顺利地进行(Pontari & Schlenker，2004)。例如，我们参加聚会时会身着礼服，参加会议时会选择更为正式的西装，这些都是个体需要遵守的社交礼仪。

（2）获得物质或社会奖励

人们努力树立在别人心目中的特定形象，也有获得物质或社会奖励（或逃避物质和社会惩罚）这方面的原因（Goffman，2006）。例如，一个员工可能会在上司面前表现自己，以增加自己获得升职和加薪的机会。

（3）自我建构和自我增强

自我建构和自我增强是个体进行自我展示的重要原因。个体为自己建构一种特定的身份（O'Grady，2013），不仅是为了再次肯定自己已经建立起来的自我认知（这一过程被称为自我验证），而且是为了尝试其他角色，并在观察他人反应的基础上给自己塑造一个新的、合适的形象。初入职场的年轻人会通过衣着、外貌修饰等来展示自己，以塑造一种专业、干练的自我形象。自我增强是指个体倾向于认为并表现出自己具有诸多积极品质的倾向，这是个体的一个基本动机。因此，个体在日常生活中会呈现理想自我，通过向他人证明自己拥有一些积极品质，使自我感觉更加良好。正因为如此，个体在日常生活中会频繁地进行策略性的自我呈现，以塑造理想化的自我形象（Rui & Stefanone，2013）。

2. 自我呈现的个体差异

一旦出现在公众场合，我们就会给别人留下印象。社会情境因素会影响个体的自我呈现，但并非任何时候我们都要去管理或塑造这些形象——在一些情境中自我呈现是自动化的，但在另一些情境中我们则会有意识地、主动地进行自我呈现。例如，和他人的熟悉程度以及是否依赖别人的判断来获取社会奖励等因素都会影响个体的自我呈现。此外，自我呈现还存在一些个体差异，具有某些特征的个体会更多地卷入自我呈现行为中。

这些个体差异主要体现在两个方面：自我监控和外向性自我意识。自我监控是指为了适应不同的情境而调控自己行为的过程。高自我监控的个体会更多地监视和控制自己在公众面前的行为，他们是社交情境中的"变色龙"，会频繁地变换自我呈现相关的行为。外向性自我意识是指个体意识到自己作为社会实体的一面，进而考虑自己公众形象的心理过程。高外向性自我意识的个体会更多地关注社会情境，进而通过自我呈现表现出恰当的行为。

3. 自我呈现的主要策略

研究者在整合相关研究的基础上总结出了五种常见的自我呈现策略(Kowalski & Leary，1990)。

逢迎讨好是最常见的自我呈现策略，是指通过效仿、恭维、支持别人和表现出积极的个人品质来讨好别人。该策略的目的是让别人喜欢自己。因为我们都喜欢那些赞同、支持我们，以及拥有积极个人特质的人，所以逢迎讨好一直都是较为成功的自我呈现策略。但要注意，逢迎讨好过度会适得其反。

自我提升是另一种常见的自我呈现策略，是指通过各种方式让别人觉得我们是有能力的、聪明的和有天赋的。在很多情况下，别人觉得我们既友好又有能力是非常有益的，因此人们往往会混合使用自我提升和逢迎讨好这两种策略，并寻求这两者的平衡点，以求达到最好的自我呈现效果。

除了上述两种常见的自我呈现策略外，还有其他策略——威逼强迫、榜样示范、示弱求助。

4. 自我呈现的后效

自我呈现作为自我社会性的一面，会受到个体自我评价的影响。个体的自我呈现行为也会影响其对自我的评价及其相应的行为倾向。换句话说，我们的自我呈现行为会说服别人认同我们拥有特定的态度、品质和行为，同样，这也会说服我们自己。这就是自我呈现的延续效应(Anna et al.，2019；O'Grady，2013)，即我们自我展示的内容会影响我们的自我认知和自我概念。有研究者通过实验对这一现象进行了探讨，要求被试以特定的方式向观众展示自己。例如，要求一些被试让别人相信他们是外向的，而要求另一些被试让别人相信他们是内向的。结果发现，那些在自我展示行为中表现出外向的个体在随后的自我评价中比那些展示自己是内向的个体更认为自己是外向的（Schlenker，Dlugolecki，& Doherty，1994）。此外，研究者还指出，在公开条件下，自我呈现的延续效应会更强（Schlenker，Dlugolecki，& Doherty，1994）。这种延续效应不仅是个体对自我的建构（Baumeister，1982），即塑造特定的自我身份，而且是一个接受反射性评价的过程。个体塑造的个人身份和个人形象还需要他人的进一步确认。我们通过他人的反馈和评价，以及想象自己在他人心目中的形象来认识自己。

二、网络空间中的自我呈现

随着网络的迅速发展和普及，网络日益成为人们生活中不可分割的组成部分，人们可以参与网络中的各种活动并沉浸其中，网络涵盖了越来越多的日常活动。由于网络空间跨越了现实世界的阻碍，个体在网络空间中具有多样的自我展示/自我呈现，还有的甚至在网络中变为另一种形象，以一种全新的身份与他人进行互动，从而在网络中建构出新的自我（Mccreery et al.，2013；卞玉龙等，2015）。

(一)网络自我呈现的特征

在现实生活中，个体的自我呈现会受到诸如外表、种族等客观因素的限制，在追求收益（展现最好的自我形象）和可信度（他人相信自己的自我呈现）之间寻求平衡（Leary，1996；Schlosser，2019）。但是在网络环境中，这些客观因素的作用会减弱，使得在网络环境中与个体身份角色直接相关的社会线索减少，难以确定个体的真实身份（如性别和社会地位等）。在一些强调实名制的网络环境中（如社交网站），人们可以获取部分个人信息，但在其他匿名性较高的网络平台（如聊天室和网络游戏）上，诸如性别、年龄和外貌等基本的身份线索都无从获取（Rui & Stefanone，2013）。这种身份线索的缺失或部分缺失会使个体对自己在网络空间中的自我呈现具有较强的控制感，并无限制地向外界呈现自己。这也使得个体在网络中的自我呈现具有一些现实生活中的自我呈现所不具有的新特点。

第一，在网络空间中，由于社会线索的减少，个体可对其自我呈现有更多的控制和策略选择（Guadagno，Okdie，& Kruse，2012），即个体可以选择呈现自我的积极/理想方面，避免呈现自我的消极方面，特别是个体可以通过信息的策略性呈现达到一定的人际交往目的，如使他人形成对自己的特定印象（Rui & Stefanone，2013）。特别强调的一点是，在网络空间中，个体的自我呈现具有很大的自由性，个体甚至可以改变自己的身份和性别，呈现一种全新的身份角色。第二，在网络空间中，个体自我呈现的"观众"有了空前的规模（Vohs，Baumeister，& Ciarocco，2005）。根据受众期待的不同，个体需要对其自我呈现的内容和方式进行相应的调整（Rui & Stefanone，2012），以在不同的网络空间场合和受众面前扮演不同的角色并呈现自己的不同侧面。此外，个体还可以扮演不同的角色，尝试不同的自我呈现策略，进行自我同一性探索；并且在网络空间中，"观众"也能对个体的自我呈现进行各种各样的评价和反馈（Walther，2007）。以上这些特点不仅使网络空间中的自我呈现不同于线下现实生活中的自我呈现，而且使网络成为自我呈现的理想场所。

(二)网络自我呈现的工具

由于网络空间的诸多特点，网络成为个体进行自我呈现的理想空间。此外，网络空间或平台提供了诸多进行自我呈现的要素或工具。

1. 昵称

昵称，又称用户名或网名，是个体在网络空间中指代自己的符号，是一种重要的自我呈现工具。昵称是网络自我呈现的基本形式，是建构网络身份的基础，诸如聊天工具、社交网站和网络游戏等几乎所有的网络应用都需要用户创建昵称（Huffaker，2004）。具体而言，网络昵称是自我呈现过程中印象形成的最初线索之一，使人们在彼此的互动中形成最初的印象。

昵称是个人在网络中用来表征自己、隐藏真实身份的符号，由用户自己选择或设计，反映个体的喜好与意愿，对个体有特殊的价值和意义(Akiko et al.，2013)。此外，昵称还折射出更多的个人信息，不仅代表用户的身份和角色，而且传递着用户各方面的信息(Subrahmanyam & Šmahel，2011)，如性别、特殊爱好和精神追求。总之，昵称是自我呈现的主要形式之一。

2. 虚拟化身

虚拟化身是指个体在诸如即时通信工具、博客、社交网站和网络游戏等虚拟网络空间中所选用的自我形象表征，是网络使用中的一种普遍的自我呈现工具(Green，Delfabbro，& King，2021)。从广义上看，化身是一种感知上的自我的数字化呈现，其行为反映了特定身份执行时的实时性行为；从狭义上看，化身是个体在网络空间中的角色扮演，具有可调控、能动性的具体形象(Subrahmanyam & Šmahel，2011)。

在网络世界中，个体可以按照自身的偏好来塑造、建构和控制自己的网络化身，并按照自己的意愿行动。特别是化身具有的高度可控的信息传递功能，不仅允许个体塑造全新的自我，而且能使个体塑造多个自我。个体可以通过化身来进行策略化的自我呈现，这会进一步影响个体的自我塑造和自我认知(卞玉龙，周超，高峰强，2014；Kang & Kim，2020)。

3. 信息发布

在网络世界中，个体可以通过个人资料(如年龄、性别和爱好等)的分享或表露来进行自我呈现。首先，很多网络应用都需要个体提供基本的身份信息，这为进一步的社交互动提供了基础。这些个人信息能使人快速地产生各种期待和印象，进而影响随后的交流互动(Subrahmanyam & Šmahel，2011)。此外，诸多网络社交应用，如社交网站和博客等，都允许并鼓励个体发布与自我相关的各种动态，如个人的生活事件、生活所见以及心情感悟等，这也是个体进行自我呈现的主要方式。除了文字的表述外，个体还能发布和上传相关的图片和视频。这些在博客等网络平台上发布的图片和视频信息不仅是重要的交流线索，而且是重要的自我展示载体。

(三)网络自我呈现的主要策略

社交网站中的自我呈现行为具有较强的可控性，因此个体根据受众和目标的不同会采用不同的呈现策略。

1. 依据呈现内容的分类

依据呈现内容，社交网站自我呈现可分为积极自我呈现和真实自我呈现。积极自我呈现是指个体按照理想自我进行呈现，选择性地呈现自身的积极方面，强调自身的优点，即选择性地呈现积极正面的个人信息；真实自我呈现则是客观地呈现自身的各方面，并不对呈现内容进行选择，强调自我呈现的真实性，即呈现自己真实的情况，进行深度的自我表露(Kim & Lee，2011；牛更枫等，2015a)。这两种类型的自我呈现并存于个体的网络使用过程中，但网络交往的非即时性使得人们对自我展示和表达拥有最大限度的掌控权(Walther，2007)。因此，个体在网络中的自我呈现大多有积极化的倾向。

2. 依据呈现方式的分类

就呈现方式而言，个体在网络中的自我呈现方式同现实生活中的自我呈现类似，主要包括逢迎讨好、能力显示、威逼强迫、榜样示范和示弱求助(Jung，Youn，& Mcclung，2007；李魏华，2010；马俪娜，2011)，且逢迎讨好、能力显示、示弱求助更多地被人们用于网络自我呈现中。此外，陆莹(2010)的研究发现，我国青少年网民经常采用的自我呈现类型为分享体验型、能力展示型、自我反思型以及示弱求助型。

扫描拓展

卡通人物，眼大嘴小

第二节　网络自我呈现的影响因素

网络所具有的跨越时空性等特征使个体在网络空间中的自我呈现具有更大的自由度。即便如此，同现实中的自我呈现一样，个体在网络中的自我呈现也会受到各种因素的制约。为全面了解影响个体网络自我呈现的因素，本部分将从个体和环境两个角度对这一问题进行详细阐述。

一、个体因素

(一)性别

性别对网络自我呈现的影响主要体现在自我呈现的内容和方式上。在网络自我呈现中，男性更强调个人能力和男子气概，而女性则更重视身体吸引力。就虚拟化身的选择而言，男性用户创建的虚拟化身往往比现实形象更为强壮，而女性用户则会选择性感和有吸引力的虚拟化身(Cacioli & Mussap, 2014)。此外，就信息呈现而言，女性更倾向于呈现自我形象方面的信息(尤其是自我表面信息，如外貌)，更多呈现用图片美化工具处理过的照片；男性在呈现自我形象方面的内容时多使用文字形式，更多涉及能力和个人成就(Ong et al., 2011)。同时，女性对自己的照片会进行更多管理(Rui & Stefanone, 2012)，个人主页也更加生动。在主页呈现照片时，女性倾向于使用肖像照片，且含有更多的个人信息；男性倾向于使用全身照(Haferkamp et al., 2012)。女性会更频繁地更新个人主页，如写日志、上传照片(Kane, 2008)，并更多呈现感性的一面，如真实地呈现自己的家庭、感情和婚姻状况；男性会更多呈现能展现其男性气质的信息(Manago et al., 2008)。有研究对个体在脸书上呈现照片的分析结果发现，男性的照片更强调地位和承担的风险，而女性的照片则强调家庭关系和情感表达(Tifferet & Vilnai-Yavetz, 2014)。因此，个体在网络中的自我呈现也符合主流的性别印象。

此外，网络中的自我呈现也给个体提供了重新选择性别或者体验不同性别角色的机会。这一点在虚拟化身的选择上尤为明显。有研究对网络游戏玩家及其虚拟化身的性别进行了分析，结果发现，超过90％的女性玩家选择了女性化身，28％的男性玩家选择了女性化身（Zhang，Dang，& Chen，2019）。这可能是由于游戏中的女性化身具有与男性角色一样的能力，给玩家带来了新奇的体验，因而受到大多数女性玩家的欢迎。相比之下，男性玩家对异性角色的尝试主要是出于好奇心，他们可以在虚拟世界里获得现实生活中不曾拥有的角色体验，进而造成部分男性玩家选择女性化身。此外，男女在自我呈现的平台偏好上也存在不同——男性倾向于通过网络游戏来呈现自我，而女性则倾向于选择社交网站来呈现自我（Terlecki et al.，2011）。

(二)年龄

网络自我呈现对儿童和青少年群体来说更为重要，因为这些群体的自我呈现有助于自我的发展（Subrahmanyam & Šmahel，2011）。相关的研究结果也表明，年轻人在网络中更加活跃，会更多地进行自我呈现。这可能是因为年长者的网络使用技能水平相对较低；年轻人则有着更为娴熟的网络使用技巧，能够在网络虚拟环境中自由驰骋（Krämer & Winter，2008）。

此外，研究者还发现，年轻人会花更多的时间来进行自我呈现。例如，更多地呈现有关自我的详细信息，更多地上传照片并对照片进行编辑美化等，页面风格更加生动和个性化（Pfeil，Arjan，& Zaphiris，2009；Boyle，2010；Boyle & Johnson，2010）。同时，青少年个体还会在社交网站上尝试不同的角色和自我呈现策略（Ong et al.，2011；Valkenburg & Peter，2011）。

(三)人格

人格是个体在行为上的内部倾向，可以预测个体在特定环境中的行为，会对人的行为产生影响。网络可以被看作人格特质的表现场所。相关研究发现人格特质能较好地预测个体在网络中的自我呈现(Krämer & Winter，2008)。

研究证实外向性的个体会参与更多的网络自我呈现，如通过网络来呈现生活的各个方面及其生活选择，会加入更多的群组，其头像和个人主页风格均更具个性化，并有着更多的自我探索行为(Krämer & Winter，2008；He & Van，2015)。尽责性的个体在网络自我呈现中表现得更谨慎；神经质、宜人性和外向性与真实自我呈现倾向呈显著正相关；高神经质的个体更倾向于把社交网站看作自我呈现的理想场所，会更多呈现深层信息(如对事物的态度或思考)(Seidman，2012；Krämer & Winter，2008)。高神经质个体的自我呈现也更具有策略性，会更多呈现虚假自我和理想自我(Michikyan et al.，2014)。高自恋的个体会进行更多的自我呈现，在其主页呈现更多的个人照片(Ong et al.，2011)，也会更多呈现有助于提升自我形象的内容，其原因在于自恋者更注重自己的身体吸引力，有更多的关注寻求。自恋和性别因素会共同作用于个体的自我呈现(Carpenter，2012；Mehdizadeh，2010)。

(四)动机

个体使用网络的动机也会对个体在网络中的自我呈现产生影响。为了保持与朋友的联系而使用网络的个体，会呈现更多的个人信息；为了寻找亲密关系的个体，在呈现个人信息时会更谨慎，更倾向于呈现理想的自我(Boyle & Johnson，2010)。有关在线婚恋交友网站中的研究表明，人们大多采取积极自我呈现策略，即更多展现有助于树立自己积极形象的相关信息，而且希望通过在线婚恋交友网站建立亲密关系的个体，在自我呈现时会更为开放和真诚，更多呈现自己的真实信息(Ellison，Heino，& Gibbs，2006；Hancock，Toma，& Ellison，2007)。这是因为，一方面，网络行为具有公开性，易于被他人看见，从而使个体倾向于使用积极的自我呈现；另一方面，预期在社交网站中获得长期友谊的个体，倾向于使用真实的自我呈现，而不是选择性地呈现自己的理想方面（Kim & Lee，2011）。人们在社交网站中会倾向于表达真实自我（Back et al.，2010），也会更多使用自我提升的策略（Gosling，Gaddis，& Vazire，2007）。因此，使用动机对自我呈现的影响需要进一步探讨。

除上述影响因素外，还有研究者关注了其他影响因素。①自尊。有关自尊和网络自我呈现的研究表明，高自尊水平的个体会用更多的篇幅来介绍自己，在个人主页里展示更多的照片和其他个人信息（Carpenter，2012）；低自尊水平的个体在网络自我呈现上会花费更多的时间，并更多呈现有助于提升自我形象的信息（Mehdizadeh，2010）。从自我呈现真实性的角度看，不真实的在线自我呈现往往与脆弱的自恋和低水平的自尊有关（Grieve，March，& Watkinson，2020）。②效能感。目前研究只关注了自我呈现效能感。自我呈现效能感是个体对自己在社交情境中对自我呈现的控制感和呈现结果预期的期望。具有不同自我呈现效能感的个体，在社交网站中自我呈现的内容、程度和风格以及社交网站上好友的数量上存在显著差异。低自我效能感的个体的主页内容的呈现形式更加正式（如使用表情严肃的图片作为头像），且呈现内容多涉及自己的客观方面（Krämer & Winter，2008）。

二、环境因素

(一)观众

观众是影响社交网站自我呈现的重要因素。由于时间和空间的限制，个体在面对面交往时可以暂时将不同的观众进行隔离，有针对性地进行自我呈现；在网络中个体需同时面对所有观众，从而可能导致不适当的公众印象或关系紧张（Tokunaga，2011）。因此，个体在网络中会有选择地进行隐私设置，且女性比男性更倾向于进行隐私设置（Bachnio et al.，2016）。

个体的隐私设置也会受到其好友隐私设置的影响。隐私设置程度较高个体的自我呈现表露程度较低，同时观众隔离（如设置密码或仅对某些人开放）也被更多用在网络空间的自我呈现中（陆莹，2010）。

(二)文化背景

文化背景也会影响个体在社交网站中的自我呈现。在自我呈现方式上，美国人更多使用文字更新的方式，而新加坡人更多使用分享照片的方式。这可能是由于个人主义背景下的个体倾向于使用直接交流的方式来展示自己；集体主义背景下的个体更看重人际关系，倾向于用分享照片的方式来维持人际关系（Rui & Stefanone，2012）。此外，还有研究者在比较了中国人和美国人呈现的主页照片后发现，中国人更倾向于修饰照片，更看重自己在他人面前的形象（Zhao & Jiang，2011）。

扫描拓展

隔代亲密，进化证据

(三)种族

网络互动平台能为少数族裔的年轻人建构传统文化结构提供便利。虽然网络表达并不能完全反映个体当前的种族现状，但是能在一定程度上培养少数族裔年轻人的种族和文化认同感。

第三节　网络自我呈现对个体的影响

网络已成为人们生活中不可分割的重要组成部分。个体在网络上会以一种全新的身份与他人互动，从而建构新的自我（Mccreery et al.，2013；卞玉龙等，2015），这势必会对个体身心发展的诸多方面产生影响。人在一生中面临着两项重要的发展任务：对内部自我的探索和对外部社会环境的适应（陈浩莺，薛贵，曾盼盼，2004）。基于此，这一部分将从自我发展和社会适应两个视角出发来概述网络自我呈现对个体的影响。

一、网络自我呈现对个体自我发展的影响

(一)心理自我

建构稳定而连续的自我认同是个体毕生发展的重要任务，尤其是对青少年群体而言，如何建构和整合自我是他们在日常生活中需要解决的重要问题。网络的匿名性特点为青少年进行同一性探索提供了更多的机会(Valkenburg & Peter，2011)。研究发现，超过一半的青少年在上网时会假装成另外一个人，通过这种行为来探索自我同一性(Valkenburg & Peter，2008)。针对这种网络时代青少年普遍存在的假装行为，研究者提出了网络同一性实验的概念。它是指青少年以互联网为媒介，通过自我呈现和自我探索来构建同一性的一系列行为(Valkenburg & Peter，2008；柴晓运，龚少英，2011)。青少年在互联网上的同一性实验主要是通过自我呈现和一系列的自我探索行为实现的，包括在线聊天、构建属于自己的个人主页或社交网站、发送电子邮件以及参与网络游戏等。

研究发现，包括网络自我呈现在内的网络同一性实验对自我同一性的发展有促进作用。个体在网络中对自我信息的创建和修饰对青少年自我同一性的发展具有正面影响，且青少年在脸书上的自我呈现促进了他们自我同一性的发展。个体在网络中的自我呈现也会带来一些消极的影响。特别是一些个体为了改善或烘托个人形象，会通过"假装""吹嘘"，甚至"欺骗"的方式来进行自我呈现。这些"虚假自我"的建构在一定程度上模糊了个体对自己身份的真实评价(Michikyan，Subrahmanyam，& Dennis，2014；Seidman，2012)。此外，还有研究者探讨了网络自我呈现对个体的自我概念和评价(自尊)的积极影响：个体在社交网站中的积极自我呈现和真实自我呈现与个体的自尊均呈显著正相关，但其内在的作用机制存在差异——由于真实自我呈现有助于人际关系的建立和深化，因此真实自我呈现能通过社会支持

的完全中介作用对自尊产生积极的影响，而积极自我呈现的社会建构功能则有助于个体建立积极的个人形象并保持良好的心情。积极自我呈现不仅能直接正向预测自尊，而且能通过积极情绪体验的部分中介作用对个体的自尊产生影响（Kim & Lee，2011；牛更枫等，2015b）。

社会比较是一个与网络自我呈现密切相关的心理过程和社会现象。个体在网络空间中不仅会呈现或表露有关自我的大量信息，而且会不可避免地成为其他用户发布信息的受众（Niu et al.，2018）。社会比较是一种常见的社会心理现象，只要个体有机会接触他人的信息，就可能会诱发个体和他人进行社会比较，而网络中呈现的信息往往会突出个体所有的积极特征（Fardouly et al.，2015）。因此，网络特别是社交媒介的使用会诱发个体与他人进行上行社会比较（牛更枫等，2016a），并进一步给个体的自我认知和评价带来消极影响。一些相关研究也支持了这一观点，如社交媒介的使用对自尊和自我概念有着消极影响，社会比较（特别是上行社会比较）在这一关系中起中介作用（Niu et al.，2018；Verduyn et al.，2020）。

（二）身体自我

身体自我是个体自我概念的重要组成部分，是指个体对自己身体的认知评价（身体自我概念、身体意象），由此产生对身体的满意度和个体对自己身体的管理。例如，对自己的相貌、身高、体重、运动能力等方面的看法，以及采取相应的管理和调节措施（如饮食控制、体重控制）等。前人的研究指出，身体自我相关信息是网络自我呈现的一个重要部分（Ferreira et al.，2016），这势必会对个体的身体自我产生影响。

对身体自我比较满意的个体更愿意在网络上进行身体呈现，且倾向于如实反映身体自我的真实情况；网络中的身体自我呈现能够增强其自我认同感（Britton et al.，2006；杜岩英，雷雳，2010）。自我身体满意度较低的个体倾向于对在网络中呈现的身体自我进行修饰和美化，使其更接近理想的身体自我。根据认知行为理论的观点，这种修饰和美化行为可以被看作对身体自我的积极管理行为，能够在一定程度上补偿现实中的缺憾，从而提升自我认同感(Cash，2002)。这一观点也符合自我呈现的社会建构功能。相关的实证研究结果也指出，由于个体会将自我呈现建构的完美的身体自我纳入身体意向的范畴，因此，美化或积极的身体自我呈现有助于提升个体的积极身体意向，特别是在他们对其做出积极的反馈和评价时(Bareket-Bojme，Moran，& Shahar，2016)。

网络中的身体自我呈现也会给个体的身体自我带来消极影响。在身体自我呈现的相关活动中，自拍最为流行——发布自拍既是一种照片分享行为，又是自我呈现的一种重要方式(Sorokowski et al.，2015；Meier & Gray，2014)。个体的自拍照片往往具有自我关注的特征，并期待获得他人对其外貌特征(如性感和吸引力)的关注(Niu et al.，2020)。因此，诸如自拍和身体自我描述等身体自我呈现行为会增加个体对自己外貌的关注和重视程度。同时，网络中存在的广泛受众也增加了个体获得外貌相关评价的机会，这会增加个体自我客体化的风险(Vries & Peter，2013；杜红芹等，2016)。从自我呈现受众的视角看，一方面，网络为个体提供了一个理想的、更具可控性的自我呈现空间。人们会选择性地呈现那些能突出自己积极特征的信息(Seidman，2013)，就身体自我呈现而言亦是如此。因此，带有积极偏向的身体自我信息会诱发个体的上行外貌比较，进而导致个体的消极身体意向和体相不满(Marks，Foe，& Collett，2020；Meier & Gray，2014)。另一方面，他人在社交网站中的身体自我的相关呈现不仅带有积极化的偏向，而且反映了大众对于"理想美"和"理想外貌特征"的期待和看法。频繁暴露于这些信息中，会使个体将这些标准内化，进而导致个体的自我客体化(Vries & Peter，2013)。

二、网络自我呈现对个体社会适应的影响

研究者在生态系统理论的基础上提出了生态—技术子系统理论，认为包括网络在内的信息技术手段已成为影响个体发展和适应的重要

环境因素(李宜霖,周宗奎,牛更枫,2017)。作为个体网络使用中的重要活动,网络自我呈现也势必会对个体的社会适应产生诸多影响。

(一)网络自我呈现的积极影响

网络自我呈现会给个体的社会适应带来积极影响。由于社交网站是个体自我呈现的重要平台,因此相关研究主要集中在对社交网站自我呈现的研究上。相关研究指出,真实自我呈现和积极自我呈现均能提升个体的社会适应水平——社交网站中的真实自我呈现和积极自我呈现均与社会适应的积极指标(生活满意度和主观幸福感)呈显著正相关,与社会适应的消极指标(孤独和抑郁)呈显著负相关。但这两者的内在作用机制不同:真实自我呈现主要通过深层次的自我表露来深化人际连接,并使他人及时获知自己的处境,进而提供相应的帮助和支持;积极自我呈现则主要通过建构自我意象和乐观的态度对个体的社会适应产生影响(Kim & Lee,2011;牛更枫等,2015b)。例如,积极自我呈现能够提升个体的乐观水平,进而降低抑郁风险(Xie et al.,2018);真实自我呈现能够增加个体获得积极反馈和帮助的频率,进而提升个体的生活满意度(刘庆奇等,2017)。此外,社交网站中的真实自我呈现既能直接预测青少年的友谊质量,也能通过积极反馈的中介作用对友谊质量产生影响;积极自我呈现对青少年的友谊质量没有直接的预测作用,只能通过积极反馈的完全中介作用对友谊质量产生影响(崔曦曦,孙晓军,牛更枫,2016)。

(二)网络自我呈现的消极影响

从自我呈现受众的视角来看,社交网站中的自我呈现对个体的社会适应有着消极影响,其主要原因在于社会比较。社会比较是一种普遍存在的社会心理现象,个体常常会通过社会比较来认识和评价自己。此外,社会比较还是一个无意识的自发过程,只要接触了他人的信息,个体就可能会进行社会比较。社交网站提供了不同于现实生活中的社会比较信息,如社交网站中个体的好友数量以及获得的评论、回复和点赞的数量，都是对个体社交能力和受欢迎程度的反映(Vogel et al.，2014)。社交网站中他人信息的易得性会诱发个体进行社会比较。个体在社交网站中的大部分时间是在浏览或观看他人发布的信息。因此，社交网站使用中的社会比较是难免的。相关研究也指出，个体在社交网站中会更多进行社会比较(Niu et al.，2018)。由于网络自我呈现信息的积极化偏向，接触网络自我呈现的信息会诱发个体进行上行社会比较，进而给个体的社会适应带来消极影响，如诱发嫉妒等消极情绪，降低个体的生活满意度和主观幸福感水平，增加抑郁风险等(Vogel et al.，2014；连帅磊等，2017)。身体自我呈现是网络自我呈现的主要内容之一。接触理想化的外貌信息不仅会诱发个体的上行外貌比较，导致个体的消极身体意向和体相不满(Meier & Gray，2014)，而且会使个体将这些积极偏向或理想化的外貌标准内化，导致个体的自我客体化(An，2017；Vries & Peter，2013)，进而增加个体罹患饮食障碍的风险(Meier & Gray，2014；Niu et al.，2020)。综上，网络自我呈现对个体自我的发展和社会适应有着重要影响。

拓展阅读

玩家在潜意识中会接近游戏中扮演的角色的性别

你在玩游戏的过程中有没有这样的经历，有许多男性玩家选择女性角色，并且将自己扮演成一个女人。这实际上可能是一种潜意识的行为。如果你在电子游戏里装扮成一个性感、残忍的机器人，你在现实中会变成这样的人吗？当然，大家都知道不会。但是，新的研究表明，你很可能会把自己想象成游戏中的样子。

这件事要从一组令人吃惊的统计数据说起。从美国娱乐软件协会发布的报告来看，居然有大约46%的游戏玩家是女性，几乎占了游戏玩家总人数的一半！随着电子游戏变得越来越主流，玩家的性别也会越来越均衡。然而，游戏中的大部分女性角色还只是战利品，或者困境中的少女，以及华而不实的角色而已。

几十年来，电影、电视广告中的女性一直被物化和情欲化。无论是对个人还是对社会，这都不是好事。但由于游戏是一种积极的媒体消费方式，我们就不能把它跟其他媒介相提并论了。当从虚拟化身的第一人称视角看虚拟世界时，我们就会进入那个角色的自我世界。它可以改变我们在现实生活中对自己的看法——如果我们的虚拟化身很高，我们可能会更自信。这种现象叫作普罗透斯效应。

所以说，如果我们的虚拟化身是穿着性感的女性，那会怎么样？我们很有可能会将这个角色的特征和属性内化。在一项研究中，研究人员让86名实验者进入虚拟世界。结果发现，如果虚拟角色被指定了性别，这部分人会潜意识地从角色性别的角度思考和行为处事。当游戏角色的性别和玩家性别一致（都为女性或男性）时，他们就越发存在这种倾向。换句话说，他们真正开始物化自己或女性。此外，研究者还进一步将虚拟游戏形象分成了"穿着保守"和"穿着暴露"两组。结果发现，被分配在"穿着暴露"组被试（男性和女性）有着更高的客体化意识，如更多地报告身体外貌相关的想法，并对女性持有更多刻板化的认知和评价。因此，研究者指出，不同于其他媒体上的形象，虚拟人类是针对用户行为设计的，能很好地与用户实现互动。而正是这种动态，创造了一种有力量的新体验，它已经超越了被动媒体消费。

在这个研究之前，也有一些其他研究得出过类似的结论：一方面，它带来的思考已经超越了游戏本身；另一方面，它引出了关于未来娱乐媒体里性别角色影响的问题。相比而言，在电影、电视这样的传统媒体上，女性角色正在不断被完善，个性也变得更立体。作为对受众影响力更大且认同性更强的电子游戏，是时候做出一些改变了。

扫描拓展

生活失意，上网消愁

第八章 互联网与自我表露①

开脑思考

1. 网络自我表露是传统线下自我表露的延伸还是替代?

2. 网络安全意识对网络自我表露的作用是促进还是抑制?

3. 网络自我表露能缓解消极情绪吗?

关键术语

自我表露,网络自我表露

第一节 自我表露与网络自我表露

自我表露是个体向他人传递信息、表达态度及情感的途径,是一种重要的人际沟通方式。自朱拉德最早提出这一概念后,自我表露便得到了大量深入的研究。这些研究聚焦于自我表露的对象、自我表露的互惠性、自我表露的性别差异、自我表露与人格特质的关系、自我表露与亲密关系的关系、自我表露与孤独感的关系,以及一些特殊群体、特殊内容的自我表露(蒋索,邹泓,胡茜,2008)。随着互联网的发展,自我表露已经由传统线下的面对面沟通扩展到网络空间,并成为社交网站的基本功能之一(Fu,Wu,& Cho,2017)。

---

① 本章在"谢笑春,孙晓军,周宗奎 .(2013). 网络自我表露的类型、功能及其影响因素 . 心理科学进展,21(2)."基础上扩充完善而成。

一、自我表露的界定与类型

(一)自我表露的界定

　　蒋索、邹泓、胡茜(2008)通过总结国外自我表露的相关研究得出，目前对自我表露的界定有两种：静态性的现象(Cozby，1973；Jourard & Lasakow，1958)和动态性的互动过程(Dindia，Fitzpatrick，& Kenny，1997；Laurenceau，Barrent，& Pietromonaco，1998)。静态性的界定又包括两种观点：第一种观点将自我表露看成一种稳定的人格特质或关系特质(Jourard，1971；Dindia & Duck，2000)；第二种观点认为自我表露是一种行为事件特质(Dindia & Duck，2000)。支持这种观点的研究主要集中在个体的表露信息和行为上。典型的研究变量包括表露的亲密性、数量和适应性等方面(蒋索，邹泓，胡茜，2008)。持动态观的学者认为自我表露是一种人际交互的过程，这一过程可以让人际关系变得更深入、复杂(蒋索，邹泓，胡茜，2008)。这种互动过程有三个特点：第一，自我表露是一个双向、持续的循环过程；第二，自我表露具有情境性，个体所处的情境会对自我表露产生影响；第三，自我表露过程中的各个成分是相互依赖的(Dindia & Duck，2000；蒋索，邹泓，胡茜，2008)。

　　综合不同的观点和相关的研究，蒋索等人(2008)认为自我表露是个体口头将自己的信息(包括思想、感受和经历)表露给他人，并在亲密关系的维持与发展中起重要作用(Derlaga & Berg，1987)。

　　除了上述界定外，有学者认为自我表露是个体的一种内在需要，受到个体内在奖赏的影响；表露个人信息时比表露非个人信息时相应的脑区激活面积大，分享比隐私设置的脑区激活程度高(Tamir & Mitchell，2012)。

(二)自我表露的类型

　　研究者总结认为可以从表露的内容和效价两个角度对自我表露进

行分类。

从内容上看，自我表露可以分为描述性表露和评价性表露。描述性表露是指对事实性信息的自我表露，包括个体经历、思想等；评价性表露是指个人对自己的感受、评价或判断的自我表露，包括自我评价、内心感受等（蒋索，邹泓，胡茜，2008）。

从效价上看，自我表露可以分为积极表露和消极表露。积极表露是指表露的内容是有关个体积极、正向的；消极表露是指表露的内容是个体不愿意表露或试图隐瞒的（蒋索，邹泓，胡茜，2008）。积极表露往往有更高的吸引力（蒋索，邹泓，胡茜，2008），如研究发现向伴侣表露爱、责任时，伴侣对表露的反馈更多（Sprecher & Hendrick，2004）。积极表露往往在关系建立初期较多，随着关系的深入，消极表露会逐渐增多。消极表露是存在风险的，对消极表露处理不当会导致关系恶化甚至破裂。有研究发现，消极表露，如对 HIV 信息的表露可以使个体获得别人的同情和社会的支持（Ko et al.，2007）。

(三)自我表露信息的维度

格林等人认为个体自我表露的信息可以分为七个维度（Greene，Derlega，& Mathews，2006）。

第一，传递性。自我表露是表露者与信息接收者之间的一种双向的、持续的、循环的过程。在这一过程中，信息被揭露或被隐瞒。自我表露也包括表露者与信息接收者之间多元化的反应，这些反应既表现在认知上也表现在情感和行为上。

第二，回馈价值。自我表露可以对表露者和信息接收者产生积极或消极的影响。

第三，信息性。不同个体的自我表露水平存在差异，这种差异体现在自我表露的数量和深度上。

第四，获得性。获得性是指在自我表露过程中暴露个人信息的难易程度。

第五，真实性。真实性是指个体表露的信息是否代表了真实自我，或者是否是自己内心真实的想法和体验的表达。

第六，社会规范。社会规范是指个体要依据社会规范表达或隐瞒一定的信息。

第七，影响效果。影响效果是指自我表露作为一种沟通方式对表露者和信息接收者产生影响的程度。

这七个维度既是自我表露不同方面的体现，也可以被看成评价或测量自我表露的方面。研究者可以从这七个方面入手对自我表露进行测量和评价，并分析这七个方面在不同人群中的差异。另有研究者认为，网络自我表露的信息具有持续性、可复制性、可升级性、可检索性和可分享性(Taddicken，2014)。

二、网络自我表露的界定

谢笑春、孙晓军、周宗奎(2013)通过总结前人的研究和已有的相关理论认为，已有关于网络自我表露的界定可以分为目的性界定和形式性界定两种方式。谢笑春等人(2013)又在这两种界定方式的基础上提出了整合式的界定方式。这种界定方式综合了目的性和形式性，相对全面地揭示了网络自我表露的内涵。

(一)目的性界定

目的性界定认为网络自我表露是让他人了解自己、与网友分享经验，并在表露与接收反馈信息的过程中获得满足感的网络行为。该界定方式从网络自我表露功能性的角度出发，突出了网络自我表露对个体在线社交的作用。自我表露是一种互动性行为，沟通中一方的主动表露可以激发另一方的表露(Harper & Harper，2006)。在这个互动过程中，沟通者之间的不确定性不断减弱，人际关系得到发展。社会信息加工理论和线索过滤理论认为网络自我表露的主要目的就是弥补由网络匿名性导致的沟通障碍，以此维持网络沟通行为(Brunet &

Schmidt，2008；Walther & Burgoon，1992）。此外，社会补偿理论认为社会技能不足或社会焦虑的个体愿意通过网络向他人表露自己，从而补偿现实中人际关系发展不良的缺失；富者更富模型认为社会技能良好者更愿意通过在线社交的形式扩大社交网络和影响力（Nguyen，Bin，& Campbell，2012；雷雳，2010）。这些理论和相关研究中所提到的界定方式反映出网络自我表露界定的目的性特点。

(二)形式性界定

形式性界定方式强调的是网络自我表露的形式性和主动性，认为网络自我表露是个体依靠互联网进行的、以主动或被动的方式、运用文字表达等多种形式将自己的信息传达给他人的过程（Chen & Sharma，2013；聂丽萍，2009；饶星星，2006；吴巧云，2009）。去个性化的社会认同模型认为网络空间的高度去个性化的特征导致了网络自我表露的多样性和丰富性，为网络自我表露的多种形式奠定了基础。媒体丰富性理论认为个体倾向于选择能够获得丰富信息的社交方式与人沟通（Nguyen et al.，2012）。互联网作为一种综合性社交平台，给予个体更多的机会来选择表露的方式。不同的表露方式反映了网络沟通者之间的亲密程度以及个体对其所处网络环境的态度。作为一种动态发展的网络行为过程，网络自我表露的形式性界定有利于我们根据个体选择的表露方式和表露的主动程度探讨表露者的心理活动机制（Attrill & Jalil，2011；刘娟，葛明贵，2009）。

综上所述，网络自我表露的目的性界定以静态的方式体现了网络自我表露的功能和人类活动的能动性与目的性。网络自我表露的形式性界定是指用动态的方式体现个体与网络环境的相互影响以及网络自我表露自身的发展。随着信息化的发展，服务类网站逐渐被人们接受和使用。个体在注册使用这类网站时的自我表露现象也会对个体产生影响（Beldad et al.，2012；Zimmer et al.，2010）。除此之外，个体在网络游戏、网络购物时与其他玩家、卖（买）家进行的即时性沟通也是一种网络自我表露。以往那些仅在网络人际沟通背景下建立的网络自我表露界定方式对这些现象的关注不足。杨芳琳(2010)认为网络自我表露的内容不能仅局限于表露者本人的信息，还应包括表露者本人了解的非本人信息。谢笑春等人(2013)提出了整合式的界定方式，即网络自我表露是个体在网络上运用多种方式向他人传递信息，以维持网络沟通或满足个人需求的网络行为。

三、网络自我表露的类型

网络自我表露可以从不同的角度进行类型划分。例如，于明璐(2011)将网络自我表露分为描述性表露和评价性表露。又如，饶星星(2006)从表露信息的事实性和情感性的角度将网络自我表露分为事实表露和情感表露：事实表露是对个人信息的基本介绍；情感表露则反映了表露者的态度和情感，表露的信息带有评价性。再如，研究者发现积极的网络自我表露能促进关系的发展(Utz，2015)。个体在网络上表达积极态度时往往采用间接的方式，而表达消极态度则显得更为直接(Bevan et al.，2015)。

(一)按网络自我表露的形式划分

所谓表露的形式，指的是使用不同媒介进行表露的特点和个体表露时的意识状态。在网络中，使用不同媒介表露的特点不尽相同。根据网络延时性和即时性的特点，网络自我表露可以分为静态网络自我表露和动态网络自我表露。静态网络自我表露主要是指通过某些社交网站或服务类网站将自己的信息以文字、图片、视频、音频等方式透露给他人的行为，既包括在社交网站、博客、微信朋友圈、QQ空间上公布个人信息，也包括在注册某些服务类网站时所透露的个人信息和E-mail中所包含的个人信息(Ko & Kou，2009；Nosko，Wood，& Molema，2010；Zimmer et al.，2010)。这种网络自我表露的形式利用互联网时序弹性的特征，使个体在处理这类表露信息时有着更为充裕的时间，表露者本人也不急于得到回复。根据媒体嵌套理论(Liu &

Yang，2016），静态网络自我表露往往传播不重要、不紧急的信息，或者发生在非亲密性的沟通者之间。动态网络自我表露既包括通过如微信、QQ等即时网络聊天工具，也包括利用电话与他人沟通的行为（Rosen et al.，2008；程燕，2007）。与静态网络自我表露相比，动态网络自我表露更强调信息反馈的即时性。动态网络自我表露往往传递那些重要、紧急的信息，或者发生在关系相对亲密的人之间。

研究者依据意识程度将网络自我表露划分为有意识的网络自我表露和无意识的网络自我表露（Schermer，Miller，& McGlothlin，2009）。有意识的网络自我表露指的是表露者带有目的性的表露，如聊天中有意识的问答、撰写的博文、张贴的照片等。无意识的网络自我表露指的是在社交网站、博客或私人网页上公布的信息中无意识透露出的信息，如聊天中的口头禅、博文的语言风格、个人主页的背景设置、公布照片的细节特征等。

（二）按网络自我表露的程度划分

这种划分方式主要体现在网络自我表露的深度和广度上，即网络自我表露信息的私密程度和所涉及的范围。研究者利用自传体记忆系统中的个人基本信息分类的框架将网络自我表露由浅到深分为人生阶段性特征的表露、一般生活事件的表露和具体生活事件的表露（Attrill & Jalil，2011）。人生阶段性特征是指个体在其人生某一阶段有关活动、计划、目标、特点的一般性信息，如我在读大学、我在某某公司上班、我尚未结婚等。一般生活事件是指一种具体的或在同一时间段内比人生阶段性特征更复杂、多变的信息，包括日常生活中的重复性事件，如每晚在花园中散步，以及一些非重复性事件，如到某地旅游一次。具体生活事件是组成一般生活事件和人生阶段性特征的基础信息，是具体的信息，如某次旅行的具体行程安排或某一个周末所做的家务等（Conway & Pleydell-Pearce，2000）。三种不同类型的表露由浅入深、由表层信息向内心深处不断接近。

刘娟和葛明贵（2009）按照网络人际关系的发展程度将网络自我表

露分为低度网络自我表露、中度网络自我表露和深度网络自我表露三种，并得出网络聊天中随着时间的推移，表露程度逐渐加深。低度网络自我表露是指将工作单位、学校、性别、所在地等基本信息透露给对方。中度网络自我表露又分为两种：一种是有关个人兴趣和爱好的表露；另一种是有关对国家大事、法律以及社会事件看法、态度的表露。深度网络自我表露包括个人目前的心情、人际交往、人生观和对谈话对方的评价。也有研究者根据表露话题与自身亲密性的程度，将网络自我表露分为低亲密性自我表露、中亲密性自我表露和高亲密性自我表露。个体最初的网络自我表露层次较浅，但随着谈话时间的增长和对交谈对象的进一步了解，表露程度不断加深（Attrill & Jalil，2011；刘娟，葛明贵，2009）。

根据表露信息敏感的程度，网络自我表露可以分为高敏感性信息表露和低敏感性信息表露。高敏感性信息表露一般包括私人电话号码、身份证号码、个人收入状况以及一些有关情感方面的信息，这类信息对个人的影响大，私密性高；低敏感性信息表露一般指个人姓名、性别、电子邮箱等与个人私密程度不高的信息（Kays, Gathercoal, & Buhrow，2012；Li, Sarathy, & Xu，2011）。

除此之外，一些研究者将网络自我表露从基本内容上分为基本信息的网络自我表露、身体信息的网络自我表露和心理信息的网络自我表露。基本信息的网络自我表露是指有关姓名、性别、年龄、学历、工作、住址、联系方式、电子邮箱等信息的网络自我表露；身体信息的网络自我表露是指有关个人体态、相貌等信息的网络自我表露，如在网络上张贴的个人照片、头像等；心理信息的网络自我表露是指有关个人心理过程、人格等信息的网络自我表露，主要包括个人的爱好、态度、情感、情绪、心理健康情况等（Kays et al.，2012；Kisilevich & Last，2011；Ko & Kou，2009；Stutzman, Capra, & Thompson，2011）。

（三）按网络自我表露的表达方式划分

按网络自我表露的表达方式划分是指从网络自我表露的主动性、

语言风格和内容特征的角度对网络自我表露进行分类。从主动性的角度，网络自我表露可以分为被动网络自我表露、主动网络自我表露和自我保护式的网络自我表露(饶星星，2006)。被动网络自我表露是指在网络聊天中一方自我表露的发生是由交谈对方的主动询问引起的；主动网络自我表露是指交谈者主动表达自己的态度、观点或主动对某些问题进行解释和阐述，以及主动向谈话对方询问；自我保护式的网络自我表露也可以理解成一种非表露现象，即拒绝回答或对对方提出的谈话主题提出无理的反对以及漠视对方的观点(如"这有什么意思""无所谓了")。

网络自我表露也可分为真实网络自我表露与虚假网络自我表露，大众化网络自我表露与个性化网络自我表露，简明、对称性的网络自我表露与复杂、非对称性的网络自我表露，抽象模糊的网络自我表露与具体清晰的网络自我表露(Marcus & Krishnamurthi，2009)。研究者关注了网络自我表露中的非表露现象，将非表露分为"直接决绝回答"(即在有关问题上不做任何回答或直接跳过该问题)和"自我保护式回答"(即在某些问题的回答中选择"我不愿透露有关信息")(Joinson et al.，2008)。

(四)按网络自我表露的听众规模划分

研究者按网络自我表露的听众规模将其分为一对一的网络自我表露和公众型网络自我表露(Bazarova & Choi，2014)。一对一的网络自我表露和线下的面对面自我表露相似，都强调表露是一种互惠性、亲密性、互动性的活动。然而，公众型网络自我表露与它们不同。公众型网络自我表露对互惠、亲密和即时的互动并不关注，主要体现为个体在社交网站上公开发表言论，自我表露的对象是数量庞大的好友群或粉丝群。在表露信息的内容上，公众型网络自我表露多数是一般生活事件类的表露，表露的情感卷入度和私密程度要比一对一的网络自我表露低得多。

四、网络自我表露与面对面自我表露的异同

对面对面自我表露和网络自我表露异同的比较一直都是网络自我表露研究的重点。这些研究结果也不尽相同，如有研究发现网络自我表露的程度、数量高于面对面自我表露(Jiang，Bazarova，& Hancock，2013；Kays，Gathercoal，& Buhrow，2012)。也有研究发现群体成员之间的面对面自我表露在数量、深度、广度上都高于网络自我表露，而在表露的效价上，网络自我表露比面对面自我表露有着更高的积极效价(Knop et al.，2016)。对于已有研究的不一致，研究者从理论的角度分析了网络自我表露与面对面自我表露的异同(Nguyen et al.，2012)。该研究涉及的理论包括去个体化的社会认同模型、超个体的计算机中介沟通模型、线索过滤理论、社会信息加工理论、媒体丰富性理论。

去个体化的社会认同模型(Reicher et al.，1995)认为网络沟通缺乏个体化的线索，导致个体难以察觉到沟通双方的差异。因此，在网络沟通的环境下社会认同比个体认同更为凸显，沟通环境中其他人的行为被看成一种社会规范。该理论强调自我表露的情境性，即个体所处的环境会影响个体自我表露的数量、广度和深度，因此我们无法得出准确意义上的网络自我表露与面对面自我表露的差异(Nguyen et al.，2012)。

超个体的计算机中介沟通模型(Walther，1996)认为网络沟通的线索缺失会产生两种作用：第一种是网络沟通允许沟通者更多地控制自我呈现；第二种是网络沟通中个体可以给对方创造一种理想化的感知。基于这一理论，网络自我表露在数量、广度、深度三个维度上都高于面对面的自我表露。

线索过滤理论(Kiesler et al.，1984)认为社会情境中的线索是社会规范和行为准则的表征。在网络沟通中，由于线索的缺乏，个体难以觉察到与面对面沟通相同或相似的社会规范。因此在网络沟通的情境下，面对面沟通时的社会规范对人们的约束被大大削弱。因此，人

们在网络沟通中会更为自由，网络自我表露也比面对面自我表露的程度更高(Nguyen et al.，2012)。

社会信息加工理论(Walther，1992)认为线索是沟通的渠道而非社会规范的表征。在面对面沟通时，人们可以综合地运用言语和非言语的方式传播信息；而在网络沟通时，各种非言语信息被转化成言语信息。网络沟通中信息传播的量不发生变化，只是传播的途径发生了变化。该理论认为，网络自我表露比面对面自我表露程度高的原因是在网络中人们只能依靠言语的方式来传播面对面沟通时言语和非言语信息共同传播的信息，因此表现出来的是网络自我表露的程度更高。而这种表现也只体现在自我表露的数量和广度上，并不体现在深度上(Nguyen et al.，2012)。

媒体丰富性理论(Daft & Lengel，1984)与上述几种理论的观点不同，该理论认为网络自我表露的广度和深度不如面对面自我表露。所谓媒体丰富性，指的是在沟通时允许对方做出反馈的程度。在面对面自我表露时，个体可以做出即时性反馈，并且利用言语和非言语信息传播思想情感；在网络自我表露时由于沟通线索的缺乏，个体难以做出即时性反馈，因此网络沟通不如面对面沟通的媒体丰富性强，网络自我表露的广度和深度也不如面对面自我表露(Nguyen et al.，2012)。

以上五种理论从不同的角度分析了网络自我表露和面对面自我表露在数量、广度、深度上的差异。表8-1对这些理论观点进行了总结。

表8-1　网络自我表露与面对面自我表露的异同比较

理论观点	数量	广度	深度
去个体化的社会认同模型	—	—	—
超个体的计算机中介沟通模型	CMC＞FTF	CMC＞FTF	CMC＞FTF
线索过滤理论	CMC＞FTF	CMC＞FTF	CMC＞FTF
社会信息加工理论	CMC＞FTF	CMC＞FTF	—
媒体丰富性理论	—	TFT＞CMC	TFT＞CMC

注：CMC表示网络自我表露；FTF表示面对面自我表露。

尽管纽伦等人(Nguyen et al.，2012)深入地分析了面对面自我表露和网络自我表露的差异，但这仅是理论上的一种阐述，相对缺乏量化的指标(Ruppel et al.，2017)。有研究者采用元分析的技术和量化的方式比较了网络自我表露和面对面自我表露的差异(Ruppel et al.，2017)。结果发现，在总体上，面对面自我表露的程度高于网络自我表露。元分析还发现自我表露的测量方式、研究的设计方式、网络沟通类型起调节作用。具体而言，在测量方式上，面对面自我表露在深度和广度上都高于网络自我表露，其中在深度上的差异更大；在研究的设计方式上，实验研究没有发现网络自我表露与面对面自我表露的差异，而在调查研究中发现面对面自我表露的程度高于网络自我表露；在网络沟通类型上，面对面自我表露比基于文本的网络自我表露和基于视频的网络自我表露的程度都高，其中基于文本的网络自我表露与面对面自我表露的差异大于基于视频的网络自我表露与面对面自我表露的差异。从元分析的结果可以看出，目前的研究结果多数支持媒体丰富性理论的观点，即面对面自我表露的程度高于网络自我表露的程度。

研究者也发现网络自我表露与面对面自我表露存在文化差异。研究者比较了中美两国成年人的网络自我表露和面对面自我表露(Zhao,Hinds，& Gao，2012)。结果发现，美国人的面对面自我表露程度高于网络自我表露程度，中国人则相反，但是两者的差异不显著；中国人和美国人在网络自我表露程度上不存在差异，但是美国人的面对面自我表露程度高于中国人。

一项研究发现了线上—线下自我表露偏好与人格类型的关系密切(Chen et al.，2017)。该研究发现，与无偏好的个体相比，心理弹性型的青少年更喜欢面对面自我表露，低控型的青少年更喜欢网络自我表露；与面对面自我表

扫描拓展

与人交往，寿命延长

露偏好相比，过度控制型的青少年更喜欢网络自我表露。该研究认为网络自我表露是对线下面对面自我表露的一种补偿。低控型和过度控制型的青少年的心理健康程度不如心理弹性型的青少年（谢笑春，陈武，雷雳，2016）。线下环境无法满足这两类青少年的需求，因此他们转向网络空间。

第二节　网络自我表露的影响因素

网络自我表露作为一种网络社交行为，受到个体因素和环境因素的影响。影响网络自我表露的个体因素包括人口学因素和心理学因素，影响网络自我表露的环境因素包括社会文化因素和网络环境因素（谢笑春等，2013）。本节我们将从个体和环境两个角度分析影响网络自我表露的因素。

一、个体因素

（一）人口学因素

1. 性别

性别是影响网络自我表露的一个重要因素，并且网络自我表露存在性别差异（Kisilevich et al.，2011；Misoch，2015；邱蕾，2009）。研究表明，女性的网络自我表露程度高于男性（Kays et al.，2012），她们更愿意把自己的照片公布在社交网站上（Whitty，2008）。男性在网络约会中更愿意使用带有强烈感情色彩的词语，以达到吸引异性的目的，而女性在词汇选择方面显得更为保守（Rosen et al.，2008）。男性在网络环境中对性话题的表露程度也高于女性（Chiou & Wan，2006）。男性有关社会地位的表露的整体水平高于女性（Joinson et al.，2008）。关于情感及婚姻状况的表露方面，男女两性也呈现不同的特点：男性的表露倾向于吸引异性，而女性的表露则更多体现为对现实生活问题的关注（Kisilevich et al.，2011；Kisilevich & Last，2011）。对于女性用户来说，外表具有吸引力可以增加沟通对象的网络自我表露（Tait & Jeske，2015）。在表露的内容上，研究者发现女性情绪性和意见性的网络自我表露比男性多（Volkova & Bachrach，2015）。此外，性别还影响网络自我表露的效果。对于女性来说，表露的信息越多，程度越深，人际吸引力越强；对于男性来说，中等程度的表露具有最高的人际吸引力（Limperos et al.，2014）。对不同对象的网络自我表露也存在性别差异。女性对特定表露对象（无论在现实中还是在社交网站中）的表露深度高于男性，男性对新加入的社交网站好友的表露深度高于女性，男性和女性对现实特定好友的表露深度均高于对网站中的特定好友（Sheldon，2013）。

2. 年龄

年龄是影响网络自我表露的另一个重要因素（Misoch，2015）。年龄与网络自我表露存在非线性关系（谢笑春等，2013）。在总体上，年轻的网络使用者比年长的网络使用者有更高水平的网络自我表露（Misoch，2015）。研究者认为青少年比成年人有更多的网络表露可以用三种理论进行解释（Christofides，Muise，& Desmarais，2012）。①发展理论：与成年人相比，青少年对隐私的感知尚未发展成熟，因此更愿意在网络上表露个人信息。②学习理论：个体的社会行为在其与环境的交互作用中形成，青少年的网络自我表露其实就是一种学习社会交往的过程。③发展与学习的结合理论：在发展的关键期使用不同的媒体技术会改变青少年对其他技术的使用，甚至是对其他环境的应对。

实证研究发现，15 岁是个体网络自我表露发展的重要时期，处于该年龄阶段的青少年对网络自我表露深度的知觉程度高，认为通过在线交流表露私密信息比通过线下交流表露私密信息对自己有更大的意义，并更多地愿意通过网络表露这些私密信息（Valkenburg & Peter，2007）。从 17 岁到 30 岁自我表露呈现大幅度下降的趋势，30 到 40 岁自我表露的发展趋势较为平稳，而 40 岁之后女性继续呈现小幅度下降，男性继续相对平稳甚至较之前略微上升（Kisilevich et al.，2011）。国内的研究发现八年级和高一的学生对网络上认识的朋友进行的网络自我表露程度显著高于中学其他年级的学生（杨芳琳，2010）。这一结果支持了 15 岁是个体网络自我表露发展转折期的结论。聂丽萍（2009）对大学生的调查显示大四学生的网络自我表露程度无论在总体上还是在各个维度上均显著高于大学其他三个年级的学生。这一结果表明在成年初期个体的网络自我表露呈整体下降趋势，但也存在局部波动，由此证明了网络自我表露与年龄之间的非线性关系。在表露信息的内容上，年长的使用者比年轻的使用者有更多的愉悦性信息和更少的伤感性信息的网络自我表露（Volkova & Bachrach，2015）。

（二）心理学因素

1. 人格与动机

鉴于人格与动机存在复杂关系，且部分人格特质（如外向性和责任心）可以用动机来解释，即动机可以被看成人格的一部分（McCabe & Fleeson，2016），在此将人格和动机放在一起讨论其对个体网络自我表露的影响。

多数研究发现外向性的个体有更多的网络自我表露（Chen & Marcus，2012；Peter，Valkenburg，& Schouten，2005；Schiffrin & Falkenstern，2012；Tait & Jeske，2015；Wang & Stefanone，2013），高外向性个体的网络自我表露深度比低外向性个体高（Hollenbaugh & Ferris，2014）。研究还发现，高开放性和低神经质个体的网络自我表露广度更高，责任心、宜人性和开放性会通过自我呈现动机增加个体网络自我表露的数量（Hollenbaugh & Ferris，2014）。自恋作为一种特殊的人格特质也与网络自我表露密切相关。研究发现高自恋的个体有更多正常的网络自我表露，而高自恋—低权力的个体有更多的问题性网络自我表露（Hawk et al.，2015）。

关于表露动机，自我呈现动机正向预测网络自我表露的数量，沟通动机正向预测网络自我表露的深度，关系维持动机正向预测网络自我表露的广度（Hollenbaugh & Ferris，2014）。有研究发现，网络自我表露的沟通动机、信息动机、娱乐动机和隐私关注动机可以提高个体网络自我表露的水平（Kim，Chung，& Ahn，2013）。另有研究发现，个体的网络交往动机越强，就越愿意与网络交往对象建立或保持友谊关系，也越愿意向对方透露更多的个人信息。研究表明，具有高交友动机的个体希望通过网络交友体验建立人际关系的乐趣，在网络社交上具有较高的自我表露水平（张雅婷，2006）。网络社交的社会性动机（如上传照片的动机）越强，个体在网络上表露个人信息的可能性越大（Chang & Heo，2014）。网络交往动机由网络交往的需要产生，网络交往需求水平较高的个体，其网络交往动机较强，他们的网络自我表露也更多（Cho，2007；Park，Jin，& Jin，2011）。

2. 自我觉察

　　自我觉察是个体对自己身心状态的觉察。班姆（Bem，1972）将其分为个人自我觉察和公众自我觉察。个人自我觉察是指个体对自己内部情绪、动机的觉察，觉察方向指向个体自身；公众自我觉察是个体作为社交客体的觉察，觉察方向指向社交群体。研究证明自我觉察和个体的网络自我表露有密切关系（Child & Petronio，2011）。个人自我觉察可以提高网络自我表露的程度，而公众自我觉察可以降低网络自我表露的程度（Hooi & Cho，2013；2014；饶星星，2006；吴巧云，2006）。另有研究发现个人自我觉察与社交网站的自我表露深度呈负相关，公众自我觉察与自我表露的效价和诚实性呈正相关（Goh，2011）。但也有研究发现个人自我觉察与网络自我表露的深度呈正相关（Goh，2011）。个人自我觉察与公众自我觉察对网络自我表露还存在交互作用。高个人自我觉察者中低公众自我觉察的个体自我网络表露程度高，低个人自我觉察但高公众自我觉察的个体网络自我表露程度高（Joinson，2001）。谢笑春（2014）采用文本分析考察了公众自我觉察和个人自我觉察对大学生 QQ 空间自我表露的影响。结果发现，在自我表露广度方面，公众自我觉察和个人自我觉察存在交互作用。在高公众自我觉察的条件下，低个人自我觉察大学生的网络自我表露广度高于高个人自我觉察的大学生；但在低公众自我觉察的条件下出现了相反的情况，表现为高个人自我觉察大学生的网络自我表露广度高于低个人自我觉察的大学生。在网络自我表露深度方面，高个人自我觉察大学生 QQ 空间网络自我表露的深度高于低个人自我觉察的大学生；高公众自我觉察大学生 QQ 空间网络自我表露的深度高于低公众自我觉察的大学生。自我觉察对大学生 QQ 空间自我表露的数量没有影响。

3. 态度与主观规范

研究者基于计划行为理论（Ajzen，1991）分析了态度和主观规范对网络自我表露的影响（Heirman，Walrave，& Ponnet，2013）。研究发现，对父母、教师和朋友的主观规范可以通过自我表露意愿和目的间接地正向预测个体的网络自我表露行为（Chang & Chen，2014；Van Gool et al.，2015）。此外，研究发现网络中的偏见性评论会使人增加发表偏见性意见的行为（Hsueh，Yogeeswaran，& Malinen，2015）。

4. 信任

信任是影响个体表露个人信息的重要因素。个体网络自我表露的程度都是以信任和被信任为基础的（邱蕾，2009）。个体对网络社交对象或网站的信任水平越高，在与之交往或接受服务时会更为愉快，这种愉悦感会让个体有更多的网络自我表露（Li et al.，2011）。信任对网络自我表露的直接影响体现在，人际信任水平越高，个体对沟通对方的隐私保护就越少，进而在网络沟通中产生更多的自我表露（Shih et al.，2012；Joinson et al.，2010）。人际信任也可以通过社交认同间接影响个体的自我表露（Chen & Sharma，2013）。随着交流的持续、彼此信任的加深，双方的表露水平有所提高，表露内容进一步扩展（Attrill & Jalil，2011）。对于商业性网站而言，若该网站设有保护用户个人隐私的条款，就可以增强用户对该网站的信任，进而提高该网站的使用率(Pan & Zinkhan，2006)。除此之外，服务类网站要求用户表露的信息与该网站的服务内容的关系程度高，也会增强用户对该网站的信任，从而使用户在更大程度上接受该网站的服务(Zimmer et al.，2010)。

5. 隐私

隐私是影响个体网络自我表露的重要因素之一(Reed，Spiro，& Butts，2016)。隐私与网络自我表露的一种经典关系便是网络隐私悖论(Barnes，2006；Dienlin & Trepte，2015)。网络隐私悖论是指，成年人对个体的网络隐私关注度比青少年高，青少年由于对网络公共空间的觉察不足，在网络上更加任意地表露个人信息(Barnes，2006)。关于网络隐私悖论，巴斯(Barnes，2006)发现了四种有趣的现象：①人们在网络上有大量的自我表露信息；②人们经常忽视社交网站上的隐私问题；③即使人们意识到互联网是一个公共开放的场所，也总是把它当作私人空间；④对于数据是如何在网络上被加工的，多数人的认识不足。其他相关研究发现，个体的隐私关注度和隐私设置会削弱个体的网络自我表露(Archer et al.，2014；Krasnova，Veltri，& Günther，2012；Wakefield，2013；Zlatolas et al.，2015)，个体的隐私自我效能会增加网络自我表露(Dienlin & Metzger，2016)。个体的隐私价值和隐私觉察正向预测网络自我表露，而隐私社会规范、隐私政策、隐私控制会削弱个体的网络自我表露(Zlatolas et al.，2015)。另有整合研究提出了网络隐私关注度与计划行为理论对网络自我表露的联合作用机制(Li，2012)。此外，有研究者发现网络隐私关注度调节社交回报与网络自我表露的关系，即对高隐私关注度的个体，社交回报对网络自我表露的促进作用比低隐私关注度的个体要弱(Green et al.，2016；Hallam & Zanella，2017)。

6. 心理健康

研究者发现社交焦虑、抑郁、孤独感和自尊与网络自我表露密切相关，高社交焦虑的个体在网络上比在现实中有更多的自我表露

（Weidman et al.，2012），但他们的网络自我表露真实性较低（Leung，2002）。在个人环境中的网络自我表露中，社交焦虑会通过增强线索过滤性、对信息的可控性和去抑制性增加个体的私人网络自我表露行为（Green et al.，2016）。总体来说，孤独感会增加个体的网络自我表露行为（Lee，Noh，& Koo，2013），孤独感的作用多发生在初中生群体中，在高中生和大学生群体中并不明显（Błachnio et al.，2016）。高孤独感的女性比人际关系良好的女性在社交网站上会更多地表露个人信息、关系信息和地址（Al-Saggaf & Nielsen，2014）。在表露效价上，高孤独感个体的消极网络自我表露多，积极网络自我表露少（Jin，2013）。此外，尽管高孤独感的个体认为社交网站是一个良好的自我表露空间，但是他们对社交网站的态度比低孤独感的个体更消极（Jin，2013）。抑郁程度高的个体比轻度或无抑郁的个体更愿意通过网络向陌生人表露自己（Lyvers，Cutinho，& Thorberg，2020；Ybarra，Alexander，& Mitchell，2005）。低水平自尊者将网络看成自我表露的安全场所，并愿意在网络上建立和发展人际关系，但他们在网络自我表露中的消极信息更多（Forest & Wood，2012）。新近研究发现，述情障碍、冲动性和酗酒都与网络自我表露呈正相关（Lyvers et al.，2020）。

7. 其他个体心理行为因素

除了上述因素之外，研究者还发现个体社交媒体或社交网站的使用频率正向预测网络自我表露（Desjarlais & Joseph，2017；Trepte & Reinecke，2013）；社交网站沉醉感越强的个体，在社交网站上有越高的自我表露水平（Kwak，Choi，& Lee，2014）；对信息的控制性、线索过滤程度、去抑制性正向预测个体的网络自我表露（Green et al.，2016）；网络行为习惯化的强度正向预测个体的网络自我表露（Ang et al.，2015）。研究者还发现，网络社交回报程度越高，人们越愿意在社交网站上进行自我表露（Green et al.，2016；Hallam & Zanella，2017）。青少年的自我中心性与他们在社交网站上的自我表露呈正相关，即自我中心性高的青少年有更多的网络自我表露(Krcmar, van der Meer, & Cingel, 2015)。研究者还发现羞怯、个体的内在体验也是网络自我表露的有效的预测变量(Misoch, 2015)。有宗教信仰的个体更愿意在社交网站上表露自己的宗教信仰(Bobkowski & Pearce, 2011)。表露的互惠性以及身份认同度会增加个体的网络自我表露行为(Chen & Sharma, 2013),个体感知到积极的反馈会增加个体后续的网络自我表露行为,而感知到消极的反馈则会减少个体后续的网络自我表露行为(Wakefield, 2013)。

二、环境因素

(一)社会文化因素

不同的文化背景对个体的网络自我表露有显著影响(Misoch, 2015)。研究者基于霍夫斯泰德的文化理论从不同的文化维度分析了不同国家网民网络自我表露的差异(Marcus & Krishnamurthi, 2009)。该研究结果显示,在集体主义—个人主义维度下,集体主义文化背景下网民的网络自我表露不如个人主义文化背景下网民的网络自我表露个性化明显。在权力距离维度上,权力距离高的国家网站注册信息复杂,程序烦琐;权力距离低的国家则相对简洁。在不确定性规避维度上,高不确定规避文化背景的网民喜欢设置简明、对称性强的网页,并且喜欢上传抽象化、模糊化的照片;低不确定性规避文化背景下的网民所设计的网页对称性弱,喜欢张贴清晰、整洁的照片。在长远计划性维度上,高长远计划文化背景下的社交网站设置通常有建立长久关系的设置,低长远计划文化背景下的社交网站通常有较为明显的让用户填写年龄的窗口。此外,个人主义文化背景下的人在社交网站上会有更多的陌生网友,以及更广泛的网络人际圈,同时与集体主义文化背景下的人相比,他们更愿意在网站上公布自己的照片(Rosen, Stefanone, & Lackaff, 2010)。还有研究认为集体主义文化背景下的个体对自己的团体有更强的归属感，这类文化背景下的个体更愿意将自己的信息与别人分享(Posey et al.，2010)。

此外，不同国家个体的网络自我表露在性别及表露内容上也存在显著差异。不同国家的女性在网络空间表露自我的内容差别很大，而男性则差别不大(Kisilevich & Last，2011)。例如，土耳其等国家的居民愿意在网络中表露自己是否结婚或是否有情侣，而瑞典等国家的居民则愿意在网络上表露自己是否有孩子(Kisilevich et al.，2011)。

(二)网络环境因素

1. 匿名性

对于匿名性对网络自我表露是否存在影响，目前还没有统一的回答(谢笑春等，2013)。以往的研究一般认为网络环境的匿名性可以促进网络自我表露。在视觉匿名条件下，个体在网络聊天中的表露行为更多(Barak & Gluck-Ofri，2007；饶星星，2006)。这是由于网络环境将视觉信息过滤掉后，对方无法获得非言语信息，从而降低了对方带来压力的可能性，进而增加了个体的自我表露。在网络视频聊天中匿名性被削弱，用户因而会感到更多的害羞，进而减少网络自我表露(Brunet & Schmidt，2007)。匿名性还会对政治事件的表露产生影响。研究发现在高视觉匿名和采用网名(一般匿名)的情况下，个体对国家政治事件有较深、较多的自我表露(Hollenbaugh & Everett，2013)。但也有研究发现网络环境的视觉匿名性对网络自我表露不存在影响，即视频聊天和纯文本形式的网络即时聊天两种沟通条件下的网络自我表露不存在差别(Antheunis，Valkenburg，& Peter，2007)，同时匿名性也不影响用户在博客中的网络自我表露。

2. 网络社交对象

在网络聊天中，聊天对象之间的沟通会影响双方的自我表露程度，即双方都愿意主动向对方表露信息并且积极回复对方的询问，从而使双方在更大程度上融入网络聊天情境，促进双方的社交认同，进而增加双方网络自我表露的程度。这种相互性不仅可以直接影响网络自我表露，而且可以通过影响信任度和社交认同间接影响网络自我表露(Chen & Sharma，2013)。网络聊天对象间的亲密程度会影响双方的自我表露。总体来说，网络聊天双方的沟通程度越高，关系越密切，双方的网络自我表露程度就越高(Nosko et al.，2010)，并且随着关系的加深，网络自我表露的深度和广度也不断增加(Attrill & Jalil，2011)。杨芳琳(2010)也发现了类似的规律，并且还发现了关系卷入度与性别的交互作用。她认为网络自我表露水平由高到低依次排序为：现实中认识的同性朋友、现实中认识的异性朋友、网络中认识的同性朋友及网络中认识的异性朋友。

媒体嵌套理论(Liu & Yang，2016)认为沟通对象的关系卷入度不仅影响表露话题，而且影响个体在网络自我表露时对沟通渠道的选择。如图 8-1 所示，个体与高关系生态位的对象沟通(如家人、亲密好友)多选择电话、短信等即时性聊天模式；与低关系生态位的对象沟通则多选择廉价、延时性的沟通方式，如社交网站。在沟通内容的私密性上，前者也高于后者。

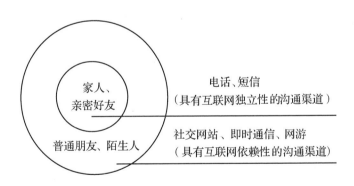

图 8-1　媒体嵌套理论

3. 信息敏感度与网络安全性

信息敏感度与网络安全性会直接影响个体网络自我表露的程度。研究表明敏感性信息会降低个体的自我表露水平(Kays et al.，2012；

Nosko et al.，2010)。反之，表露高安全性的信息则不会使人们产生过多的隐私危机感和社会焦虑，所以这类信息往往有较多的网络自我表露(Ledbetter et al.，2011)。注册服务类网站时所要求填写的信息若与该网站的功能关系程度高，会在一定程度上降低这些信息的敏感度并提高该网站的安全性，使得用户的隐私危机感减少，进而更愿意注册和使用该网站(Zimmer et al.，2010)。

4. 网络社交平台

网络社交平台的反馈程度是影响用户进行网络自我表露的一个因素。用户更喜欢在高反馈性的平台上表露自我(Walsh，Forest，& Orehek，2020)。用户在不同网络社交平台上的网络自我表露行为也存在差异。研究发现用户在脸书上的亲密性表露程度要高于在公众性推特和个人化推特上的亲密性表露程度，而这两类推特上的亲密性表露却无显著差异(Choi & Bazarova，2015)。该研究认为，用户在脸书上有更高的关系维持动机水平，而在使用推特时则体现更高的社会交往动机水平。

拓展阅读

社交网站晒定位的个体与文化差异

经常刷朋友圈的人不难发现，朋友圈中很多人喜欢晒定位，如发几张图片，写几句感言，然后在下面注上地理位置。所谓晒定位，即地理位置信息的网络自我表露。那么什么样的人更喜欢在社交网站上晒定位呢？不同国家或者不同文化背景下的人是否存在差异呢？带着这些问题，三位研究者展开了一项大样本的跨文化研究(Liang，Shen，& Fu，2017)。

研究者对已有的相关研究进行了回顾，发现人们在社交网站的隐私设置与网络自我表露密切相关。目前社交网站使用已经非常流行，人们也越来越注意自己在社交网站上的隐私保护问题。因此，现在各大主要社交媒体都允许用户设置隐私权限，很好地控制和保护个人隐私。研究发现那些有较好隐私设置的人更喜欢在社交网站上进行自我表露；而那些将社交网站仅仅看成一个公共开放空间的人不太愿意进行网络自我表露，原因是他们不愿意将自己的信息告诉陌生人。在文化差异上，正如本章所介绍的，不同文化背景下的人有不同的网络自我表露水平，表露的内容也不尽相同。此外，三位研究者基于用户推特数据分析了什么因素会影响个体在社交媒体上进行地理位置的网络自我表露。

　　研究者随机在网络上抽取了若干推特用户的信息，数据收集时间为 2014 年 11 月至 2015 年 1 月。数据采集用户是否进行了隐私设置、是否进行了地理位置的自我表露、用户的活跃程度、用户年龄、网络规模（关注数量和粉丝数量）、用户所在的国家或地区 6 个指标，并进行了相应的编码。对于缺失数据，研究者采用逻辑斯蒂模型反映进行处理，主要数据分析采用含交互作用的逻辑斯蒂回归模型分析。

　　研究结果发现，有良好隐私设置的用户比那些将推特视为公开场所的用户有更多的地理位置信息的网络自我表露。用户隐私设置与粉丝数量存在交互作用，即那些有良好隐私设置的用户，随着粉丝数量的增加，在推特上表露地理位置信息的程度不断降低；但是那些将推特视为公开场所的用户，随着粉丝数量的增加，在推特上表露地理位置信息的程度有小幅度上升。文化维度中的个体主义——集体主义对地理位置信息的网络自我表露有显著的预测作用。随着个体主义文化倾向的增强，推特用户表露地理位置信息的程度不断降低。文化和个体的隐私设置也存在交互作用，即那些有良好隐私设置的用户，其集体主义文化倾向较强，在推特上表露地理位置信息的程度较高，而那些将推特视为公开场所的用户，其地理位置信息网络自我表露受文化的影响不明显。

该研究关注了在社交网站中晒定位的个体因素和文化因素，揭示出用户隐私设置和所处文化环境（集体主义—个体主义）对在推特上表露地理位置信息的重要影响。基于这项研究，我们应该反观一下自身，我们身处集体主义文化背景下，那些喜欢在微信上晒定位的朋友是否会认为我们的文化背景影响了晒定位的行为？另外，更重要的是，我们在微信朋友圈晒定位的时候，可曾想过我们是否在朋友圈中设置了良好的隐私保护？诚然，相比于推特和微博，微信的社交圈更多的是熟人社交圈。与陌生人相比，我们对熟人的隐私界限和安全设置并不严格，那么与熟人交往的社交平台是否更容易激发用户在上面表露地理位置信息呢？

扫描拓展

学历越高，更愿助人

第三节　网络自我表露的影响后效

作为一种网络社交行为，网络自我表露对个体的心理健康和社会关系的发展有着深远的影响。谢笑春等人（2013）总结了网络自我表露对个体存在的四种积极作用：增进信任，改善人际关系；打破隔阂，促进沟通；提高心理健康水平；方便日常生活。谢笑春等人也总结了三种消极作用：增加隐私危机，增加网络欺负的风险，增加孤独感。本节我们首先介绍基于线下面对面自我表露的自我表露作用过程模型，其次从个体和人际关系两个角度介绍网络自我表露的影响后效。

一、自我表露作用过程模型

自我表露作用过程模型（Chaudoir & Fisher，2010）是基于线下面

对面自我表露的，关于自我表露是如何对个体、人际关系、社会情境
发生作用的模型（见图8-2）。

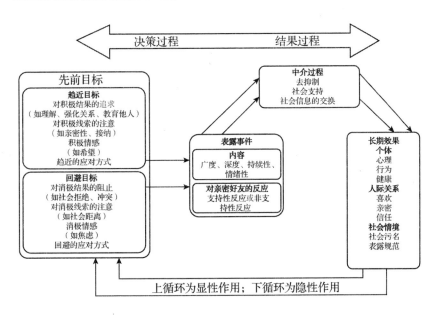

图 8-2　自我表露作用过程模型

　　自我表露作用过程模型包括决策过程和结果过程。决策过程指的
是个体先前表露目标引发自我表露行为的过程。自我表露目标分为趋
近目标和回避目标。趋近目标包括对积极结果的追求（如理解、强化
关系、教育他人），对积极线索的注意（如亲密性、接纳），积极情感
（如希望），趋近的应对方式。回避目标包括对消极结果的阻止（如社
会拒绝、冲突），对消极线索的注意（如社会距离），消极情感（如焦
虑），回避的应对方式。由目标引发的表露事件又可以从内容（广度、
深度、持续性、情绪性）和对亲密好友的反应（支持性反应或非支持性
反应）两个方面分析。表露结果的发生过程指的是自我表露可以通过
多个中介过程对个体和社会环境产生作用。其中，中介过程包括去抑
制、社会支持和社会信息的交换。理论还指出自我表露的长期效果包

括个体、关系和社会情境三个部分。其中，对个体的影响包括心理、行为和健康方面，对关系的影响包括喜欢、亲密和信任方面，对社会情境的影响包括社会污名和表露规范方面。

综合上述关系，我们认为自我表露作用过程模型描绘了自我表露是如何产生以及如何发生作用的，即自我表露在一定表露目标的引发下产生，通过一系列中介作用对个体、人际关系以及社会情境产生长远影响。该模型也得到了一些研究的应用和支持（Chaudoir & Quinn，2010；Chaudoir，Fisher，& Simoni，2011）。

二、网络自我表露对个体的影响

网络自我表露对个体的影响主要体现在对个体心理健康的促进作用上，主要包括对幸福感、生活满意度、积极情绪的促进，对孤独感和消极情绪的削弱，以及促进心理需求的满足和提高自尊。此外，网络自我表露与抑郁存在正反双向的关系。关于幸福感，研究发现，网络自我表露可以促进个体的幸福感，即越愿意在互联网上表露自我的人，越会感知到更高的生活满意度（Ang et al.，2015；Dolev-Cohen & Barak，2013；Kim et al.，2013），并且这种促进作用可以通过增强个体感知到的社会支持（Huang，2016；Lee et al.，2013）或人际分享来实现（Wang，2013）。关于情绪，研究发现，网络自我表露作为一种宣泄的途径可以增加个体的积极情绪，减少消极情绪（Dolev-Cohen & Barak，2013；Sacco & Ismail，2014）。关于孤独感方面，研究发现，网络自我表露可以降低个体的孤独体验水平（平凡，周宗奎，潘清泉，2011），并且这种保护性作用通过个体感知到的积极反馈实现（孙晓军等，2017）。研究者还发现网络自我表露可以促进个体归属感、自尊、控制感和存在意义四种心理需求的获得（Sacco & Ismail，2014）。威肯伯格和彼得发现网络自我表露可以促进个体自尊的提升（Valkenburg & Peter，2011）。

网络自我表露与抑郁的关系相对复杂，两者的关系受到性别的调节。具体而言，研究发现，男性无论对同性好友还是对异性好友的网络自我表露都可以通过增加个体感知到的社会支持降低抑郁；女性对同性别好友的网络自我表露可以通过增加个体感知到的社会支持降低抑郁，但在直接效应上会有增强抑郁的消极作用；女性对异性好友的网络自我表露只有增强抑郁的消极作用(谢笑春，雷雳，牛更枫，2016)。

此外，研究还发现网络自我表露可以调节生活压力与抑郁和生活满意度的关系(Zhang，2017)。具体而言，与低自我表露意愿的个体相比，高自我表露意愿的个体的生活压力对抑郁的恶化作用和对生活满意度的削弱作用更弱；与网络自我表露少、表露较浅的个体相比，网络自我表露多、表露较深的个体所经历的生活压力对生活满意度的削弱作用更弱；与高诚实性的个体相比，低诚实性的个体所经历的生活压力对生活满意度的削弱作用更弱。另有研究发现，丰富的网络自我表露可以缓冲消极情绪对生活满意度的消极影响(Wang et al.，2018a)。

三、网络自我表露对人际关系的影响

网络自我表露对人际关系的影响体现在对弱关系的发展和维持上(Steijn & Schouten，2013)。刘东认为网络自我表露是一种建立和发展社会资本的过程(Liu & Brown，2014)，通过元分析发现，网络自我表露通过维持线下朋友关系来发展和维持社会资本(Liu，Ainsworth，& Baumeister，2016)。关于强关系，大量研究发现网络自我表露可以提高人们与伴侣、亲密好友之间的亲密关系和友谊质量，即个体通过互联网与伴侣、亲密朋友进行沟通，增进双方的情感投入，进而促进亲密关系的发展和友谊质量的维持和提升(Desjarlais & Joseph，2017；Jiang，Bazarova，& Hancock，2011；Ledbetter，2009；Lin & Utz，2017；Liu，2014；Mesch，2012；Valkenburg &

Peter，2011）。例如，一项纵向研究发现，青少年使用即时通信可以通过提高网络自我表露水平进而提高半年后的友谊质量（Valkenburg & Peter，2009）。不确定性降低理论认为人际沟通的一个作用便是降低和消除沟通双方之间的不确定性，相互增进情感、熟悉性以及人际信任（Berger & Calabrese，1975）。研究发现高水平的网络自我表露是提高沟通双方的关系满意度和人际信任的有效方式（Lane，Piercy，& Carr，2016；Liu，2014；Peter et al.，2005），如喜欢在社交网站上晒与伴侣亲密照片的人比那些不愿意晒亲密照片的人有更高的关系满意度和更稳定的浪漫关系（Lane et al.，2016）。此外，研究还发现个体在网络上表露的个人信息越多，尤其对女性而言，越会令他们的人际吸引性明显提高（Limperos et al.，2014；Lin & Utz，2017）。网络自我表露也是获得社会支持的有效途径之一。研究发现，在网络互助论坛和在线社区上，社区成员间对病症和需求的表露可以帮助他们获得各种社会支持，进而帮助他们维持心理健康或者改善病症（Bender et al.，2013；Blank & Adams-Blodnieks，2007；Chung，2013）。网络沟通还是提高青少年归属感的有效方式之一（Davis，2012）。青少年利用互联网交流情感可以让他们与朋友相互熟悉，加深感情，并形成或巩固对所处群体的认同，然后体验到更高的归属需求的满足。

　　通过对上述文献的梳理，我们认为网络自我表露总体上对个体的心理健康、积极发展以及人际关系起到保护性作用。具体而言，网络自我表露保护性作用的程度受到自我表露不同方面以及性别的影响。此外，网络自我表露也会通过对个体诸多心理与行为变量的影响间接作用于人际关系。未来研究应该进一步深入分析网络自我表露是如何对个体的心理健康、积极发展以及人际关系产生影响的，同时也要关注是否存在影响网络自我表露的作用机制的其他变量。

扫描拓展

分享回忆，越发幸福

第九章　互联网与自我扩展

开脑思考

1. 为什么父母会把他们未完成的心愿寄托在孩子身上？为什么我们不愿意把自己用了很长时间的东西送人或丢掉？

2. 为什么我们对与自己相关的信息记忆得更好？

3. 你觉得现实生活中的自己和网络世界中的自己一样吗？两者有什么相似或不同之处？

关键术语

自我扩展模型，自我参照加工，网络自我扩展

第一节　自我扩展概述

个体的自我并不是一成不变的，而是要经历一个逐渐形成和发展的过程。不同的学者基于不同的理论对自我的形成和发展进行了阐述。基于其关注的基本问题，这些理论可以分为三类：①有关自我认知发展的理论，如皮亚杰的认知发展模型；②有关自我发展动力的理论，如埃里克森的心理社会性发展模型；③有关自我产生和发展的理论，如符号互动论和自我的社会建构理论。符号互动论将个体自我的形成和发展放在人际互动的背景下进行探讨，主要关注自我产生和发展的机制；自我的社会建构理论主要是在社会人际互动和社会交往的过程中探讨个体自我的形成、变化和扩展。下面将主要阐述自我的社会建构理论。

一、自我扩展的理论基础

社会建构主义是现代西方社会科学领域的一个重要思想流派。其核心观点是将人们对外界事物的认识或者知识看作一种社会建构而非科学发现，并指出认知或知识的生产过程不是由个体理性决定的，而是在社会协商的过程中产生的（叶浩生，2009）。该理论也逐渐为心理学领域的学者所接受。格根（Gergen，1985）最早将该理论的主要观点引入心理学的研究领域，并指出个体包括人格、自我、态度和动机在内的心理活动和心理现象都是社会建构的结果。在这种背景下，研究者对作为个体心理核心的自我进行了重新界定和阐释，并提出了自我的社会建构理论（叶浩生，2009）。该理论认为，自我并不是一个客观存在的精神实体，而是在社会人际互动和社会交往的过程中逐渐建构和形成的，反映了社会文化对个体的基本要求。自我的产生依赖话语环境中同他人的相互关系，在某种程度上自我是关系性的，即在社会交往及个体与他人的关系中建构或"创造"出来的（Gergen，1985）。换言之，自我并不是一个稳定的实体，会随着社会经验的积累、语言能力的发展而变得愈加复杂和深入。

格根（Gergen，1985）在当时的社会背景下以极具前瞻性的理论视角阐述了技术与自我的关系，认为科技进步会导致个体所拥有的社会人际关系变得复杂。在频繁、多变的人际交往过程中，人们的身份、角色和相应的观念也会相应地发生改变。在这种背景下，要保持稳定的自我概念几乎是不太现实的。因此，在科技高速发展且不断融入人们生活的时代背景下，我们要注重的是不断解构、重建的自我，形成一种与之相对应的动态的自我观念。在米德的符号互动论的基础上，自我的社会建构理论进一步强调了人际关系和社会互动在自我形成和变化中的作用，为自我的研究指明了新的方向。

随着自我的社会建构理论在心理学领域的传播和应用，自我的社会建构理论逐渐被越来越多的研究者接受。自我的社会建构理论的基本观点，特别是其对人际关系和关系自我的强调，为以后有关自我的心理学研究奠定了基础。随着研究的深入，结合个体在日常生活中的具体实际体验，研究者进一步提出了自我扩展模型。

自我扩展模型认为，个体在日常生活中通过获取新的知识、能力、视角、身份、角色和资源来获得自我成长和自我提升。这种将新的内容纳入自我的过程被定义为自我扩展（Aron & Aron，1997；Aron，Aron，& Norman，2001）。自我提升是个体的基本动机，自我扩展模型进一步指出了个体获得自我提升的具体途径。由于自我扩展动机是个体的一种具有强烈行为驱力的基本动机，因此自我扩展的现象存在于人们日常生活中的各个领域。自我扩展和其他自我相关的基本动机类似，其过程可能存在于意识层面，也可能存在于无意识层面。因此，从某种程度上来说，个体甚至会将周围熟悉的任何人和事物都纳入个体的自我范畴之中（Aron & Aron，1997；贾凤翔，石伟，2012）。个体通过自我扩展来提升达到目标的能力。自我扩展通常发生在当个体完成了新的任务或者在自我概念中增加了新的观念、身份和资源后体验到一种自我成长感觉的时候（Aron，Aron，& Norman，2001；Aron et al.，2013）。相关的实证研究也发现，自我扩展的相关活动会给个体的自我增加新的内容（如新的技能或视角），并使个体的自我概念得以扩展和丰富，如感受到较高自我扩展水平的个体会体验到问题解决效能感的提升以及更高的自尊水平，并会在困难任务中付出更多的努力（Aron，Paris，& Aron，1995；Mattingly & Lewandowski，2013a）。

二、自我扩展及其对个体的影响

根据个体自我扩展发生的情境，自我扩展可以分为两类：关系情境中的自我扩展和关系情境之外的自我扩展。下面分别对这两种自我扩展及其对个体的影响进行阐述。

(一)关系情境中的自我扩展及其对个体的影响

自我扩展有多种途径，其中最直接的方式就是将周围的人纳入自我，他人的能力、资源和角色等也都随之成为个体自我的一部分(Aron et al.，2013；Mattingly & Lewandowski，2013a)。研究者最初主要关注亲密关系中的自我扩展现象，即将个体的亲密关系作为自我扩展的主要来源。身处亲密关系中的个体会将对方纳入自我之中，当个体和他人建立亲密关系的时候，由于将对方的视角、资源、能力、兴趣和身份纳入了自我，他会体验到一种成长感(Aron & Aron，1997；Aron，Aron，& Norman，2001)。研究者围绕这一主题进行了大量研究，主要探讨了亲密关系中的自我扩展对关系质量的影响。研究发现，个体在一段亲密关系中体验到的自我扩展的程度越高，对这段关系的满意度和承诺水平也越高(Aron et al.，2000)。有研究者通过实验研究发现，在自我扩展水平较高的关系中，个体报告的关系满意度也较高(Aron et al.，2000)；那些在自我扩展性关系中得不到充分自我扩展的个体对伴侣的满意度更低，更关注那些有吸引力的潜在伴侣，并且更有可能结束目前的亲密关系(Benjamin et al.，2010)。研究者在自我扩展的视角下探讨了亲密关系中的不忠行为，如一段关系提供的自我扩展的机会越少，个体在这段关系的延续期间出现不忠行为的可能性就越大，且当个体失去了一段能够提供较高水平自我扩展的关系时，他会体验到更多的压力和丧失感，并且会报告更不丰富的自我概念(Lewandowski et al.，2006)。

(二)关系情境之外的自我扩展及其对个体的影响

近年来，研究者开始关注关系情境之外的自我扩展现象，并指出个体可以从其他来源中获得自我扩展，如研究者指出个体可以将团体的视角纳入自我(Mashek et al.，2006)，并能从新奇的或者有挑战性的生活经历(Leary，Tipsord，& Tate，2008)以及独自参与新奇任务的过程中获得自我扩展(Xu et al.，2010)。在此基础上，有研究者进一步概述了自我扩展的两种方法：①完成能提升自我价值的新的有挑战性的任务；②通过将外界的人或事物纳入自我，直接获取新的视角、身份和能力等。这些观点也得到了相关实证研究的证实——相对于单调的任务(如手拿乒乓球在房间里走动)，参与新奇的、有挑战性任务(如用一支球拍举着乒乓球在房间中走动)的个体不仅会体验到更高水平的自我扩展，而且会报告更高水平的自我效能感以及完成后续任务的能力感(Mattingly & Lewandowski，2013a；2013b)。

在这些理论视角下，研究者对关系情境之外的自我扩展进行了研究，将该理论模型用于理解人们与社会群体、社区、环境，甚至商业产品之间的关系(Aron & Aron，1997；贾凤翔，石伟，2012)。例如，有研究者探讨了工作中的自我扩展——由于个体能够在工作中学习新的技能并承担新的角色，因此工作可以作为个体自我扩展的来源。工作中的自我扩展能够显著正向预测个体的工作满意度和承诺水平，并丰富和完善个体的自我认知。失去自我扩展性的工作会导致个体自我概念维度数量的减少，以及自尊水平的降低(Kevin et al.，2014)。有研究者探讨了个体在小说阅读中的自我扩展。结果发现，由于小说中的角色给个体带来了许多新奇的体验和个人成长感，因此小说中的角色也可以提供自我扩展的来源，且这种自我扩展丰富了个体的理想自我(Shedlosky-Shoemaker，Costabile，& Arkin，2014)。此外，和个体密切关联的外界事物也会被个体纳入自我的范畴之中。例如，个体会将手机作为自我扩展的来源，并将其纳入自我概念之中，这会进一步提升个体的主观幸福感水平。但当个体失去手机时，自我扩展水平高的个体会体验到更多的消极情绪(如焦虑和孤独感)(Hoffner，Lee，& Park，2015)。

三、自我参照加工及其对自我扩展的佐证

由于自我这一概念的复杂性和外延的广泛性，很多时候我们无法对自我直接进行探讨。纵观以往有关自我的研究可以看出，现有的对自我的直接研究主要集中在对自我相关信息的加工这一领域。这也切合了詹姆斯对自我的界定，即通过对自我相关信息的研究从侧面对自我进行探讨。

(一)自我参照加工

自我对于个体有重要的社会适应意义，自我相关信息也因此具有重要的社会适应价值。能够识别自我，并具有将自我和非我进行区分的能力，对诸如自我意识和心理理论等高级认知加工过程是至关重要的(Geng et al.，2012)。由于自我的复杂性和抽象性，无法对自我进行直接研究，对自我的研究主要从自我相关信息入手。相关研究表明，相对于其他信息(和个人无关的信息)，自我相关信息有极大的加工优势(Liu et al.，2015)。

心理学领域对自我相关信息的研究源于鸡尾酒效应。这一效应表明个体对与自己相关的信息会表现得非常敏感，能很快注意到这些信息并对其进行深入有效的加工。在此基础上，研究者对这一现象进行更加深入的研究，并提出了自我参照效应，即一个人对自我相关信息的认知加工的效果会更好(Cunningham et al.，2014；Dewhurst et al.，2017)。相应的认知加工过程被称为自我参照加工。诸如在一项经典的自我参照任务中，被试被要求回答几个与一系列词语有关的问题。对于一些词语，要对其自我相关性进行判断(如能用善良来描述你吗)；而对于另外一些词语，则要求根据其语义或结构做出判断(如和蔼和友善是同义词吗)。在对这些词语进行判断后，要求被试尽可能多地回忆自己所记得的单词，结果发现被试回忆最多的是那些与自我判断相关的词语。

自我参照加工是"我思故我在"这一观点的具体体现，在某种程度上，强调了当前刺激与自我之间关联程度的强弱。此术语被用来指代那些个体对与自我密切相关的刺激或信息的认知加工。研究者对自我参照效应进行了更加深入和广泛的研究，采用视觉搜索任务、词语判断任务以及记忆任务证实了个体对自我相关信息（自己的名字、声音、笔迹、身体和面孔）的加工优势（Tacikowski et al.，2011；Geng et al.，2012；Niu et al.，2020），通常表现为个体对这些自我相关信息的识别速度更快。例如，自己的面孔能够被个体更快地识别并搜索出来（Delchambre & Laurey，2006），并且在阈下加工水平上，这种优势效应依然存在（Geng et al.，2012）。在此基础上，研究者对这些结果进行了进一步的梳理，并指出自我相关信息能诱发个体的自我意识，进而出现个体对自我相关信息的加工优势（Keyes et al.，2010；Sui & Humphreys，2015）。

（二）自我参照加工对自我扩展的佐证

如上所述，由于自我的复杂性，我们无法对其进行研究直接。现有的研究主要通过对自我相关信息的研究来探讨自我，就具体的研究方法和手段而言，主要通过对比自我相关与非自我相关信息之间的差异，即通过非我来研究自我。因此，从自我参照加工的视角来看，现有的研究在一定程度上为自我扩展这一现象的存在提供了实证依据。自我扩展模型指出，个体会将亲密的他人纳入自我之中，以获得新的资源、视角以及身份认同，进而提升其达到目标的能力。这一过程势必会在一定程度上反映在自我参照加工的过程中。

国外的研究者指出，当面对熟悉的他人，如自己最好的朋友时，个体会表现出较弱的自我参照效应（Halpin et al.，1984）。我国的研究者也得出了类似的结果，当参照对象为母亲时，不存在显著的自我参照效应（Sui & Humphreys，2015），即同一个体在其对自我相关信息和母亲相关信息的加工特点上不存在显著差异。除了行为实验外，还有研究者采用认知神经科学的方法探讨了这一问题——研究者采用功能性磁共振成像技术发现，在中国文化背景下的个体，其内侧前额叶在自我条件和母亲条件下都出现了显著激活，且不存在显著差异（Liu，Corbera，& Wexler，2014；Wuyun et al.，2014），但在西方文化背景下，则存在显著差异（Kelley et al.，2002；Ray et al.，2010）。还有研究者采用事件相关电位（event-related potential，ERP）技术发现，与识别陌生人的面孔相比，识别自己父母的面孔会诱发更为明显的 P300 成分（Dai et al.，2013）。这些研究在一定程度上为自我扩展模型提供了实证依据。P300 成分不仅可以作为自我参照加工和自我表征的指标，而且在一定程度上可以作为自我的衡量指标。

扫描拓展

综上所述，无论是行为实验的结果还是认知神经实验的结果都表明，个体对被纳入个体自我中的亲密他人相关信息的加工存在与自我相关信息相似的加工优势。这在一定程度上验证了自我扩展模型的基本观点。研究者可以将自我参照加工及其相应的认知神经科学指标作为探讨自我扩展的实证依据。

探索大脑，有助学习

第二节　网络自我与网络自我扩展

自我是一个复杂的概念。随着理论探讨的深入，研究者越来越倾向于认为自我不是一个稳定不变的"实体"，而是在社会互动和人际交往中建构出来的；自我不是一个独立静止的结构，会随着社会环境的变化而改变（Evans & Clark，2012）。在网络空间中，个体的自我表达和自我呈现拥有极大的自由性。每个人可以自由地创建和拥有新的身份和角色，这不仅会给个体在日常生活中的人际交往和社会适应带来影响，而且就深层的心理机制而言，会给个体的自我形态和自我认同状态带来新的影响，从而带来自我存在形态的新变化（Mccreery et al.，2012）。

一、网络自我

(一)网络自我的概念

建构主义的自我理论认为，个体的自我由其外部他人所建立的关系来界定(詹启生，乐国安，2002)。因此，要在个体的生活背景及其与外界所结成的社会关系中来理解自我(Gergen，2011)。科技的进步不仅会使人们的社会关系变得复杂，而且会使人们的身份发生相应的变化，这就会进一步导致个体自我的解构和重建(Gergen，1988)。在网络环境中，个体会通过自我呈现来建构和扮演不同的角色，并和不同的个体进行交往。因此，在网络环境中可能会呈现一种新的自我，并给自我带来新的存在形式。

相对于现实世界，网络环境所具有的匿名性等优势为个体提供了理想化的自我呈现的空间和平台。个体在网络空间中对自我表达拥有最大限度的掌控权，可以通过自我表征和自我探索两种途径来建构自我(柴晓运，龚少英，2011)。在深层的心理层面上，人们通常会将网络空间看作思想与人格的延伸——网络是反映他们的审美、态度和兴趣的空间。在网络空间中，用户对自我呈现具有更强的控制性。他们不仅可以在网络中选择呈现特定的个人形象，而且可以塑造出全新的个人身份，并以此参与人际互动，即个体会在网络世界中建构出新的自我(卞玉龙等，2015)。这一活动带来了新的自我形式——虚拟自我。虚拟自我是在以计算机为媒介的人际沟通环境中表现出来的人格、体验或个人身份(Waskul & Douglass，1997)。还有学者指出网络中的自我的特点与现实中的自我的特点不一致，但也可能具有现实生活中真实自我的特点(雷雳，2016)。总之，虚拟自我是人们在网络世界中形成的一种有别于真实自我的状态，是不同于现实物理世界中的自我的另一种自我。

（二）虚拟自我认同和网络人格

在现有的研究中，有两个概念及其相关研究为网络自我的存在提供了佐证——虚拟自我认同和网络人格。虚拟自我认同一方面是指个体对自己在网络世界中的身份的确认，另一方面是指一种与虚拟角色自我呈现相关的心理感受（Subrahmanyam & Šmahel，2011）。首先，虚拟自我并不是真正的物理存在，而是网络环境中的自我身份信息。其次，虚拟自我认同包括个体在网络自我呈现过程中产生的想法、思维以及情绪状态，也就是说在网络中的身份和角色是个体在虚拟世界中自我评价的重要组成部分。例如，在网络游戏中，对于作为团队领导的个体而言，由于带领团队产生的责任感、战斗胜利后队友对自己的钦佩等原因，个体将获得与高能力、高自尊、优越感有关的自我认同。

网络人格是虚拟自我的另一种体现。例如，在生活中，我们会看到一些在现实生活中少言寡语的人在网络中却总是妙语连珠；在现实生活中温和平静的人在网络中却总是言辞激烈。这可能是由于在网络中个体拥有很多自由和控制感，甚至可以选择并演绎另一个自己，这实质上是对个体人格的改变或建构，即虚拟人格，也被称为网络人格。它是通过个体在特定网络环境中的行为表现出来的，有些是有意识的，有些是无意识的（雷雳，2016）。相关研究指出，个体在网络游戏中的人格更接近理想自我而不是现实自我（Attrill，2015）。在某种程度上，网络中表现出的行为通常是个体在现实生活中不敢表现出来的。例如，网络人格可以让个体更开放地表达他们最深层的思想，不必像在现实世界中那么友好。

虚拟自我认同和网络人格从不同的侧面对网络虚拟自我进行了探讨：虚拟自我认同本质上是对网络中自我身份和角色的一种认同和感受，网络人格更多是围绕网络自我呈现或建构的虚拟化身所展现出来的心理行为模式。这都在一定程度上加深了我们对网络虚拟自我这一主题的认识和了解。

二、网络自我扩展

（一）自我在网络中的扩展

网络虚拟自我的出现又带来了一个新的问题：网络空间和现实世界，特别是网络自我和现实自我之间的关系是怎样的？最初的研究者认为，网络塑造了一个全新的世界，网络使用会占用线下活动的时间，网络空间中的行为和活动也会取代线下的行为和活动（特别是社交活动），这种观点被称为取代假说（Lee & Kuo，2002）。随着信息技术的发展，网络日益融入人们的生活，研究者开始对这一假说质疑，因为个体线上和线下的生活越来越融合在一起，网络在某种程度上是现实物理世界的延伸和扩展（Subrahmanyam & Šmahel，2011）。

在网络所营造的虚拟世界中，人们可以通过各种手段和方式来呈现和塑造自我，表现出现实生活中不曾表现过的自我，并按照新的角色及相应的行为方式行动。在网络世界中，人们可以根据自己的意愿自由地创造自我形象，无论是年龄、性别还是外貌和身体，个体都可以按照自己想要的方式来予以呈现（Šmahel，Blinka，& Ledabyl，2008；Niu et al.，2020）。例如，个体可以通过修饰和美化的方式来呈现自己的外貌和生活方式，以使自己更具有吸引力。在网络游戏中，个体会强化自己的优秀属性。因此，个体在网络中表现出的自我更接近理想自我而不是现实自我，并且也能知觉到网络自我和现实自我在行为方式等方面的不一致（Yoon & Vargas，2014）。虽然个体的现实自我和网络自我并不是一致的，但它们是相互联系的。研究者针对网络自我和现实自我的关系，提出了离线/在线自我模型，将个体现实中的自我和虚拟网络世界中的自我联系在一起（Attrill，2015）。该模型认为完全区分离线自我与在线自我的意义并不大，因为当人们在这两种环境中寻找自我时，在许多方面具有相似的发生过程、关注焦点、情绪特征和社会效应，可以将两者看作相互影响的共同体。现实自我和网络自我是相互联系、相互影响的，共同影响个体的知觉、态度和行为。特别是网络中新的角色带来的心理认同感，会使个体有意无意地将这些网络中的角色与自我等同起来（Šmahel，Blinka，& Ledabyl，2008；卞玉龙等，2014）。因此，网络不是创造出了新的自我，而是扩展了现实自我（Eklund，2015）。

（二）网络自我扩展的概念和实证依据

根据相关的理论论述和个体在网络使用过程中的具体体验，网络也能作为个体自我扩展的来源（网络自我扩展）。牛更枫（2017）对大学生进行访谈，并进一步采用质性研究方法对访谈数据进行分析，并在访谈结果上归纳出网络自我扩展的概念，即个体在网络使用中为自我扩展新内容的过程。作为一种基本的个体动机，自我扩展会发生在多种网络使用情境中。网络中的自我扩展依赖两种基本途径——新的身份和角色，以及新的经历和体验，且这两种体验和感受普遍存在于个体的网络使用过程中。网络中的自我扩展具体表现在五个方面——新身份和角色的获得、知识/资源的增加、能力感的提升、新视角的获得和个人的成长。

研究者借鉴自我参照加工的研究范式，对网络自我扩展进行了实证探讨。例如，杨红升等人（2012）以个体的网名为实验材料，采用行为实验探讨了自我相关的网络信息（网名或网络昵称）的加工优势。该研究从自我相关信息加工的视角表明网络自我与现实自我的密切关系。随后研究者采用不同的研究范式都证实了自我参照加工存在于网络空间中，即个体对网络中的自我相关信息也存在与现实中的自我相关信息一致的加工优势（Yang et al.，2015；陈莉，陈美荣，2017）。在此基础上，牛更枫（2017）从自我相关信息加工的视角进一步采用行为实验和 ERP 实验在行为和认知神经层面上为网络自我扩展提供了实证依据——在行为实验中，研究以 50 名在校大学生为被试，以被试的真实名字、常用网名、好友的名字，以及一个名人的名字为实验材料，采用视觉搜索任务范式。结果发现，被试搜索自己的真实姓名和常用网名的反应时不存在显著差异，且两者均显著快于作为对照的好友的名字和名人的名字。在 ERP 实验中，研究以 15 名大学生为被试，以被试的真实名字、常用网名，以及一个名人的名字和一个陌生人的名字为实验材料，采用 Oddball 实验范式，使用 BP 脑电系统进行脑电数据的记录和分析。结果表明，自己的真实姓名和常用网名诱发的 P3 波幅和潜伏期不存在显著差异，且两者诱发的 P3 波幅显著高于名人的名字和陌生人的名字诱发的 P3 波幅，两者诱发的 P3 潜伏期也显著长于名人的名字和陌生人的名字诱发的 P3 潜伏期。这表明在行为和认识神经层面上，个体对网络自我相关信息（自己的常用网名）和现实自我相关信息（自己的真实姓名）有一致的加工优势。网络中的自我也被个体纳入了自我的范畴，这就从自我相关信息加工的视角为网络自我扩展提供了实证依据。

扫描拓展

临场感强，购买欲旺

第三节　网络自我扩展对个体的影响

网络自我扩展对个体自我的影响首先体现在其扩展了个体自我的内涵和外延——网络自我在一定程度上扩展了个体的现实自我，并且自我扩展往往体现为个体为自我扩展新的内容（即将新的内容纳入自我），如为自我增加了新的能力、身份和角色以及资源等。因此，网络自我扩展势必会给个体的自我认知带来影响（Aron ＆ Aron，1997；贾凤翔，石伟，2012）。

一、网络自我扩展对个体自我的影响

个体的自我认知和知觉是一个多维度的复杂结构，并且按照一定

的层次组织成一个有机整体。基于这种观点，研究者提出了自我概念的多维度层次模型（凌辉等，2016）。在这一模型中，个体自我认知的内容（自我概念，如身体自我和学业自我）和水平（自尊）受到了研究者的关注。随着研究的深入，研究者日益关注个体自我认知的结构，并使用自我复杂性和自我概念清晰性来探讨个体自我认知的结构。自我复杂性是指个体在其自我认知结构中用来描述自我概念的维度数量及各维度之间的关联程度（Pilarska & Suchańska，2014）。个体自我认知和评价的维度越多，各个维度之间的重合程度越小，个体的自我复杂性程度就越高。自我复杂性会影响个体对消极事件的解释，进而影响个体的社会适应和心理健康，即较高程度的自我复杂性可以缓冲外部压力或消极生活事件对个体心理健康和适应水平的消极影响（Cohen et al.，2014；Linville，2011）。自我概念清晰性是指个体对自己的认知和评价会表现出不同的自信和稳定性水平，是与个体自我认知的结构具有密切关系的一个变量，反映个体对自我概念内容（如对个人属性和特征的认知）的明确性及其内部的一致性和稳定性的程度。自我概念清晰性对个体的社会适应和心理健康水平也有着重要而直接的影响，不仅对个体的幸福感和自尊有显著的正向预测作用，对抑郁有显著的负向预测作用（Findley，2013），而且能缓冲压力等负面因素对个体的消极影响（Santo et al.，2018；Teng et al.，2016）。

牛更枫（2017）使用自编的网络自我扩展问卷对847名大学生进行了问卷调查。结果显示，在控制年龄和性别的条件下，网络自我扩展对自我概念清晰性有显著的负向预测作用，对自我复杂性有显著的正向预测作用。这表明网络自我扩展为自我增加了新的内容，一方面扩展了自我的范畴，使得个体的自我概念结构在内容丰富度和广度上得以扩展；另一方面增强了个体自我在不同方面的不一致性，使得个体难以形成稳定、清晰的自我认知和评价。

二、网络自我扩展对个体社会适应的影响

获得自我成长和自我提升是个体发展与成长的主要动力源（Aron &
Aron，1997；Aron，Aron，& Norman，2001，1998）。因此，从某种程
度上来说，自我扩展有一定的社会适应功能和价值（Aron & Aron，
1997；贾凤翔，石伟，2012）。自我扩展的适应性功能得到了相关研
究的证实。从一般层面上来说，自我扩展的个体会体验到问题解决效
能感的提升以及更高的自尊水平，并会在困难任务中付出更多的努力
（Aron，Paris，& Aron，1995；Mattingly & Lewandowski，2013a）。此
外，自我扩展在各种社会生活领域中都有重要作用，如在亲密关系领
域的研究结果表明，个体在一段关系中体验到的自我扩展的程度越
高，其对这段关系的满意度和承诺水平也会越高，个体体验到的积极
情绪也会越多（Aron et al.，2000；Lewandowski & Aron，2004；
Mattingly & Lewandowski，2012；Mattingly，Lewandowski，&
McIntyre，2012）。对工作领域中的自我扩展的研究结果发现，工作中
的自我扩展对个体的工作满意度、承诺水平、自尊和幸福感都有显著
的正向预测作用（Kevin et al.，2014）。

此外，传播学家麦克卢汉针对与媒介的关系提出了这一观点——
媒介是个体的延伸（刘婷，张卓，2018），如广播是耳朵的延伸，电视
是耳朵和眼睛的延伸。因此，媒介的使用在某种程度上扩展了个体适
应社会的能力。相关研究指出个体会把外界的媒介和工作当作自我扩
展的来源，如个体会将手机作为自我扩展的来源，并将其纳入自我概
念之中，这会进一步提升个体的积极情绪体验和幸福感（Hoffner，
Lee，& Park，2015）。

个体的网络自我扩展也可能具有相似的社会适应价值和功能。在
此基础上，牛更枫（2017）对这一问题进行了探讨。参照以往有关自我
扩展研究中使用的社会适应关系指标（Kevin et al.，2014；Hoffner，

Lee，& Park，2015；Mattingly et al. ，2012），该研究选取一般自我效能感、主观幸福感和抑郁这三个指标作为对个体社会适应的测量指标。这三个指标涵盖了个体心理社会适应的不同方面，可以从不同的侧面来探讨网络自我扩展对个体社会适应的影响。该研究采用问卷调查的方法，对来自武汉、四川和山东的1108名大学生进行调查。结果表明，网络中的自我扩展与积极的社会适应变量（一般自我效能感和主观幸福感）呈显著正相关，与消极的社会适应变量（抑郁）呈显著负相关，且网络自我扩展能在网络使用对个体社会适应指标（一般自我效能感、主观幸福感和抑郁）的影响中起中介作用。这一结果符合自我扩展模型理论的基本观点（Aron & Aron，1997；Aron，Aron，& Norman，2001），也和自我扩展的相关研究结果相一致。这一结果不仅证实了网络中自我扩展的社会适应价值和功能，而且加深了人们对网络自我扩展的认识和了解——网络自我扩展可能是网络使用影响个体的一个关键因素，这一点还需要进行更加深入和全面的探讨。

拓展阅读

虚拟现实中的杀人应该被禁止吗

在古希腊神话中，有一个名叫普罗透斯（Proteus）的海神，他是荷马所称的"海洋老人"之一。普罗透斯有预言未来的能力，但想要抓住他，命令他预言未来，并不是一件容易的事情。因为他拥有比孙悟空更厉害的变形能力，可以变成各种动物、植物，甚至变成水。

2007年，斯坦福大学的两位研究者（Yee & Bailenson）提出了"普罗透斯效应"的概念。他们认为，和传说中的海神一样，今天活跃在网络虚拟世界中的普通人也拥有"变形"的能力。当然，这种变形并不是指肉体上的变化，而是指心理状态和行为模式上的变化。

　　具体来说，这两位研究者发现：人们会被自己所使用的头像和虚拟形象影响。比方说，如果使用高大威猛的形象，你就会更倾向于在虚拟空间的谈判中施加对自己有利的不平等条款；如果使用矮小瘦弱的形象，你就有可能忍气吞声地接受对自己不利的不平等条款。也就是说，在数字世界里，虚拟形象的高矮美丑会影响实际使用者的自我评估。当被赋予各类不同的虚拟形象时，人们的心理和行为会迅速发生如海神普罗透斯一般的适应性变化。

　　之后，斯坦福大学的研究者进一步发现，这种发生在数字空间中的普罗透斯效应可以进一步影响人们的线下行为。他们做了一个实验，让参与者置身于虚拟环境中15分钟，有的人被分配到的是高大的形象，有的人被分配到的是矮小的形象。15分钟后，他们离开虚拟环境，参与现实中的面对面谈判。结果使用了高大形象的参与者在线下也变得更为激进，使用了矮小形象的参与者则更为保守。

　　普罗透斯效应告诉我们，人类有时候很难分清虚拟和现实之间的界限，甚至会让虚拟世界中发生的事情影响在现实世界中的表现。近两年来，虚拟现实技术的迅速发展，让这种效应再次受到广泛关注——如果说在传统的虚拟社区和网络游戏中使用虚拟形象还是一种较浅的沉浸式体验，那么虚拟现实技术带给人们的将是前所未有的全方位沉浸式体验。通过数字技术建构出来的现实从未如此逼真，辨别虚拟和现实之间的界限变得更加困难，普罗透斯效应很有可能会变得更强。

　　这就让一些人产生了忧虑：如果人们在使用了虚拟现实技术的电影和游戏中体验了逼真的暴力，会不会在线下也变得更加暴力？更极端一点的假设是：现在人们可以通过虚拟现实技术真切地感受杀人的体验，这种体验不再是点点鼠标、按按键盘那么简单，而是融合了全身动作、力度反馈、沉浸式的视觉和听觉的体验。在这种极具冲击力的虚拟体验之后，你在现实中的心态和行为是不是也会发生改变？你会不会发生海神普罗透斯般的变化，变成一个真的具备杀人倾向的潜在犯罪分子？

基于这种担忧，英国剧作家安吉拉·白金汉（Angela Buckingham）撰文呼吁：将虚拟现实中的杀人列为违法行为。她说，她在影视行业工作了近20年，深知娱乐产业对视觉冲击力的依赖，也知道现有的学术研究并不能很好地证明暴力影视作品和游戏对人们产生了负面影响。但她认为，虚拟现实将完全是另一种级别的体验，很有可能产生意想不到的负面后果。

安吉拉·白金汉的担心不无道理。人类对虚拟和现实的分辨力是有限的，在大规模推广之前，虚拟现实技术的影响需要经过仔细评估。不过，普罗透斯效应带来的也并非都是坏事。例如，都柏林大学圣三一学院的一些研究者开发了一款培训维和官员的虚拟现实系统。在接受这种虚拟现实的训练之后，维和官员们的心态和行为将会发生变化——不是变得更暴力，而是变得更具有沟通能力、合作能力，更了解维和行动地点的文化背景。

扫描拓展

网络潜水，痛苦紧随

第十章　互联网与自恋[①]

开脑思考

1. 你的朋友圈中有经常晒自拍、频繁更新状态的人吗？你会觉得他自恋吗？网络空间中的自恋与我们一般认为的自恋是一回事吗？

2. 自恋的人会不会更偏爱使用社交网络？他们在社交网络中是不是更加"如鱼得水"？你觉得社交网络吸引自恋者的原因是什么？

3. 网络是自恋者实施网络欺负和恶意破坏行为的"沃土"吗？

4. 网络使用会不会让人更自恋？不自恋的人会因为使用网络而变得自恋吗？

关键术语

自恋，网络欺负

互联网的迅速发展为人们获取信息、展示自我、人际沟通和娱乐放松都带来了极大的便利。人们可以在互联网上发表自己的观点，并且建立和管理自我形象，这些行为都会增强个体对自我的关注。自恋作为一种人格特质，以膨胀的自我概念、寻求他人持续的关注和肯定为主要特征，在现代社会变得越来越常见。互联网是不是对自恋的人更具有吸引力，自恋的人会不会更多地使用互联网，互联网会不会使个体变得更自恋，这些都成为研究者关注的重点。本章将从自恋

[①] 本章在"杨秀娟，周宗奎，刘庆奇，牛更枫．(2017)．自恋与社交网站使用的关系．心理科学进展，25(9)．"基础上扩充完善而成。

概述、自恋对网络使用的影响以及网络空间中的自恋三个方面阐述自恋和网络使用的关系，以期更全面地揭示互联网背景下个体自恋的形成和发展情况。

第一节　自恋概述

自恋有着不同的结构划分标准，对人们的社会生活有着深远的影响。自恋的人行为各异，有时候在别人眼中显得"奇怪"。本节主要对自恋的概念和结构做一简要介绍。

一、自恋的概念

自恋最初用于精神病理学研究，被视为一种人格障碍。具有自恋人格障碍的人的主要特征有不切实际的自我价值感、对无限权力的幻想、自我抬高、自负和肤浅的人际关系等。随着自恋研究的深入和测量工具的发展，社会—人格心理学家将自恋界定为一种存在于正常人群中的人格特质（郭丰波等，2016）。自恋的典型特征包括膨胀的自我概念和强烈的独特感和优越感，通过虚荣或自负的自我欣赏来获得心理满足，并在地位、外貌、智力和受欢迎程度等方面通过持续寻求他人的关注和肯定来维持积极的自我信念（Campbell，Rudich，& Sedikides，2002；Morf & Rhodewalt，2001）。自恋者往往具有较强的表现欲，通过提升自我呈现以及建立大量的人际关系来获得心理满足（Campbell & Campbell，2009；Stoeber，Sherry，& Nealis，2015）。他们利用社会关系来调节自恋式的自尊，注重在短时间内彰显个人的魅力、成功和强大，而不关注真诚、温暖的长期人际关系（Eşkisu，Hoşoğlu，& Rasmussen，2017）。

有研究者指出，自恋会变得越来越常见（Twenge et al.，2008）。一项大样本调查发现，大学生的自恋水平显著高于20年前他们的同龄人(Twenge & Campbell，2009)。这可能与代际价值观有关。更年轻的一代都强烈渴望记录和发布他们的活动事件，并相信社交媒体上的观众会关注自己(Rosen，Carrier，& Cheever，2010)，自恋水平因而不断提升。

二、自恋的结构

作为一个复杂、多层面的概念，自恋包括不同的维度和形式。有研究者从成分的角度提出自恋包括两种不同的形式，还有研究者认为自恋处于自我功能调节的连续体上。

(一)自恋的两种形式说

温克通过对六个自恋量表进行主成分分析(Wink，1991)，提出了自恋的两种形式说，即自恋包括夸大—表现欲和易损性—易感质两种形式(郑涌，黄藜，2005)。后来研究者证实了这两种形式的存在，并将其简称为浮夸型自恋和脆弱型自恋(Miller et al.，2011)。浮夸型自恋主要表现为对自己的技能和权威持有过于积极的态度、外向、爱表现自己并专注于获得他人的赞赏和关注(Stoeber et al.，2015)。因其具有较为显著的外显特征(对他人高度可见)，又被称为显性自恋(Wink，1991)。脆弱型自恋则是相对隐蔽的，又被称为隐性自恋(Wink，1991)，主要表现为内心脆弱、缺乏安全感、内向、过于敏感或警觉，其自我价值感的产生往往依赖他人的重视或肯定，当得不到他人的认可时就会表现出社会回避和退缩行为(Miller et al.，2011；Stoeber et al.，2015)。浮夸型自恋和脆弱型自恋作为自恋的两种形式，在特征、提升自我的能力、自我调节策略的使用、人际关系以及与大五人格的关系等方面存在差异，但也有一些共同特征。

1. 两种形式的不同点

第一，在特征上，浮夸型自恋通常具有支配、自夸和攻击等特征(Casale，Fioravanti，& Rugai，2016)，与剥夺他人的行为相关

（Wink，1991）；脆弱型自恋通常与低自尊、羞愧、羞怯以及对他人评价过于敏感相关。

第二，在提升自我的能力上，与浮夸型自恋者相比，脆弱型自恋者更可能在他们的特权期望上体验到冲突（Dickinson & Pincus，2003）。他们有表现完美的强烈需求，但是又感到没有能力呈现出这种形象。浮夸型自恋者则认为他们有能力提升这一完美形象（Casal et al.，2016）。

第三，在自我调节策略的使用上，浮夸型自恋者倾向于使用公开的策略，如公开性的自我提升（如树立社交熟练的个人形象）、贬低那些会威胁积极自我形象的他人和通过否认某些弱点来对抗自我怀疑和焦虑以及调节个人自尊（Dickinson & Pincus，2003；Paulhus，1998）；脆弱型自恋者更依赖社会反馈来规范自我（Zeigler-Hill，Clark，& Pickard，2008），过度缺乏安全感而无法公开要求他人的赞赏和认可，并且由于对拒绝过于敏感而倾向于回避和他人的联系（Cain，Pincus，& Ansell，2008）。

第四，在人际关系上，浮夸型自恋者通常被认为是富有魅力的、平易近人的、合群的和外向的，至少在第一眼看来是这样的（Miller & Campbell，2008；Paulhus，1998）。他们喜欢社会交往，具有较强的吸引力（Gabriel，Critelli，& Ee，1994）。脆弱型自恋者通常感到不如别人，在社交关系中会感到羞怯、焦虑和不自在（Ksinan & Vazsonyi，2016）。他们是社交沉默和防御性的（Wink，1991），倾向于回避人际关系，以免在没有达到他人的期望时产生失望感和羞愧感（Casale & Fioravanti，2018）。脆弱型自恋者还缺乏共情和亲社会行为（Lannin et al.，2014）。从人际关系的角度来看，脆弱型自恋的消极循环代表了自恋者适应不良的一方面（Cain et al.，2008）。

第五，自恋这两种形式之间的差异还表现在与大五人格的关系上。浮夸型自恋与外向性呈显著正相关，脆弱型自恋与内向性均呈显著正相关（Miller et al.，2011）。

2. 两种形式的相同点

浮夸型自恋和脆弱型自恋之间也存在共同特征，表现在特权感、自大式幻想(Wallace & Baumeister，2002)、自负、傲慢、漠视他人、敌对性人际策略的使用(Miller & Campbell，2008；Miller et al.，2012；Wink，1991)以及在期望得到他人的肯定时提升自我完美形象的倾向等方面(Sherry et al.，2014)。

(二)自恋的连续体说

自恋既包括正常的表达，也包括病理性的表达；既反映了适应性的人格结构、心理需要和调节机制，也反映了非适应性的人格结构、心理需要和调节机制(Pincus，2005)。正常的自恋和病理性的自恋反映了人格的不同维度(Pincus et al.，2009)。自恋的连续体说认为自恋处在自我功能调节的连续体上(Watson & Biderman，1993)，可分为非病理性自恋和病理性自恋两类。其中，非病理性自恋表现为浮夸的自我概念、过度需要赞赏、自我提升性策略的使用以及缺乏与他人的亲密联结等(Liu & Baumeister，2016；Morf & Rhodewalt，2001)。非病理性自恋主要用于社会性与人格心理学研究，病理性自恋主要用于临床研究(Pincus et al.，2009)。

非病理性自恋者可能拥有不愉快的人际关系，但他们往往是雄心勃勃的、满足的和相对成功的(Miller & Campbell，2008)。自恋的正常表达一般与积极的心理适应有关，能增强个体的能动性，进而提升其自尊和幸福感(Oldham & Morris，1995)。与非病理性自恋者相比，病理性自恋者在面对失望和对积极自我形象的威胁时显得尤其不安(Pincus et al.，2009)。国内学者基于自恋的连续体视角来看待自恋的两种形式，认为浮夸型自恋可能更多地处于自恋的连续体上健康的一级，脆弱型自恋则处于自恋的连续体上不健康的一级(郑涌，黄藜，2005)。

扫描拓展

线上自拍，或为探索

第二节　自恋对网络使用的影响

大量研究表明自恋会影响人们的网络行为，不同自恋程度的人在社交网络使用、网络游戏以及网络成瘾、网络偏差行为等方面有明显的区别。

一、自恋对社交网站使用的影响

社交网站是对允许个体以公开或私密的方式与他人交换信息的网站的统称（Smock et al.，2011）。QQ 空间和微信朋友圈就是这类网站的代表。社交网站使用一般指用户参与网站活动或使用该平台上的资源和功能。研究者从不同的角度对社交网站使用进行了测量。

从整体量化的角度来看，对社交网站的研究集中在使用频率、强度以及好友数量等方面（Liu & Baumeister，2016；Ong et al.，2011）。从平台类型的角度来看，研究者考察了脸书、推特和照片墙（McKinney，Kelly，& Duran，2012；Panek，Nardis，& Konrath，2013；Sheldon & Bryant，2016）以及 QQ 空间、微信朋友圈等平台（Wang，2017；牛更枫等，2016a）；也有研究者从使用方式（主动性使用和被动性使用）的角度对社交网站使用行为进行了划分（Davenport et al.，2014），并关注了具体的使用内容，如状态更新、发自拍照以及回复或评论他人信息等（Marshall，Lefringhausen，& Ferenczi，2015；Moon et al.，2016；丁倩等，2016）。总体而言，对社交网站使用行为的研究遵循从一般到具体、由浅入深的逻辑（葛红宁等，2016；姚琦等，2014）。为更加全面地了解自恋者的社交网站使用行为，本节也将按照此逻辑，从自恋者的一般性社交网站使用，拓展到不同类型的社交网站使用，再到不同方式的社交网站使用。

（一）自恋者的一般性社交网站使用

研究发现，自恋能显著预测更多的社交网站使用活动、更高频率的使用行为以及个体与社交网站之间更高强度的情感联结（Błachnio，Przepiorka，& Rudnicka，2016）。自恋者在社交网站上花费的时间更长（Fox & Rooney，2015；Moon et al.，2016），每日登录得更频繁（Mehdizadeh，2010），线上好友数量也更多（Ong et al.，2011；Walters & Horton，2015）。他们在个人主页和状态更新等方面表现出更多的自我提升行为（Mehdizadeh，2010）。

自我表现欲作为自恋人格的一阶概念，主要表现为自我专注、虚荣心、自负以及表现倾向，可通过对自恋人格问卷进行因素分析得到（Raskin & Terry，1988）。研究表明自我表现欲与线上好友数量、自我表露数量和频率以及签到强度呈正相关（Carpenter，2012；Hollenbaugh & Ferris，2014；Panek et al.，2013；Wang & Stefanone，2013）。一项研究调查了1324名澳大利亚互联网用户，结果发现与非脸书用户相比，脸书用户持有更高水平的表现欲，且持有较高水平表现欲的个体更偏爱使用照片和状态更新功能（Ryan & Xenos，2011）。自恋者往往有较高水平的敌意和嫉妒，在社交网站上的报复性行为较多，同时也有较多的风险性网络约会（Branson & March，2021；Obeidat et al.，2020）。个体越自恋，越容易沉浸于社交网络中，投入更多的时间和精力，参与更具表现性的社交网络活动，聚集更大圈子的朋友，并在社交活动中更可能做出一定程度的风险性行为，以此来满足他们膨胀的自我概念和脆弱的自我价值感。

（二）自恋者的不同类型的社交网站使用

国外关于自恋和社交网站使用的研究主要集中在脸书平台上，后来逐渐拓展到其他社交媒介上，如推特和照片墙等（Davenport et al.，2014；Moon et al.，2016）。国内的相关研究则主要集中在微信朋友圈和微博上（Mo et al.，2017；Wang，2017）。一项以492名土耳其大学生为被试的研究考察了人格差异和脸书使用行为之间的关系。结果发现，自恋与脸书使用时间以及脸书上的好友数量呈显著正相关，在脸书上花费的时间越多、线上朋友数量越多的个体，其自恋分数也越高（Eşkisu et al.，2017）。这说明脸书可能为高自恋水平的个体提供了展示和强化膨胀的自我形象的渠道。该研究还发现，自恋与查看脸书和状态更新的频率无关，与所加好友的类型以及分享状态的好友类型无关（Eşkisu et al.，2017）。这启示未来研究在考察自恋者的社交网站使用行为时，评估使用者在社交网站上发布的内容以及发布的方式，比仅仅评估使用的频率更为重要（Marshall et al.，2015）。

除脸书外，研究者还关注自恋和推特以及照片墙使用之间的关系。研究发现，随着自恋水平的提高，脸书状态更新和推特发布的数量都会随之增加，而且相比于脸书，自恋对推特使用行为的预测作用更强（Panek et al.，2013）。这可能是因为推特上发布了更多与自我相关的内容。相关调查显示，80％的推特用户是自我信息者，即发布的内容基本上都是关于自己和他们的想法、感受和成就的，而脸书上的内容则更注重人际交流。自恋与推特上的关注者数量无显著相关（McKinney et al.，2012），这可能是因为推特不能直接发送交友请求，自恋者需要生成有意思的博文才能获得他人的关注（Davenport et al.，2014）。另外，自恋者往往将大量时间用在照片墙上分享个人照片（Mehdizadeh，2010；Moon et al.，2016），而且为了塑造积极的个人形象，会努力在照片墙上表现得很酷（Sheldon & Bryant，2016）。

有关微信朋友圈的研究发现，自恋水平高的个体在朋友圈中的行为更具表现性，认为自己的照片富有吸引力，并倾向于使用自己的照片作为主页照片（Wang，2017）。研究者还关注了微博与人格特征和人际关系之间的关系，发现自恋和微博使用强度呈显著正相关，即自恋者更有可能是微博的重度用户，他们可能有更多的微博好友并会更频繁地更新状态和照片（Moon et al.，2016）。

由此可见，不同类型社交平台的特点和功能不同，如脸书主要用于建立和维持关系；推特主要强调信息的共享而非人际关系的互惠；照片墙则鼓励个体通过分享照片和视频来表达自我；微信朋友圈兼具自我呈现和人际互动的功能；微博作为一种分享和交流平台，更注重分享简短信息的时效性，使自恋者可以随时随地更新信息。这些平台在满足自恋者自我表现和寻求关注的心理需求上存在差异，因而自恋者会根据自己的心理需求来选择不同的社交平台。

（三）自恋者的不同方式的社交网站使用

用户在社交网站上具有双重身份，既可以创建内容，也可以分享其他用户发布的内容。有研究者根据社交网站使用行为的方式将其分为主动性社交网站使用和被动性社交网站使用两种类型（Davenport et al.，2014）。自恋者往往会更积极主动而非消极被动地使用社交网站，通过积极展示自我（如更新状态）以及与他人互动（如评论他人信息）来塑造积极自我形象并管理来自他人的关注，以此来维持膨胀的自我概念。从真实性上看，脆弱型自恋者更愿意在网络平台展示非真实的自我形象，而浮夸型自恋的人会将社交网站看成赢得赞赏和青睐的场所，并愿意展示真实自我（Grieve，March，& Watkinson，2020）。研究表明，自恋能显著预测大学生在推特上以及成年人用户在脸书上的主动使用行为（Davenport et al.，2014）。自恋者倾向于表露更多的文本和视觉信息，发布更具表现性的帖子和主页照片并进行更频繁的位置签到（Bergman et al.，2011；DeWall et al.，2011；Wang & Stefanone，2013）。有研究考察了中国香港的网络世代个体（出生于20世纪70年代末到90年代中期的人）的自恋特征与其在网络上的用户生成内容行为（user-generated content）之间的关系。结果发现，自恋能预测个体发布的各种形式的用户生成内容。这表明自恋者喜欢在社交媒体上主动分享内容以展示他们的才能，从而获得他人的认可（Poon & Leung，2011）。该研究中的用户生成内容是指在多样的社交媒体平台上用户提交生成的内容。

具体而言，自恋者的主动性社交网站使用主要分为以下几种。

1. 视觉型自我展示行为——自拍

自拍指用户使用智能手机或网络摄像头拍摄自己的照片并上传到社交平台的视觉型自我展示行为。照片墙上有近乎一半分享的照片可以归为自拍照(Hu, Manikonda, & Kambhampati, 2014)。许多研究证实自恋和在社交平台上发布和分享自拍呈正相关(Sorokowski et al., 2015)。自拍成为社交媒体时代下自恋的一种表现。与非自恋者相比，自恋者会更频繁地发布个人自拍照，并经常更换主页照片(Bergman et al., 2011；Halpern, Valenzuela, & Katz, 2016；Moon et al., 2016；Shane-Simpson et al., 2020；丁倩等，2016)。自恋者往往花大量时间修饰自己的照片，并上传能彰显个人魅力的照片(Fox & Rooney, 2015；Kapidzic, 2013)。这一行为在高特权感的脆弱型自恋者身上尤为常见(Barry et al., 2017)。自恋者热衷于自拍活动，这可能是因为在社交平台上直观生动地展示积极的自我形象，对于浮夸型自恋者来说，既可以满足表现欲，也有利于获得他人的赞美。脆弱型自恋者也可以通过在一个相对安全的社交环境中展示自拍来表现个体的自信。

自恋的不同成分和自拍的关系有所不同。有研究者采用自恋人格问卷来探究自我表现欲、领导力/权欲和特权感/剥夺性三种自恋成分与自拍的关系。研究发现，个体自我表现欲的特征越显著，其在照片墙上发布自拍照的比例越大，频率越高，对照片中自身外貌的评价更积极（Carpenter, 2012；March & McBean, 2018；Moon et al., 2016)。这表明自恋中的自我表现欲与网络上的自我提升行为显著相关(Ryan & Xenos, 2011)。还有研究进一步发现，自我表现欲对发布自拍照的预测作用会受到自尊水平的调节。具体而言，自我表现欲与社交媒体上发布自拍照的关系只有在低自尊水平时才显著(March & McBean，2018)。这为相关的理论假设，即高水平自我表现欲的个体为补偿可能的低自尊水平而倾向于在网上展示自我提升的行为提供了支持。

研究者还分析了自拍和领导力/权欲的关系，但结果却并不一致。研究发现领导力/权欲反映了个体对领导和支配他人的自我知觉，能正向预测发布自拍照的频率（Weiser，2015）。但也有研究者提出，领导力/权欲维度与所有的自我提升行为呈负相关（Barry et al.，2017；Moon et al.，2016），认为高领导力/权欲的个体一般具有较高的自尊水平，不需要通过自拍来证明其获得的成就。还有研究发现领导力/权欲这一自恋维度对发布自拍照的预测作用不显著（March & McBean，2018），认为领导力/权欲属于适应性的自恋类型，与积极的心理适应有关（Ackerman et al.，2011），个体可能考虑到关于自拍和自恋归因的社会污名而避免发布自拍照（March & McBean，2018）。这些不一致的研究结果还可能受样本规模的影响，如韦瑟（Weiser）调查的是由1204名美国居民（女性占65%）组成的全国性样本，巴里等人（Barry et al.，2017）的调查对象是128名大学生（女性占85%），穆恩等人（Moon et al.，2016）以239名照片墙用户（女性占46%）为研究对象。样本规模以及性别比例上的差异都可能对研究结论产生影响。此外，自恋的另一种成分——特权感/剥夺性，即认为自己应该得到最好的并具有操纵和利用别人的意愿，并不能有效预测照片墙上的自我提升行为（Moon et al.，2016；Weiser，2015）。

还有研究者在自恋和自拍行为关系的基础上，考察了自恋和自拍营销活动的关系。结果发现，自恋的千禧一代个体对参与可视化内容分享应用上的自拍营销活动持有更积极的态度和更强的行为意向（Fox et al.，2018）。总体而言，自恋的整体水平与自拍积极性相关，但是自恋的不同方面与自拍的关系不一致。这也说明在考察自恋者的行为特征时，有必要对自恋的不同维度和成分进行具体探究。

2. 文本型自我表达行为——状态更新

在测量社交网站使用时，研究者除了考察一些稳定的使用特征（如个人主页）外，还开始关注其动态特征。状态更新一般指通过文字书写来进行自我陈述，用于即时展现个体当前的状态（Garcia &

Sikström，2014）。状态更新面对的是大规模观众而不是特定的接受者（Deters，Mehl，& Eid，2014），因而自恋者为吸引他人的注意会发布更多的状态，更频繁地表达自己的想法（Fox & Rooney，2015；Ong et al.，2011）。有研究者采用问卷法和内容分析法探究了人格特质和脸书状态更新的关系，发现自恋是状态更新频率重要的预测因素，并且高水平的自恋还会引起更深入的自我表露和更多提升性内容的发布（Winter et al.，2014）。具体来讲，自恋者会发布更多关于成就、节食以及锻炼等方面的内容（Marshall et al.，2015），并且频繁使用第一人称代词，而较少使用反社会性词汇（DeWall et al.，2011）。总之，自恋者会频繁地更新自己的动态，进行积极的自我呈现，这反映了自恋者关注自我并希望通过塑造积极的自我形象引起他人注意的心理特征。

3. 友好型人际互动行为——社会反馈

社交网站是集自我呈现和社会反馈于一体的社交平台。在此平台上的社会反馈指一种直接的非即时性反馈，主要包括点赞（一键式沟通）和评论（基于文本，亦可只包含表情）两种形式，表示对他人信息的积极回应（Deters，Mehl，& Eid，2016）。一项关于社交网站使用和自我价值感的元分析表明，自恋者往往会主动参与社交网站上的人际互动，并积极回复及评论好友发布的内容（Liu & Baumeister，2016）。自恋与给好友的照片进行点赞及评论的频率呈正相关（Sheldon，2016）。自恋者对他人的信息进行点赞或主动回应，反映了自恋者对他人的积极关注，这也可被视为自恋者的一种印象管理策略，即通过社会反馈来塑造友好互动的个人形象。同时根据人际交往的互惠性规范，自恋者对他人的积极反馈也会引起他人对自恋者的相同反应，从而满足自恋者获得他人肯定和认可的渴望。

大多研究认为，自恋者更偏爱使用社交网站，但也存在一些不一致的研究结果。例如，有研究发现自恋和状态更新活动之间不存在显著相关（Deters et al.，2014）。还有研究表明自恋仅与自我报告的社交网站好友数量相关，而与发布状态或照片的频率以及照片的数量无关(McKinney et al.，2012；Moon et al.，2016；Ong et al.，2011；Wang，2017)，且不能预测社交网站的使用时间(Horton et al.，2014)。这可能是因为社交网站不仅是个体表现自我以及寻求关注的工具，而且是人际交往的重要媒介，在社交中表现得过于自恋可能会给个体带来负面影响；也可能是因为自恋影响社交网站使用过程中存在一些额外变量，如社交网站使用可能更多反映的是对信息分享的一种积极态度(McKinney et al.，2012)。有研究发现在控制了外向性后，自恋并不能预测照片的数量和社交规模的大小，但对展示个人主页等直接的自我呈现活动有显著影响(Ong et al.，2011)。研究还发现自恋和脸书上的视觉信息表露的关系会受到父母监管的调节作用，即父母监控会削弱自恋和视觉型个人信息表露的关系，但对文本信息表露的影响不显著(Liu，Ang，& Lwin，2016)。因而，为了验证自恋对社交网站使用的影响，研究还需进一步考察一些额外变量，如外向性、开放性、自我调节策略以及使用动机等因素对社交网站使用行为的作用。

总体而言，大部分研究表明自恋会促进社交网站使用行为。社交网站满足了自恋者的需要，自恋者可以不断地通过社交网站展示自我来寻求关注、赞赏以及肯定积极的自我观念(Morf & Rhodewalt，2001；Ryan & Xenos，2011)。自恋者往往会表露不同类别的自我提升的信息，包括主页信息以及个人照片等，并积极与他人互动，如评论他人信息等(Marshall et al.，2015；Mehdizadeh，2010；Ong et al.，2011；Ryan & Xenos，2011；Winter et al.，2014)。在社交网站上分享的这类信息处于个体的控制之中，自恋者可以策略性地展示自我(Mehdizadeh，2010)。

拓展阅读

与浮夸型自恋者相比，脆弱型自恋者在使用脸书中获利更多？

社交网站成为形成和维持社会联系的重要平台，脸书就是其中之一。脸书为什么会受欢迎呢？

社会性线上自我调节理论（Ozimek，Baer，& Förster，2017）从自我调节的角度对此做出了解释。该理论认为人们有不同的动机，即更抽象的上级目标，这些动机会触发具体的目标，并可通过某些方法得以实现（Carver & Scheier，2001）。人们可以利用几种方法来实现某一特定目标（等效性），也可以通过一种方法来实现几种目标（多效性）。社交网站可以用作实现个体目标的方法之一，如满足物质需要或获取更多的社会资本，进而实现提升自尊的最终目标（Ozimek，Bierhoff，& Hanke，2018）。值得注意的是，个体使用社交网站是因为他们认为自己能通过社交网站来调节自我，与实现个体目标无关（Ozimek et al.，2018）。那么，不同类型的自恋者在使用社交网站调节自我时会有不同的特点吗？

从自我调节的角度看，浮夸型自恋者会使用一系列自我调节策略，如通过吸引他人的注意力来调节自尊；而脆弱型自恋者由于缺乏安全感，无法公然要求赞美和认可，更渴望得到他人的认可（Bosson et al.，2008；Dickinson & Pincus，2003）。社交网站使用作为线上自我调节策略的一种，在浮夸型自恋者和脆弱型自恋者之间可能存在差异。

以往研究在考察自恋和社交网站使用的关系时主要采用简单相关分析的方法（Brailovskaia & Bierhoff，2016）。有研究进一步控制了自恋的共同核心成分，对自恋的两个维度与脸书使用频率和使用时间进行偏相关分析。结果发现，脆弱型自恋与脸书使用以及社会比较倾向显著相关，但浮夸型自恋与脸书使用以及社会比较倾向相关不显著(Ozimek et al.，2018)。这表明浮夸型自恋和脆弱型自恋对脸书使用以及社会比较倾向的预测作用是不同的，其中脆弱型自恋是社交网站使用的主要预测因素。浮夸型自恋者和脆弱型自恋者有相似的目标，即得到认可和赞赏，但他们实现自恋目标的方式存在差异。脆弱型自恋者通过使用脸书实现自我调节的目标(如提升自尊、促进积极的自我展示以及获得他人的认可)；浮夸型自恋者在大体上比脆弱型自恋者的社会统合性要好，他们不会过度依赖社交网站来实现自我调节的目标。这说明在浮夸型自恋者和脆弱型自恋者身上，目标的等效性得到了证实。

社交网站对脆弱型自恋者更具有吸引力，可能的原因有以下几个。

首先，社交网站允许用户仔细思索他们想要在主页上展示的信息，以此传递想要树立的理想形象，这可能会更加吸引对他人反馈过度敏感的脆弱型自恋者。

其次，社交网站允许用户在没有获得好友圈中的其他用户允许的条件下，访问他们的主页并收集感兴趣的相关信息。自恋者往往对亲密关系不感兴趣(Campbell & Campbell，2009)，而社交网站正是基于弱联结的社会关系的建立(Buffardi & Campbell，2008)，因而社交网站已成为自恋者形成大量表浅关系的平台，既有利于获得大量潜在用户的关注，又不需要情感投入(Bergman et al.，2011)。这一特征对于通常感觉不安全并难以在线下建立关系的脆弱型自恋者来说可能更为有利。

再次，社交网站可以计算并显示线上好友的数量，因而，脆弱型自恋者可以通过添加并显示更多数量的线上好友，确保好友对自己的关注，以此来维持他们膨胀而脆弱的自我概念(Bergman et al.，2011)。

最后，与浮夸型自恋者相比，脆弱型自恋者可能会从社交网站使用中获益更多，这与他们偏爱的自我调节策略不同有关。社会整合性相对良好的浮夸型自恋者经常通过面对面沟通来进行积极（自恋）的自我展示，而缺乏安全感的脆弱型自恋者则会采用更多非个人、间接的方式进行沟通来满足他们的自恋需要（Ozimek et al.，2017）。

二、自恋对网络游戏的影响

自恋对网络游戏也会产生影响。随着大型多人联机角色扮演游戏的上线，对视频游戏的过度使用开始引起研究者的担忧。有研究调查了1471名游戏玩家的网络游戏使用类型及其与成瘾相关的心理特征。结果发现，自恋人格特质对网络游戏成瘾具有显著的预测作用（Kim et al.，2008）。达到成瘾水平的网络游戏玩家一致认为，大型多人联机角色扮演游戏的主要吸引力在于它的目标和成就系统，玩家角色可以通过获得经验值从一个等级上升到另一个等级，还可以通过收藏武器和贵重物品变得更富有和更强大。在这种情境下，出色的玩家通常会获得权力和地位并得到他人的认可和关注（Song et al.，2004）。因而，高自恋特质的个体将会投入更多时间收藏有价值的物品并通过提高技能来提升游戏表现（Song et al.，2004）。另外，因为这类大型多人联机角色扮演游戏能提供象征性的地位和尊重，降低个体被拒绝的可能性并增强自尊，所以对于自恋的人来说，这类游戏是具有强化作用的，他们也很可能会沉迷于网络游戏（Kim et al.，2008）。

有研究者进一步考察了社交网站上的视频游戏与人格的关系。结果发现，过度竞争的态度和自恋与社交网站上的视频游戏成瘾显著相关（Groves，Skues，& Wise，2015）。当加入其他变量后，两者对社交网站视频游戏成瘾的直接预测作用变得不再显著。但是过度竞争的态度和自恋与社交网站上的视频游戏成瘾存在交互作用。具体而言，当自恋水平高且过度竞争的态度水平高时，视频游戏成瘾的水平最高；然而在过度竞争态度水平高的条件下，自恋对视频游戏成瘾的影响变小（Groves et al.，2015）。这可能与游戏类型有关。以往研究采用的游戏类型为用户提供了可用于展示自我的化身和定制元素，更容易使自恋水平高的游戏玩家关注化身形象和游戏中的社会地位。格罗夫斯（Groves）等人的研究所采用的游戏类型不包括化身形象。

　　综合而言，自恋的网络游戏玩家在玩游戏过程中感知到的来自其他玩家的赞赏和社会认可，会促使其花更多的时间用于游戏并采取各种手段来获得优越的地位（Kim et al.，2008）。相对于其他类型的游戏，脸书游戏为玩家提供了具有社交性的环境，即玩家的脸书好友可以看到他们在游戏中获得的成功。自恋的玩家为表现得比其他玩家优越，也可能使用一种更具问题性的游戏风格（Groves et al.，2015）。

三、自恋对网络成瘾的影响

　　近年来有研究者开始关注自恋和网络成瘾的关系（Andreassen，Pallesen，& Griffiths，2017；Casale，Fioravanti，& Rugai，2016；Ksinan & Vazsonyi，2016；Taylor & Strutton，2016）。有研究发现自恋与网络成瘾呈显著正相关（Pantic et al.，2017），但也有研究发现自恋与网络成瘾的相关不显著（Odacı & Çelik，2013）。这可能是因为网络成瘾是一个比较宽泛的概念，研究没有考察具体的网络使用内容。

　　在此基础上，有研究者提出增加对与内容相关的"成瘾子类型"（如社交媒体成瘾、信息过载）的考察，其中社交媒体成瘾是指过度关注社交媒体，受无法控制的动机驱使去登录或使用社交媒体，并在社交媒体上投入大量时间和精力，从而损害了其他重要的生活领域（Andreassen & Pallesen，2014）。研究者对 23532 名 16 至 88 岁的挪威人进行了一项大型的全国性网上调查。结果发现，自恋与社交媒体成瘾呈显著正相关，而且在控制基本的社会人口学变量之后，自恋对社交媒体成瘾仍具有中低程度的预测作用（Andreassen et al.，2017）。还有研究考察了大学生问题性社交媒体的参与程度与其人格差异的关系。结果发现，在控制性别和年龄之后，自恋能直接预测社交媒体成瘾，还能通过影响自尊间接影响社交媒体成瘾（Kircaburun，Demetrovics，& Tosuntaş，2018）。这可能是因为社交媒体为自我展示提供了接触更多观众的机会，为实现自恋目标提供了一个完美的环境（Buffardi & Campbell，2008）。

在社交媒体成瘾研究的基础上，研究者进一步增加了对特定的社交平台的考察，如对脸书的过度依赖，即脸书侵扰，主要指因过度使用脸书而扰乱日常活动和人际关系（Elphinston & Noller，2011）。脸书侵扰包括过度使用脸书以及对脸书的情感依恋，完全卷入脸书的个体在无法使用它时会感到苦恼并且无法减少脸书的使用，他们感到与脸书上的其他用户产生了强烈的联结（Elphinston & Noller，2011）。自恋与脸书使用显著相关，能显著正向预测脸书对个体的重要性、工具性脸书使用、社会性脸书使用以及脸书使用强度，即自恋水平高的个体更重视脸书，在脸书平台上更活跃，并会花费更多的时间使用脸书（Błachnio et al.，2016）。有研究者进一步发现自恋水平能显著正向预测脸书侵扰（Błachnio & Przepiórka，2018），这说明脸书对于自恋者来说是提升自我的理想平台，有助于自恋者通过创建更好的个人形象来提升自我，但这会引起过度的脸书使用以及对脸书更多的情感依恋，即导致脸书侵扰（Błachnio & Przepiórka，2018）。

大多数关于自恋和网络使用的研究主要集中在自恋的浮夸维度上。研究表明浮夸型自恋和社交媒体成瘾呈显著正相关（Andreassen et al.，2017；Taylor & Strutton，2016）。浮夸型自恋者的问题性社交网站使用行为可能归因于他们渴望得到他人的赞赏以及满足归属的需要。

①赞赏的需要。社交网站的不同特征能满足自恋者的多种需求。首先，从行为的可控性上看，与面对面的交往相比，在社交网站上进

行自我呈现更具可控性，这为策略性的人际交往行为提供了平台，自恋者可用其建立和维持精心设计的自我形象（Morf & Rhodewalt，2001）。其次，从反馈的可见性上看，社交媒体允许个体向大量观众表达他们的雄心并宣扬个人成就，同时能通过其他用户的点赞和积极评论获得高度可见的奖励和认可（Andreassen et al.，2017）。以脸书为例，用户可以在脸书平台上频繁发布自己的照片，并获得大量及时的积极反馈（Panek et al.，2013）。最后，从使用的可得性上看，随着社交网站在移动设备上的应用，社交网站使用不再受时间和地点的限制，这意味着自恋者可以随时管理和提升线上自我并获得他人的赞赏和认可。因此，获得他人的赞赏可被视为浮夸型自恋者频繁使用社交媒体甚至形成社交媒体成瘾的主要原因之一。

②归属的需要。社交网站使用不仅受自我呈现的普遍需要的影响，而且受基本的归属需要，即与他人产生联结的内在动机的影响（Nadkarni & Hofmann，2011）。研究表明脸书使用的主要动机是建立和维持社会联系（Raacke & Bonds-Raacke，2008），脸书使用频率与线下普遍的分离感呈显著正相关，个体在这种情况下更倾向于通过脸书来应对这种分离感（Sheldon，Abad，& Hirsch，2011）。对于浮夸型自恋者而言，他们通常报告更多的问题性人际交往（Kauten，Barry，& Wallace，2014），可能会更多地体会到这种分离感，进而影响对社交网络的使用。研究发现归属的需要在浮夸型自恋和脸书成瘾水平之间起中介作用（Casale & Fioravanti，2018），这也支持了社会补偿假说，即浮夸型自恋者可能会利用在线互动来弥补现实社交能力的不足（Caplan，2007）。但是这种通过网络获取社会利益的尝试，会使他们面临网络成瘾的风险。

除了浮夸型自恋之外，近年来研究者在网络使用相关行为的研究中开始对脆弱型自恋进行考察。研究发现，与非自恋者相比，浮夸型自恋者和脆弱型自恋者均表示对网络社交平台更感兴趣，他们更倾向于在脸书主页上展示包括个人照片的相册（Brailovskaia & Bierhoff，

2016）。而且脆弱型自恋者更偏爱使用网络社交（Ksinan & Vazsonyi，2016）。对他们来说，与面对面的交往相比，在网上沟通更安全、舒适和有效（Caplan，2003）。有研究进一步发现在535名大学生中，脆弱型自恋者在网络成瘾量表总分及其各个子量表上的得分均显著高于非自恋者，而且与浮夸型自恋者相比，脆弱型自恋者更有可能为调节消极情绪形成强迫性社交网站使用；在使用社交网站来调节消极情绪的倾向、控制社交网站的使用以及因使用社交网站而产生的消极后果上，浮夸型自恋者的得分均高于非自恋者而低于脆弱型自恋者（Casale，Fioravanti，& Rugai，2016）。这表明与浮夸型自恋相比，脆弱型自恋更可能会导致社交网站成瘾，这也说明网络社交为脆弱型自恋者的自我展示和印象管理提供了更多控制权，使脆弱型自恋者获得一种安全感，因而他们更偏爱通过使用社交网站来获得认可和赞赏。对于浮夸型自恋者而言，社交网站只是他们实现自恋目标的很多工具中的一种。然而，在进一步探讨自恋的两个不同维度和脸书成瘾的关系时却发现了不一致的研究结论。研究发现赞赏的需要以及归属的需要在浮夸型自恋和脸书成瘾水平的关系中起中介作用，而脆弱型自恋和脸书成瘾水平之间的直接和间接关系均不显著（Casale & Fioravanti，2018）。产生这种不一致的原因可能是，以往研究比较笼统地考察网络成瘾，对社交网络范围下的网站类型的分类过于模糊，由此导致研究的泛化和过度简化（Davenport et al.，2014）。卡萨利和菲奥拉万蒂（Casale & Fioravanti，2018）的研究主要针对脸书这一特定的社交媒体平台上的成瘾行为，可能更为有效地反映了自恋者的偏好和风险。

　　还有研究者考察了自恋的具体维度，采用整群抽样法选取508名职业高中的学生作为被试，发现自恋人格中的特权感维度能显著预测网络成瘾中的剥夺和控制困难两个子维度。此外，自恋人格中的"优越感"能显著预测网络成瘾中的社会隔离维度，而且自恋人格中的剥夺性能显著负向预测网络成瘾中的控制困难维度（Eksi，2012）。综合而言，自恋者更可能从网络使用中获取益处，因而更容易网络成瘾。

四、自恋对网络偏差行为的影响

随着信息和沟通技术的发展，技术发展对个体的负面影响引起了研究者的广泛关注，如个体可能会接触到色情画面和暴力内容。社交媒体已成为一系列偏差行为发生的平台。在社交平台上，淫秽语言、人身攻击、网络欺负等网络偏差行为的发生率非常高。其中比较典型的有网络暴力、恶意破坏行为（Buckels，Trapnell，& Paulhus，2014）。除了这些极具破坏性的活动外，比较温和的不文明的网上行为在网络上更为常见(Coe，Kenski，& Rains，2014)。这些行为与网络暴力或恶意破坏行为不同，它们不一定是针对特定的某些个体的，主要包括在公共网络讨论中发表戏剧化、侮辱性的话语以及煽动性和不礼貌的评论等(Koban et al.，2018)。

根据个人—情感—认知—执行交互模型，具有不同人格结构的个体会发展出不同类型和不同程度的网络使用障碍（Brand et al.，2016）。研究发现，自恋与一些网络偏差行为，如亲密伴侣网络跟踪（Smoker & March，2017）以及网上破坏行为有关（Buckels et al.，2014）。高自恋水平的个体有获得虚拟朋友的社会支持的强烈需求，但他们对这些朋友却很少表示关注，而且自恋者倾向于用愤怒的回应来报复其他用户的评论(Carpenter，2012)。但也有研究发现自恋对不文明评论意图的预测作用均不显著(Koban et al.，2018)，这可能是因为该研究者没有考虑自恋的不同维度。不同类型的自恋者可能会呈现不同的行为模式(Carpenter，2012)。

在网络使用对个体的消极影响中，借助网络媒介产生的新型欺负方式——网络欺负——可以被界定为以电子文本为媒介，故意地、重复性地对他人施加伤害的行为(Patchin & Hinduja，2006)。自恋者可能会有脸书欺负行为(Kokkinos，Baltzidis，& Xynogala，2016)。自恋者与欺负者的特征相似，如两者均有攻击性和操纵性倾向（Locke，2009）、低宜人性（Karl，Peluchette，& Schlaegel，2010；Rhodewalt & Morf，1995），贬低他人的消极反馈以重建权力和自尊等（Twenge & Campbell，2003）。自恋者往往希望获得社会影响和权力，这一动机又强化了恶意破坏行为（Craker & March，2016）。有研究在探讨自恋人格特质影响网络欺负的内部机制时发现，自恋的不同成分能通过网络成瘾的不同维度的中介作用来影响网络欺负。这表明高自恋特质的个体更容易网络成瘾，而网络成瘾中的社会疏离感、控制困难等维度会进一步增加自恋者实施网络欺负行为的频率（Eksi，2012）。

　　自恋是家庭环境因素中影响网络欺负的近端因素。有研究发现三种父母教养方式，即父母拒绝、父母情感温暖和父母过度保护都可能通过影响青少年的脆弱型自恋来影响青少年实施网络欺负的行为（何丹等，2016）。脆弱型自恋水平越高的青少年对他人评价越敏感，也往往会产生越多的愤怒和敌对情绪（Okada，2010）。他们倾向于采用更间接和隐蔽的方式来表达他们的愤怒与敌意，而网络欺负因其匿名性的特征为实施间接欺负提供了有效途径。此外，研究者在探讨自恋和网络欺负的关系时，对自恋的两种形式——浮夸型自恋和脆弱型自恋——进行了进一步区分。研究发现，在814名11～18岁的中国青少年中，在控制性别和学历（中学或高中）后，脆弱型自恋能显著正向预测网络欺负和网络受欺负，而浮夸型自恋对网络欺负和网络受欺负的预测作用不显著（Fan et al.，2016）。这表明与浮夸型自恋相比，脆弱型自恋对网络欺负的影响可能更大。脆弱型自恋水平高的青少年更倾向于利用网络环境来实施网络欺负行为，而浮夸型自恋对网络欺负没有产生显著的直接作用（Goodboy & Martin，2015）。这可能反映了浮夸型自恋者的一些积极特征与网络欺负不相关的关系。具体而言，高浮夸型自恋水平的个体往往是外向的（Miller & Campbell，2008），给人的第一印象是充满魅力的（Paulhus，1998），这些特征使他们更可能在线上和线下发展良好的人际关系。浮夸型自恋者经历过的人际问题或冲突相对较少，这就降低了浮夸型自恋者参与网络欺负的可能性。横断研究和纵向研究均证实自恋水平越高的个体，越容易遭受网络欺负（Fanti，Demetriou，& Hawa，2012）。特别是高脆弱型自恋水平的个体的心理特征，如高神经质、缺乏自信、脆弱、社交回避的人际风格，使其更易遭受网络欺负（Fan et al.，2016）。

还有研究进一步考察了自恋的具体成分与网络欺负的关系，发现自恋中的剥夺性和自我特权成分能显著预测网络欺负（Ang，Tan，& Mansor，2011；Eksi，2012；Karl et al.，2010；Kokkinos et al.，2016）。另一些研究发现自恋水平并不能预测个体的网络欺负（Fanti et al.，2012；Goodboy & Martin，2015）。还有研究发现在参与网络欺负和未参与网络欺负的个体之间，其自恋水平不存在显著差异（Gibb & Devereux，2014）。产生结果不一致的原因可能是所采用的样本不同，也可能是所采用的测量工具不同（Fan et al.，2016）。

除网络欺负外，研究者还考察了自恋和网络使用的反社会动机的关系，其中反社会动机主要集中在寻求关注和欺负/恶意破坏行为上（Ferenczi，Marshall，& Bejanyan，2017）。寻求关注是一种特定的网上行为，旨在帮助个体在关系情境中进行自我中心化的呈现（Seidman，2014）。使用脸书来寻求关注可以被视为反社会的，因为它往往是令人讨厌的，而且实施者通常是不受欢迎的（Choi et al.，2015）。欺负/恶意破坏行为可以被界定为引起他人的消极情绪反应并且没有明显目标的破坏性或欺骗性的网上行为，可以被看作网络欺负的一种（Buckels et al.，2014）。在考察个体在反社会和亲社会脸书使用中存在的性别差异时，研究进一步考察了自恋在性别和脸书使用的关系中的作用，发现与女性相比，男性报告了更多使用脸书的反社会动机，而且自恋在性别与脸书使用的反社会动机的关系起中介作用。这表明男性更多的反社会性脸书使用行为可部分通过他们更高的自恋水平得以解释（Ferenczi et al.，2017）。自恋者持有极其积极的依赖外部社会反馈的自我观点（Rhodewalt & Morf，1995），对他人持有敌意、偏见，缺乏关心和宽容，倾向于贬低来自他人的消极反馈，并做出敌对和剥削行为（Ackerman et al.，2011；Raskin & Terry，1988），因而他们在使用社交网站时可能会产生反社会性使用的动机。自恋者通常会寻求他人的关注（Seidman，2014），夸大个人的重要性（Błachnio et al.，2016），并希望创建一个能吸引他人观看和得到他人赞赏的脸书主页（Davenport et al.，2014），这些代表了自恋者的自我中心倾向。欺负/恶意破坏行为可被视为一种获得关注的策略（Carpenter，2012），能够产生负面的社会力量和影响（Craker & March，2016）。这些特征使得自恋者能够通过反社会的方式使用脸书来满足自我提升的需要，引起他们圈子的关注（Bergman et al.，2011），并应对自我威胁（Bushman & Baumeister，1998）。

扫描拓展

一问一答，自恋立现

第三节　网络空间中的自恋

媒体效应作为社会化效应的一种表现，主要强调媒体使用对用户特质和行为选择的影响（Trepte & Reinecke，2012）。也有研究者从这一视角探讨网络空间中的自恋。本节将基于该视角论述网络使用相关行为对自恋的影响。

网络成瘾可能会对个体的自恋特质产生影响。有研究在探讨大学生网络成瘾和人格障碍的关系时发现，与非网络成瘾组相比，网络成瘾组的男性和女性均表现出更高水平的自恋倾向（Wu，Ko，& Lane，2016）。在青少年群体中也发现了相似的结果，研究表明与正常青少年相比，沉迷于网络的青少年表现出更高水平的脆弱型自恋，而且脆弱型自恋倾向与网络游戏中的临场感以及网络空间的匿名性有关（Choi et al.，2011）。匿名性使得个体能更好地控制发布关于自己的信息并将社交网络作为提升自我的理想平台。有自恋人格障碍的个体可能更重视通过网络平台来获取其他用户的认可和赞赏。另外，网络成瘾的一种具体形式——脸书成瘾——也会对自恋产生影响。研究发现，脸书成瘾与自恋（主要是脆弱型自恋）呈显著正相关，而且脸书成瘾是自恋行为的一个显著预测因子（Malik & Khan，2015）。这可能是因为个体通过在脸书或其他社交媒体的朋友圈中频繁地分享照片或状态，能满足自我呈现和归属的需要，会促使积极自我的呈现，提高自我意识，进而提高自恋水平。

研究还进一步探讨了具体的网络使用行为——社交网站使用——对自恋的影响，发现社交网站使用得越多，会形成越积极的自我概念，社交网站的发展加剧了自恋的发生（Bergman et al.，2011；Buffardi & Campbell，2008；Carpenter，2012；McKinney et al.，2012；Ryan & Xenos，2011）。有研究通过一年的追踪调查发现，自恋者会更频繁地使用自拍，且随着自拍数量的增多，其后测的自恋水平会随之提高（Halpern et al.，2016）。在"我的空间"上修改个人主页会导致更高水平的自我关注，使年轻人更认同他们自恋的一面，尤其是在领导力和表现欲方面（Gentile et al.，2012）。还有研究发现，人们通过使用社交网站分享照片来拓展自我（Buffardi & Campbell，2008），在脸书上花费的时间越多，越频繁地查看脸书，越能预测高水平的自恋（Mehdizadeh，2010；Ryan & Xenos，2011）。还有研究者在考察1143名成年人使用特定技术或媒体的行为（包括不同类型的脸书使用）、与技术相关的焦虑、与技术相关的态度（包括多任务处理偏好）与人格障碍以及心境障碍之间的关系时发现，偏爱多任务处理，在无法查看脸书或其他社交网络时的焦虑感，都能激发自恋的临床症状的出现；在控制了与技术相关的焦虑和态度后，更多的一般性脸书使用行为、更多地使用脸书进行印象管理以及更多的脸书好友，都能预测更多的自恋人格障碍的症状（Rosen et al.，2013）。此外，社交网站上自恋行为的普遍存在还会提高其他用户的自恋水平，不管该用户最初有没有表现出自恋特质（Halpern et al.，2016）。这表明社交媒体为自恋者提供了理想平台，社交网站使用可能促成或强化了自恋倾向。

并非所有研究都支持上述研究结果，有一些研究并未发现脸书使用对自恋水平的影响（Gentile et al.，2012；Horton et al.，2014）。有研究者采用日记研究法，让被试连续四天每天报告两次脸书使用的情况并完成浮夸型自恋人格测评。结果发现，在控制了自恋的基线水平后，脸书使用并没有引起预期的自恋水平的变化（Walters & Horton，2015）。这可能与脸书平台的特征有关。脸书主要采用标准化格式（Gentile et al.，2012），用于和现实中的朋友及家人保持联系。自恋者在脸书上多样性的自我呈现以及得到大规模积极反馈的预期都受到了限制，因而脸书使用在引发自恋上可能不那么有效。未来研究有必要进一步比较不同社交平台对自恋影响的差异。此外，上述研究主要探讨了一般性社交网站使用行为而非具体的使用行为，因而还需要进一步考察墙贴、照片上传和动态更新以及浏览推送等不同的社交网站使用行为与自恋的关系，以便更深入地了解社交网站使用对自恋的影响。

尽管结果存在差异，但大量研究还是证实了社交网站使用对自恋的影响，即肯定了媒体效应的假设。有研究者进一步提出了实现自恋性自我提升的模式。首先，自恋启动了动态的自我调节模型（Morf & Rhodewalt，2001），即自恋者通过在社交环境中积极采用人际交往策略，并和内部引起的认知—情感—自我评价活动相互作用来塑造自我，不断强化和捍卫积极的自我概念；其次，在该系统中的他人或团体会为自恋者提供支持和强化；最后，自恋者利用他人来实现自我提升，这与他们对建立和维持稳定的人际关系缺乏兴趣有关（Campbell & Campbell，2009）。基于此，本研究将社交网站使用影响自恋的原因归结为以下三个方面。

其一，社交网站为自恋者提供了积极自我呈现的机会。社交网站允许个体在个人主页、墙贴和状态更新上呈现自我提升性的内容（Mehdizadeh，2010），并鼓励个体定制完美的身份，即只呈现自己积极和讨人喜欢的一面（Liu & Baumeister，2016）。在这些社交网站上，人们经常展示大量的表面友谊，通过定制个人主页来抬高自我，并利用能加载上千张照片的相册来展示自我（Bergman et al.，2011）。这便满足了动态的自我调节模型中人际自我调节的要求，即自恋者通过策略性的自我展示来塑造和管理理想的个人形象，并引起个体在认知、情感和动机上的一系列反应。两者相互作用，促使个体逐渐内化其在网上精心建构的完美的自我印象（Walters & Horton，2015），进而促成了更积极的自我观念。

其二，自恋者在社交网站上易于获得支持性资源。研究表明在关系建立初始，自恋者更易于得到他人的喜欢和帮助，因而在该阶段自恋者的获益更多（Campbell & Campbell，2009）。社交平台为自恋者短时期内建立大规模表浅的关系，并控制关系的发展趋向提供了条件（Barry et al.，2017），因而自恋者在此平台上可享用到充分的人际资源。此外，社交网站还鼓励对他人信息的积极回应，"点赞"按钮的设置便促进了积极评价（Liu & Baumeister，2016；Walters & Horton，2015），而且社交网站上多半评论都是积极的（Greitemeyer，Mügge，& Bollermann，2014）。这种持续积极的反馈是得到他人注意和肯定的重要标志，能增强个体的优越感，进一步提升个体的自我概念（Gentile et al.，2012）。这正是自恋系统的认知基石（Walters & Horton，2015）。

其三，有神经心理学研究表明，自我表露活动会激活大脑的内在奖励机制，与食物（Tamir & Mitchell，2012）等强有力的奖励物激活的方式相似。因而，在社交网站上表露信息、发布自拍和自我提升的信息都可能会激活大脑的奖励区域，产生行为的正强化效应，导致个体产生对自我更积极的信念。

总之，社交网站使用对自恋的影响契合了实现自恋性自我提升的模式。社交网站鼓励自恋者在该平台上通过使用人际策略来塑造理想的个人形象，并通过与内部的认知情感反应相互作用来增强自恋者的自我认同。此外，大量浅层友谊关系的建立、支持性反馈的获得以及生理上的激活、强化也有利于促进自恋者积极自我观念的强化。

扫描拓展

短暂休息，有助健康

主要参考文献

埃里克森.(2000).同一性:青少年与危机 (孙名之译).杭州:浙江教育出版社.

安秋玲.(2006).青少年非正式群体交往与自我同一性发展研究(博士学位论文).上海:华东师范大学.

安秋玲.(2007).青少年自我同一性发展研究.心理科学,30(4),895-899.

安秋玲.(2008).初中生同伴群体交往与自我同一性发展研究.心理科学,31(6),1524-1526.

安秋玲.(2009).自我同一性发展理论的不同取向及其演变关系.心理科学,32(6),1511-1513.

白学军,刘旭,刘志军.(2013).初中生社会比较在成就目标与学业自我效能感之间的中介效应.心理科学,36(6),1413-1420.

卞玉龙,韩磊,周超,陈英敏,高峰强.(2015).虚拟现实社交环境中的普罗透斯效应:情境、羞怯的影响.心理学报,47(3),363-374.

卞玉龙,周超,高峰强.(2014).普罗透斯效应:虚拟世界研究的新视角.心理科学,37(1),232-239.

布朗.(2004).自我.陈浩莺,薛贵,曾盼盼,译.北京:人民邮电出版社.

蔡华俭.(2002).内隐自尊的作用机制及特性研究(博士学位论文).上海:华东师范大学.

柴唤友,牛更枫,褚晓伟,魏祺,宋玉红,孙晓军.(2018).错失恐惧:我又错过了什么?心理科学进展,26(3),527-537.

柴晓运,龚少英.(2011).青少年的同一性实验:网络环境的视角.心理科学进展,19(3),364-371.

巢乃鹏,马晓菲.(2016).自我的分裂:角色扮演网络游戏青少年玩家的自我认同研究.新闻大学,(2),107-115.

巢乃鹏.(2015).网络游戏与青少年的自我认同——从千余份问卷看网络游

戏对青少年发展的影响 . 中国社会科学报(2015 年 12 月 17 日).

车文博 . (2001). 心理咨询大百科全书 . 杭州：浙江科学技术出版社 .

陈春宇，连帅磊，孙晓军，柴唤友，周宗奎 . (2018). 社交网站成瘾与青少年抑郁的关系：认知负载和核心自我评价的中介作用 . 心理发展与教育，34(2)，210-218.

陈建文，王滔 . (2007). 自尊与自我效能关系的辨析 . 心理科学进展，15(4)，624-630.

陈莉，陈美荣 . (2017). 加工深度范式和随意编码范式下的网络虚拟自我参照效应研究 . 心理学探新，37(1)，59-64.

陈秋珠 . (2016). 初中生学业拖延与学业自我效能感关系研究 . 华东师范大学学报(教育科学版)，34(3)，100-106.

陈欣，林悦，刘勤学 . (2020). 科技干扰对青少年智能手机成瘾的影响：自我评价与心理需求网络满足的作用 . 心理科学，43(2)，355-362.

陈英和 . (2013). 认知发展心理学 . 北京：北京师范大学出版社 .

程燕 . (2007). 大学生"网恋"心理研究(硕士学位论文). 重庆：西南大学 .

邓林园，马博辉，武永新 . (2015). 初中生依恋与主观幸福感：自尊的中介作用 . 心理发展与教育，31(2)，230-238.

丁倩，张永欣，魏华，牛更枫，周宗奎 . (2016). 大学生自恋人格、自拍行为与积极情绪的关系 . 中国临床心理学杂志，24(3)，519-522.

杜红芹，张春梅，牛更枫，朱晓伟 . (2016). 社交网站中的自拍对女性自我客体化的影响：外貌评论的中介作用 . 中国临床心理学杂志，24(6)，1116-1119.

杜岩英，雷雳，马晓辉 . (2010). 身体映像影响因素的生态系统分析 . 心理科学进展，18(3)，480-486.

范筱萌，郑毓煌，陈辉辉，杨文滢 . (2012). 混乱的物理环境对消费者自我控制的影响研究 . 营销科学学报，8(4)，71-78.

付丹丹 . (2009). 媒体对女大学生身体满意度的影响：瘦理想内化与社会比较的作用(博士学位论文). 北京：北京师范大学 .

葛红宁，周宗奎，牛更枫，陈武 . (2016). 社交网站使用能带来社会资本吗？心理科学进展，24(3)，454-463.

龚玲，张大均 . (2015). 自我复杂性的压力缓冲效应：基于日常烦心事和重大生活事件的探讨.中国临床心理学杂志,23(5),767-772.

顾佳旎,孟慧,范津砚.(2014).社会自我效能感的结构、测量及其作用机制.心理科学进展,22(11),1791-1800.

郭菲,雷雳.(2009).初中生假想观众、个人神话与其互联网社交的关系.心理发展与教育,25(4),43-49.

郭丰波,张振,原胜,敬一鸣,王益文.(2016).自恋型人格的理论模型与神经生理机制.心理科学进展,24(8),1246-1256.

郭金山.(2003).西方心理学自我同一性概念的解析.心理科学进展,11(2),227-234.

何灿,夏勉,江光荣,魏华.(2012).自尊与网络游戏成瘾——自我控制的中介作用.中国临床心理学杂志,20(1),58-60.

何丹,范翠英,牛更枫,连帅磊,陈武.(2016).父母教养方式与青少年网络欺负:隐性自恋的中介作用.中国临床心理学杂志,24(1),41-44.

侯其锋,张芝,杨锆.(2013).不同网络成瘾状态大学生上网行为、人格心理特征及自我控制能力差异研究.浙江大学学报(理学版),40(1),106-111.

胡阳,范翠英.(2013).青少年网络欺负行为研究述评与展望.中国特殊教育,(5),83-87.

贾凤翔,石伟.(2012).自我扩张模型的研究述评.心理科学进展,20(1),137-148.

姜飞月,王艳萍.(2004).从实体自我到关系自我——后现代心理学视野下的自我观.南京师大学报(社会科学版),(5),80-84.

蒋索,邹泓,胡茜.(2008).国外自我表露研究述评.心理科学进展,16(1),114-123.

凯文·凯利.(2016).必然.周峰,董理,金阳,译.北京:电子工业出版社.

凯文·凯利.(2011).失控.陈新武,陈之宇,顾珮钦,等译.北京:新星出版社.

雷雳.(2014).毕生发展心理学——发展主题的视角.北京:中国人民大学出版社.

雷雳,陈猛.(2005).互联网使用与青少年自我认同的生态关系.心理科学进展，13(2)，169-177.

雷雳.(2016).互联网心理学：新心理与行为研究的兴起.北京：北京师范大学出版社.

雷雳，马利艳.(2008).初中生自我认同对即时通讯与互联网使用关系的调节作用.中国临床心理学杂志，16(2)，161-163.

雷雳.(2010).鼠标上的青春舞蹈——青少年互联网心理学.上海：华东师范大学出版社.

李彩娜，党健宁，何姗姗，李红梅.(2013).羞怯与孤独感——自我效能的多重中介效应.心理学报，45(11)，1251-1260.

李冬梅，雷雳，邹泓.(2008).青少年网上偏差行为的特点与研究展望.中国临床心理学杂志，16(1)，95-97.

李海江，杨娟，袁祥勇，覃义贵，张庆林.(2012).低自尊个体对拒绝性信息的注意偏向.心理科学进展，20(10)，1604-1613.

李明娟.(2015).大学生身体自我满意度对自我价值感的影响：机制与干预(硕士学位论文).兰州：西北师范大学.

李魏华.(2009).QQ空间中的自我呈现(博士学位论文).兰州：兰州大学，(博士学位论文).

李宜霖，周宗奎，牛更枫.(2017).数字技术对个体的影响.心理科学进展，25(10)，1799-1810.

李志勇，吴明证.(2013).大学生自尊与社交焦虑的关系：无法忍受不确定性的中介作用.中国特殊教育，(5)，72-76.

连帅磊，孙晓军，牛更枫，周宗奎.(2017).社交网站中的上行社会比较与抑郁的关系：一个有调节的中介模型及性别差异.心理学报，49(7)，941-952.

连帅磊，孙晓军，田媛，闫景蕾，牛更枫，童媛添.(2016).青少年同伴依恋对抑郁的影响：朋友社会支持和自尊的中介作用.心理科学，39(5)，1116-1122.

连帅磊，田媛，孙晓军，张晨艳.(2017).主动性社交网站使用与青少年友谊质量的关系：积极反馈和人际不确定性的中介作用.心理与行为研究，15(2)，197-204.

梁晓燕.(2008).网络社会支持对青少年心理健康的影响机制研究(博士学位论文).武汉：华中师范大学.

林少敏.(2010).现代性根基中的隐患——从笛卡尔到康德的自我论.北京师范大学学报(社会科学版),(4),95-102.

凌辉,夏羽,张建人,等.(2016).自我概念的结构与发展.中国临床心理学杂志,24(2),363-367.

刘晨,孔繁昌,周宗奎.(2014).从一心一意到三心二意:青少年的媒体多任务行为.心理科学,37(5),1132-1139.

刘华.(2005)."自我"的建构:先秦儒家的自我理论.南京师大学报(社会科学版),1(1),77-83.

刘杰.(2015).大学生自尊与网络关系成瘾的关系:孤独感与社交焦虑的中介作用(硕士学位论文).哈尔滨:哈尔滨师范大学.

刘娟,葛明贵.(2009).网络聊天情境大学生人际知觉准确性与知觉过程.社会心理科学,24(3),30-35.

刘娟娟.(2006).印象管理及其相关研究述评.心理科学进展,14(2),309-314.

刘勤学,陈武,周宗奎.(2015).大学生网络使用与网络利他行为:网络使用自我效能和性别的作用.心理发展与教育,31(6),685-693.

刘庆奇,牛更枫,范翠英,周宗奎.(2017).被动性社交网站使用与自尊和自我概念清晰性:有调节的中介模型.心理学报,49(1),60-71.

刘庆奇,孙晓军,周宗奎,牛更枫,孔繁昌,连帅磊.(2016).社交网站真实自我呈现对生活满意度的影响:线上积极反馈和一般自我概念的链式中介作用.心理科学,39(2),406-411.

刘庆奇,孙晓军,周宗奎,牛更枫.(2015).社交网站中的自我呈现对青少年自我认同的影响:线上积极反馈的作用.中国临床心理学杂志,23(6),1094-1097.

刘婷,张卓.(2018).身体-媒介/技术:麦克卢汉思想被忽视的维度.新闻与传播研究,153(5),46-68.

刘亚.(2012).神经质与生活满意度的关系:情绪和自尊的链式中介作用.心理科学,35(5),1254-1260.

刘志军,刘旭,李维.(2016).初中生乐观归因风格与抗挫折能力:自尊的中介作用.心理与行为研究,14(1),64-69.

陆昌勤，凌文辁，方俐洛．(2004)．管理自我效能感与一般自我效能感的关系．心理学报，36(5)，586-592.

陆莹．(2010)．人人网中大学生自我呈现研究(硕士学位论文)．哈尔滨：哈尔滨工业大学．

路俊卫，秦志希．(2011)．网络群体性事件的新趋向及其社会功能．新闻传播，(4)，11-13，16.

罗青，周宗奎，魏华，田媛，孔繁昌．(2013)．羞怯与互联网使用的关系．心理科学进展，21(9)，1651-1659.

马俪娜．(2011)．大学生社交网站使用中的印象管理和自我和谐(博士学位论文)．上海：上海师范大学．

梅松丽，张明，张秀玲，姜英杰．(2010)．基于延迟折扣任务的网络成瘾者冲动性研究．心理科学，33(3)，722-725.

孟男，王玉慧，雷雳．(2017)．自拍照编辑与女大学生主观幸福感的关系：积极反馈与自我概念的中介作用．心理发展与教育，33(6)，751-758.

倪凤琨．(2005)．自尊与攻击行为的关系述评．心理科学进展，13(1)，66-71.

聂丽萍．(2009)．大学生网络聊天中的自我表露、应对方式与孤独感的关系研究(硕士学位论文)．苏州：苏州大学．

牛更枫，鲍娜，范翠英，周宗奎，孔繁昌，孙晓军．(2015a)．社交网站中的自我呈现对自尊的影响：社会支持的中介作用．心理科学，38(4)，939-945.

牛更枫，鲍娜，周宗奎，范翠英，孔繁昌，孙晓军．(2015b)．社交网站中的自我呈现对生活满意度的影响：积极情绪和社会支持的作用．心理发展与教育，31(5)，563-570.

牛更枫，孙晓军，周宗奎，孔繁昌，田媛．(2016a)．基于QQ空间的社交网站使用对青少年抑郁的影响：上行社会比较和自尊的序列中介作用．心理学报，48(10)，1282-1291.

牛更枫，孙晓军，周宗奎，田媛，刘庆奇，连帅磊．(2016b)．青少年社交网站使用对自我概念清晰性的影响：社会比较的中介作用．心理科学，39(1)，97-102.

牛更枫．(2017)．网络自我扩展的概念结构、测量及其实证研究(博士学位论文）. 武汉：华中师范大学.

彭晶晶, 黄幼民. (2004). 虚拟与现实的冲突: 双重人格下的交往危机. 中国矿业大学学报(社会科学版), 6(3), 72-74.

彭先桃, 陈颖娇, 朱晓伟. (2017). 社交网站体像比较与抑郁的关系: 体像满意度与自尊的链式中介作用. 中国临床心理学杂志, 25(5), 959-962.

平凡, 周宗奎, 潘清泉. (2011). 大学生网络关系成瘾、自我表露和孤独感的关系. 中国临床心理学杂志, 19(1), 75-76, 80.

乔纳森·布朗, 玛格丽特·布朗. (2015). 自我(第2版). 王伟平, 陈浩莺, 译. 北京: 人民邮电出版社.

邱蕾. (2009). 人际关系中的自我暴露. 社会心理科学, 24(3), 10-12, 67.

曲可佳, 鞠瑞华, 张清清. (2015). 大学生主动性人格、职业决策自我效能感与职业生涯探索的关系. 心理发展与教育, 31(4), 445-450.

饶星星. (2006). 网络亲密关系相关研究(硕士学位论文). 杭州: 浙江大学.

施启琰, 寇慧, 陈红. (2017). 男性理想体型变化及其影响因素. 心理科学进展, 25(4), 627-638.

石伟, 黄希庭. (2003). 内隐自尊研究. 心理科学, 26(4), 684-686.

苏国红. (2002). 虚拟自我与心理健康. 安庆师范学院学报(社会科学版), 21(3), 86-88.

孙晓军, 柴唤友, 牛更枫, 崔曦曦, 连帅磊, 田媛. (2017). 社交网站中的自我表露对青少年孤独感的影响: 一个有调节的中介模型. 心理发展与教育, 33(4), 477-486.

孙晓军, 童媛添, 范翠英. (2017). 现实及网络社会排斥与大学生抑郁的关系: 自我控制的中介作用. 心理与行为研究, 15(2), 169-174.

孙晓军, 赵竞, 周宗奎, 谢笑春, 童媛添. (2015). 大学生网络社会支持与网络人际信任的关系: 一个有调节的中介模型. 心理发展与教育, 31(2), 129-136.

王财玉, 雷雳. (2013). 电子口碑影响力产生机制与市场应用研究前沿探析. 外国经济与管理, 35(10), 62-71, 80.

王财玉, 雷雳. (2017). 网络购物情境下的羊群效应: 内涵、影响因素与机制. 心理科学进展, 25(2), 298-311.

王国霞, 盖笑松. (2011). 青少年期的意向性自我调节. 心理科学进展, 19(8),

1158-1165.

王树青，陈会昌，石猛.(2008).青少年自我同一性状态的发展及其与父母教养权威性、同一性风格的关系.心理发展与教育，24(2)，65-72.

王玉慧，谢笑春，陈红，雷雳.(2017).女性身体意象失调：社交网站的影响及作用机制.中国临床心理学杂志，25(6)，1079-1082.

王玉龙，覃雅兰，肖璨，蔺秀云.(2016).父母冲突与青少年自伤的关系：一个有调节的中介模型.心理发展与教育，32(3)，377-384.

王争艳，杨叶，汪斌.(2006).依恋内部工作模式的社会认知研究.心理科学进展，14(6)，880-887.

魏运华.(1998).学校因素对少年儿童自尊发展影响的研究.心理发展与教育，14(2)，12-16.

吴巧云.(2009).大学生与网友的自我表露及其相关研究(硕士学位论文).开封：河南大学.

吴双双，吕振勇，陈红，王玉慧，肖子伦.(2016).肥胖谈论：心理学视角下的沟通方式.心理科学进展，24(1)，111-119.

谢静.(2012).大学生的身体自我满意度及其与主观幸福感的相关研究.剑南文学(经典教苑)，(4)，268-269.

谢笑春，陈武，雷雳.(2016).个人中心视角下青少年人格类型与社会性发展.心理科学，39(6)，1420-1425.

谢笑春，雷雳，牛更枫.(2016).青少年网络自我表露与抑郁：社会支持的性别效应.心理科学，39(5)，1144-1150.

谢笑春.(2017).手机功能感知对青少年自我认同的作用机制：基本心理需求满足与同伴关系的中介作用(博士学位论文).北京：中国人民大学.

谢笑春，孙晓军，周宗奎.(2013).网络自我表露的类型、功能及其影响因素.心理科学进展，21(2)，272-281.

谢笑春.(2014).自我觉察对大学生社交网站自我表露的影响(硕士学位论文).武汉：华中师范大学.

谢幼如，刘春华，朱静静，尹睿.(2011).大学生网络学习自我效能感的结构、影响因素及培养策略研究.电化教育研究，(10)，30-34.

谢幼如，伍文燕，倪妙珊.(2015).PLS提升大学生网络学习自我效能感的行为模式研究．电化教育研究，36(6)，31-36.

邢淑芬，俞国良．(2006)．社会比较：对比效应还是同化效应？心理科学进展，14(6)，944-949.

邢淑芬，俞国良．(2005)．社会比较研究的现状与发展趋势．心理科学进展，13(1)，78-84.

徐四华．(2012)．网络成瘾者的行为冲动性——来自爱荷华赌博任务的证据．心理学报，44(11)，1523-1534.

羊晓莹，陈红，高笑，陈瑞．(2010)．社会比较在媒体对女大学生身体意象影响中的作用．中国心理卫生杂志，24(1)，51-54.

杨芳琳．(2010)．青少年网络自我表露与孤独感的关系研究(硕士学位论文)．武汉：华中师范大学．

杨国枢，陆洛．(2009)．中国人的自我：心理学的分析．重庆：重庆大学出版社．

杨红升，王芳，顾念君，黄希庭．(2012)．自我相关信息的加工优势：来自网名识别的证据．心理学报，44(4)，489-497.

杨荣华，陈中永．(2008)．自我差异研究述评．心理科学，31(2)，411-414.

杨帅，黄希庭，傅于玲．(2012)．内侧前额叶皮质——"自我"的神经基础．心理科学进展，20(6)，853-862.

姚琦，马华维，阎欢，陈琦．(2014)．心理学视角下社交网络用户个体行为分析．心理科学进展，22(10)，1647-1659.

叶浩生．(2009)．社会建构论与心理学理论的未来发展．心理学报，41(6)，557-564.

蚁璇瑶，凌宇．(2013)．家庭关系对高中生自尊与抑郁情绪的影响．教育测量与评价(理论版)，(5)，35-38.

于明璐．(2011)．大学生网络与现实自我表露的量表编制及其与孤独感的关系(硕士学位论文)．石家庄：河北师范大学．

俞国良，罗晓路．(2016)．埃里克森：自我认同与心理社会性发展理论．中小学心理健康教育，(7)，41-44.

俞瑞康．(2004)．720名中学生自我同一性地位研究．心理科学，27(2)，413-416.

乐国安，薛婷．(2011)．网络集群行为的理论解释模型探索．南开学报(哲学社会科学版)，(5)，116-123.

曾维希，孔波，李媛．(2013)．网络群体性事件内在逻辑的 ERI 模型分析．重庆大学学报(社会科学版)，19(1)，137-141.

詹启生，乐国安．(2002)．百年来自我研究的历史回顾及未来发展趋势．南开学报(哲学社会科学版)，(5)，27-33.

张春兴．(1989)．张氏心理学辞典，台北：东华书局．

张大均，江琦．(2006)．《青少年心理健康素质调查表》适应分量表的编制．心理与行为研究，4(2)，81-84.

张国华，雷雳．(2008)．青少年的同伴依恋自我认同与网络成瘾的关系．中国学校卫生，29(5)，454-455.

张国华，雷雳，邹泓．(2008)．青少年的自我认同与"网络成瘾"的关系．中国临床心理学杂志，16(1)，37-39.

张国华，伍亚娜，雷雳．(2009)．青少年的同伴依恋、网络游戏偏好与"网络成瘾"的关系．中国临床心理学杂志，17(3)，354-356.

张建人，杨喜英，熊恋，凌辉．(2010)．青少年自我同一性的发展特点研究．中国临床心理学杂志，18(5)，651-653.

张林，曹华英．(2011)．社会计量器理论的研究进展：社交接纳/拒绝与自尊的关系．心理科学，34(5)，1163-1166.

张林，李元元．(2009)．自尊社会计量器理论的研究述评．心理科学进展，17(4)，852-856.

张微，周兵平，臧玲，莫书亮．(2015)．网络成瘾倾向者在视觉工作记忆引导下的注意捕获．心理学报，47(10)，1223-1234.

张馨月，邓林园．(2015)．青少年感知的父母冲突、自我同一性对其网络成瘾的影响．中国临床心理学杂志，23(5)，906-910.

张雅婷．(2006)．网络交友动机与人格、孤独、社交焦虑和自我揭露的关系(硕士学位论文)．台北：台北大学．

张永欣，热娜古丽·艾赛提，魏华，张笑容，陈洁，谷传华．(2010)．自尊的毕生发展．心理科学进展，18(7)，1128-1135.

张韫黎，陆昌勤．(2009)．挑战性－阻断性压力(源)与员工心理和行为的关系：自我效能感的调节作用.心理学报，41(6)，501-509.

赵竞，孙晓军，周宗奎，魏华，牛更枫.(2013).网络交往中的人际信任.心理科学进展，21(8)，1493-1501.

郑显亮.(2013).现实利他行为与网络利他行为：网络社会支持的作用.心理发展与教育，29(1)，31-37.

郑显亮，赵薇.(2015).中学生网络利他行为与希望的关系：自我效能感与自尊的中介作用.心理发展与教育，31(4)，428-436.

郑涌，黄藜.(2005).显性自恋与隐性自恋：自恋人格的心理学探析.心理科学，28(5)，1259-1262.

钟蕴瑜.(2016).年轻女性身体不满意的网络干预研究(硕士学位论文).重庆：西南大学.

周文霞，郭桂萍.(2006).自我效能感：概念、理论和应用.中国人民大学学报，(1)，91-97.

周宗奎，连帅磊，田媛，牛更枫，孙晓军.(2017).社交网站使用与青少年生活满意度的关系：一个有调节的中介模型.心理发展与教育，33(3)，297-305.

周宗奎，刘勤学.(2016).网络心理学：行为的重构.中国社会科学评价，(3)，55-67+126-127.

朱昭红，沈德立.(2007).中国青少年心理健康素质·适应状况的研究.心理与行为研究，5(4)，241-246.

Aardoom, J. J. , Dingemans, A. E. , Boogaard, L. H. , & Van Furth, E. F. (2014). Internet and patient empowerment in individuals with symptoms of an eating disorder: A cross-sectional investigation of a pro-recovery focused e-community. *Eating Behaviors*, 15(3), 350-356.

Abdulhamid, S. M. , Ahmad, S. , Waziri, V. O. , & Jibril, F. N. (2011). Privacy and national security issues in social networks: The challenges. *Computer Science*, 19(3), 14-20.

Abdullah, F. , & Ward, R. (2016). Developing a general extended technology acceptance model for E-learning (GETAMEL) by analysing commonly used external factors. *Computers in Human Behavior*, 56, 238-256.

Abela, J. R. Z. , & Véronneau-McArdle, M. H. (2002). The relationship between self-complexity and depressive symptoms in third and seventh grade children: A short-term longitudinal study. *Journal of Abnormal Child Psychology*, 30(2), 155-166.

Abell, S. C. , & Richards, M. H. (1996). The relationship between body shape satisfaction and self-esteem: An investigation of gender and class differences. *Journal of Youth and Adolescence*, 25(5), 691-703.

Ackerman, A. R. , Witt, A. E. , Donnellan, B. M. , Trzesniewski, H. K. , Robins, W. R. , & Kashy, A. D. (2011). What does the narcissistic personality inventory really measure? *Assessment*, 18(1), 67-87.

Acquisti, A. , Brandimarte, L. , & Loewenstein, G. (2015). Privacy and humanbehavior in the age of information. *Science*, 347, 509-514.

Adam, A. (2008). Antecedents and consequences of online social networking behavior: The case of Facebook. *Journal of Website Promotion*, 3, 62-83.

Adams, G. R. , & Marshall, S. K. (1996). A developmental social psychology of identity: Understanding the person-in-context. *Journal of Adolescence*, 19(5), 429-442.

Admiraal, W. , Louws, M. , Lockhorst, D. , et al. (2017). Teachers in school-based technology innovations: A typology of their beliefs on teaching and technology. *Computers & Education*, 114, 57-68.

Ahadi, S. A. , & Rothbart, M. K. (1994). Temperament, development, and the Big Five. *The developing structure of temperament and personality from infancy to adulthood* (pp. 189-207). Lawrence Erlbaum Associates, inc.

Ahlstrom, M. , Lundberg, N. R. , Zabriskie, R. , Eggett, D. , & Lindsay, G. B. (2012). Me, my spouse, and my avatar: The relationship between marital satisfaction and playing massively multiplayer online role-playing games (MMORPGs). *Journal of Leisure Research*, 44(1), 1-22.

Ajzen, I. (1991). The theory of planned behavior. *Organizational Behavior and Human Decision Processes*, 50, 179-211.

Akiko, O. , Asako, M. , Hiroaki, M. , et al. (2013). Trend of screen-name usage on online community: A case of nifty-serve psychology forum. *IPSJ SIG Notes*, 13, 1-4.

Alberici, A. I. , & Milesi, P. (2013). The influence of the Internet on the psychosocial predictors of collective action. *Journal of Community & Applied Social Psychology*, 23(5), 373-388.

Alberts, H. J. , Martijn, G. , & Vries, N. K. (2011). Fighting self-control failure: Overcoming ego depletion by increasing self-awareness. *Journal of Experimental Social Psychology*, 47, 58-62.

Albertson, E. R. , Neff, K. D. , & Dill-Shackleford, K. E. (2015). Self-compassion and body dissatisfaction in women: A randomized controlled trial of a brief meditation intervention. *Mindfulness*, 6(3), 444-454.

Alexias, G. , Togas, C. , Mellon, R. , Alexias, G. , Togas, C. , & Mellon, R. (2016). Psychometric properties of the Greek version of the body appreciation scale. *Hellenic Journal of Psychology*, 13(3), 73-92.

Alhabash, S. , & Wise, K. (2015). Playing their game: Changing stereotypes of Palestinians and Israelis through videogame play. *New Media & Society*, 17, 1358-1376.

Allen, M. S. , & Walter, E. E. (2016). Personality and body image: A systematic review. *Body Image*, 19, 79-88.

Alleva, J. M. , Martijn, C. , Veldhuis, J. , & Tylka, T. L. (2016). A Dutch translation and validation of the Body Appreciation Scale-2: An investigation with female university students in the Netherlands. *Body Image*, 19, 44-48.

Al-Saggaf, Y. , & Nielsen, S. (2014). Self-disclosure on Facebook among female users and its relationship to feelings of loneliness. *Computers in Human Behavior*, 36, 460-468.

Amaral, A. C. S. , & Ferreira, M. E. C. (2017). Body dissatisfaction and associated factors among Brazilian adolescents: A longitudinal study. *Body Image*, 22, 32-38.

American Psychiatric Association. (2000). *Diagnostic and statistical manual of mental disorders, fourth edition, text revision (DSMIVTR)*. Washington, DC: American Psychiatric Association.

Amichai-Hamburger, Y. , & Hayat, Z. (2013). Internet and personality. In

Y. Amichai Hamburger （ Ed. ）, *The social net: Understanding our online behaviour* (pp. 1-20). Oxford: Oxford University Press.

Amichai-Hamburger, Y. , & Hayat, Z. (2011). The impact of the Internet on the social lives of users: A representative sample from 13 countries. *Computers in Human Behavior*, 27(1), 585-589.

Amichai-Hamburger, Y. , Kingsbury, M. , & Schneider, B. H. (2013). Friendship: An old concept with a new meaning? *Computers in Human Behavior*, 29(1), 33-39.

Andersen, R. E. , Crespo, C. J. , Bartlett, S. J. , Cheskin, L. J. , & Pratt, M. (1998). Relationship of physical activity and television watching with body weight and level of fatness among children: Results from the Third National Health and Nutrition Examination Survey. *JAMA*, 279(12), 938-942.

Anderson, C. A. , Shibuya, A. , Ihori, N. , et al. (2010). Violent video game effects on aggression, empathy, and prosocial behavior in eastern and western countries: a meta-analytic review. *Psychological bulletin*, 136(2), 151-173.

Anderson, M. L. (2007). How to study the mind: An introduction to embodied cognition. In F. Santoianni & C. Sabatana, （Eds. ）, *Brain development in learning environments embodied and perceptual advancements*. Cambridge: Cambridge Scholars Press.

Anderson, S. A. , & Fleming, W. M. (1986). Late adolescents' identity formation: Individuation from the family of origin. *Adolescence*, 21 (84), 785-796.

Andreassen, C. S. , Pallesen, S. , & Griffiths, M. D. (2017). The relationship between addictive use of social media, narcissism, and self-esteem: Findings from a large national survey. *Addictive Behaviors*, 64, 287-293.

Andreassen, C. S. , & Pallesen, S. (2014). Social network site addiction-An overview. *Current Pharmaceutical Design*, 20(25), 4053-4061.

Ang, C. , Talib, A. M. , Tan, K. , Tan, J. , & Yaacob, S. N. (2015). Understanding computer-mediated communication attributes and life satisfaction from the perspectives of uses and gratifications and self-determination. *Computers in Human Behavior*, 49, 20-29.

Ang, R. P., Tan, K. A., & Talib Mansor, A. (2011). Normative beliefs about aggression as a mediator of narcissistic exploitativeness and cyberbullying. *Journal of Interpersonal Violence*, 26(13), 2619-2634.

Anna, J. D., Vaate, B., Veldhuis, J., & Konijn, E. A. (2019). How online self-presentation affects well-being and body image: A systematic review. *Telematics and Informatics*, 47.

Antheunis, M. L., Valkenburg, P. M., & Peter, J. (2007). Computer-mediated communication and interpersonal attraction: An experimental test of two explanatory hypotheses. *Cyberpsychology & Behavior*, 10(6), 831-835.

Antheunis, M. L., Valkenburg, P. M., & Peter, J. (2010). Getting acquainted through social network sites: Testing a model of online uncertainty reduction and social attraction. *Computers in Human Behavior*, 26(1), 100-109.

Anthony, D. B., Wood, J. V., & Holmes, J. G. (2007). Testing sociometer theory: Self-esteem and the importance of acceptance for social decision-making. *Journal of Experimental Social Psychology*, 43(3), 425-432.

An, X. (2017). Social networking site uses, internalization, body surveillance, social comparison and body dissatisfaction of males and females in mainland China. *Asian Journal of Communication*, 27(1), 115.

Apaolaza, V., Hartmann, P., Medina, E., Barrutia, J. M., & Echebarria, C. (2013). The relationship between socializing on the Spanish online networking site Tuenti and teenagers' subjective wellbeing: The roles of self-esteem and loneliness. *Computers in Human Behavior*, 29(4), 1282-1289.

Appel, H., Gerlach, A. L., & Crusius, J. (2016). The interplay between Facebook use, social comparison, envy, and depression. *Current Opinion in Psychology*, 9, 44-49.

Aral, S., & Walker, D. (2011). Creating social contagion through viral product design: A randomized trial of peer influence in networks. *Management Science*, 57, 1623-1639.

Arıcak, O. T., Dündar, S., & Saldaña, M. (2015). Mediating effect of self-acceptance between values and offline/online identity expressions among college students. *Computers in Human Behavior*, 49, 362-374.

Archer, K., Wood, E., Nosko, A., De Pasquale, D., Molema, S., &. Christofides, E. (2014). Disclosure and privacy settings on social networking sites. *International Journal of Cyber Behavior*, *Psychology and Learning*, 4(2), 1-19.

Aron, A., Aron, E. N., &. Norman, C. (2001). Self-expansion model of motivation and cognition in close relationships and beyond. In M. Clark &. G. Fletcher (Eds.), *Handbook of social psychology* (pp. 478-501). Oxford: Blackwell.

Aron, A., &. Aron, E. N. (1997). Self-expansion motivation and including other in the self. In S. Duck (Ed.), *Handbook of personal relationships: Theory research and interventions* (2nd ed., pp. 251-270). London: Wiley.

Aron, A., Paris, M., &. Aron, E. N. (1995). Falling in love: Prospective studies of self-concept change. *Journal of Personality &. Social Psychology*, 69 (6), 1102-1112.

Arroyo, A., &. Brunner, S. R. (2016). Negative body talk as an outcome of friends' fitness posts on social networking sites: Body surveillance and social comparison as potential moderators. *Journal of Applied Communication Research*, 44(3), 216-235.

Atari, M. (2016). Factor structure and psychometric properties of the Body Appreciation Scale-2 in Iran. *Body Image*, 18, 1-4.

Attrill, A. (2015). *Cyberpsychology*. Oxford: Oxford University Press.

请扫码了解更多